Hermann Meyer · Befreiung vom Schicksalszwang

unter Mitarbeit vor
Helena Grimmer
und Wilfried De Phili

Hermann Meyer

Befreiung
vom Schicksalszwang

Astropsychotherapie

Edition Astrodata

Überarbeitete 2. Auflage
© 1988 Alle Rechte vorbehalten
Edition Astrodata
CH-8907 Wettswil

Druck und Bindung: Hieronymus Mühlberger GmbH, Augsburg
Photo Umschlag: Bildagentur Baumann (Bavaria / Frieman)

ISBN 3-907029-01-1

Inhaltsverzeichnis

Zeichenerklärung

☉	=	Sonne		♈	=	Widder
☽	=	Mond		♉	=	Stier
☿	=	Merkur		♊	=	Zwilling
♀	=	Venus		♋	=	Krebs
♂	=	Mars		♌	=	Löwe
♃	=	Jupiter		♍	=	Jungfrau
♄	=	Saturn		♎	=	Waage
♅	=	Uranus		♏	=	Skorpion
♆	=	Neptun		♐	=	Schütze
♇	=	Pluto		♑	=	Steinbock
☊	=	Mondknoten		♒	=	Wassermann
				♓	=	Fische

Vorwort

So wie die Astrologen die Psychologie nicht mehr länger ausklammern können, so werden langfristig gesehen die Psychologen und Psychotherapeuten nicht mehr um die Astrologie herumkommen.

Astrologie ohne Psychologie läuft Gefahr den Bezug zur Realität zu verlieren, die Verantwortung für das eigene Schicksal auf die Sterne zu projizieren oder als blosse Kompensation und Fluchtmöglichkeit von bzw. vor irdischen Problemen zu fungieren.

Ohne Psychologie verfügt die Astrologie über kein Wissen um die Funktionsweise und Gesetze der Seele, kein Wissen um die Anpassungs- und Abwehrmechanismen, kein Wissen um die 1. (reale) und 2. (irreale) Natur des Menschen, kein Wissen um die verschiedenen Auslebensformen einer Anlage — Kindrolle, Elternrolle und Erwachsener, kein Wissen um die verschiedenen psychischen Erkrankungen, kein Wissen um die verschiedenen Therapiemöglichkeiten...

Ohne Psychologie muss Astrologie zwangsläufig abstrakt, dilletantisch, sinnlos, ineffizient und inhaltsleer bleiben. Es fehlt in einem solchen Fall an Substanz, es ist keine Basis da. Dadurch müssen alle Auslegungen und Deutungen ungenau bleiben. Planetenkonstellationen, Transite und Auslösungen werden so interpretiert, dass sie in das eigene neurotische Denk- und Verhaltensmuster passen. Meist werden hierbei nur Symptome abgelesen, ohne die Frage aufzuwerfen oder gar beantworten zu können, «warum» dieses Schicksalsereignis eingetreten ist und wie man zukünftige Schicksalsschläge «verhindern» kann. Astrologie ist in einem solchen Fall nicht Mittel zu einem Zweck, nicht ein Weg zu einem Ziel, sondern Hobby, Zeitvertreib und neurotisches Streben nach Anerkennung durch möglichst hohe Trefferquoten bei der Deutung. So wird etwa in diesen Kreisen ein Saturn in Haus 5 resignativ als schweres Karma (Saturn), das einem durch ein Problemkind (Haus 5) serviert wird, gedeutet, oder eine Neptun-Mars-Konjunktion in Haus 12 als eine stete Konfrontation mit Intrigen. Durch Ausklammerung der Ursachen der Probleme und der Lösungsmöglichkeiten wird zusätzlich durch diese Art von Astrologie auch noch das Prinzip der self-fullfilling-prophecy in Gang gesetzt, so dass diese Deutung durch das Schicksal auch noch verifiziert wird. Erschwerend kommt hinzu, dass manche Astrologen sich sogar den Psychologen gegenüber «überlegen» fühlen. Dass ein solches Verhalten aus einem Minderwertigkeitskomplex, der durch die gesellschaftliche Randposition der Astrologie bedingt ist, erfolgt, bleibt ihnen jedoch — aus den oben angeführten Gründen — verborgen.

Etwas anders gelagert ist die Situation bei den Psychologen und Psychotherapeuten. Da sie meist ein akademisches Studium erfolgreich abgeschlossen haben, haben sie ja bereits einen Nimbus zu verlieren.

Diese Angst vor Verlust an Sozialprestige hält die meisten davon ab, sich mit Astrologie auseinanderzusetzen. Einstweilen kann ein Psychotherapeut ohne Astrologie genauso nur die halbe Wirklichkeit wahrnehmen wie ein Astrologe ohne Psychologie — nur dass beide — wie es immer und überall der Fall ist — um ihren Mangel erst wissen, wenn sie ihr Defizit aufgefüllt haben.

Ohne Horoskop bzw. ohne Astrologie tappen viele Therapeuten im Dunkeln, weil sie die psych. Struktur des Klienten nicht erkennen können (die Aufzeichnung der psychischen Struktur ist das Horoskop) und ausserdem meist über kein oder nur wenig Wissen um die Symbole verfügen.

Ohne fundiertes Symbolwissen aber können sowohl Schicksalsereignisse als auch Träume nicht richtig gedeutet werden. Das grösste Manko aber ist, dass der Psychotherapeut ohne Horoskop gar nicht weiss, *wohin* er therapieren soll, weil er die unerlösten Anlagen des Klienten nicht kennt und die erlöste Auslebensform für ihn im Nebel bleibt.

Kurzum: Dem Psychotherapeuten fehlt das Wissen um die kosmischen Prinzipien, das konkrete Wissen um die tausend Anlagen und Fähigkeiten des Menschen, fehlt der Bezug zwischen Psyche und Schicksal *), fehlt das Hintergrundwissen — fehlt die kosmische Ebene. Auch sein Blickwinkel ist beengt und muss erweitert werden. Jede Disziplin erfährt durch andere Wissensgebiete nicht nur eine Erweiterung, sondern auch eine Veränderung. So würde z.B. auch die Esoterik gänzlich anders, wenn man sie mit Psychologie, Soziologie, Medizin, politischen Wissenschaften und Pädagogik verbinden würde.

Aus einer «irrealen» Esoterik würde dadurch eine «reale» Esoterik entstehen, die nicht mehr überheblich auf gesellschaftliche Missstände oder politische Probleme herabblickt. Die Esoterik würde also in einem solchen Fall mehr Inhalt bekommen und an Lebendigkeit bzw. Lebensnähe zunehmen. So wie jede Disziplin ein Teil des Ganzen ist und bei Ausübung alle Teile verändert, so wird das Fachgebiet selbst durch die anderen Mosaiksteine verändert.

So würden z.B. einige esoterische «Weisheiten» anders aussehen, würden einen anderen Sinn offenbaren und an Differenziertheit zunehmen, wenn sie durch Psychologie und Soziologie filtriert worden wären.

Ebenso ist es mit der Psychotherapie, die mit der Astrologie eine Verbindung eingeht: Die Summe der beiden Teile ist mehr als die blosse Addition der beiden Wissensgebiete; es entsteht eine Synthese, die zugleich eine neue These ist. Dies soll in den folgenden Kapiteln näher aufgezeigt werden.

---

*) Wenn Psyche und Schicksal zusammengehören (vgl. Heraklit: Charakter = Schicksal), dann bilden auch die Lehre von den Erscheinungen und Zuständen des bewussten und unbewussten Seelenlebens, die Psychologie und die Schicksalskunde, die Astrologie eine Einheit. Diese Einheit befähigt zu einer ganzheitlichen Sichtweise, die überraschende Lösungsmöglichkeiten auf anderen Ebenen eröffnet.

Denkvoraussetzungen

Das Menschenbild der psychologischen Astrologie stimmt weitgehend mit dem der humanistischen Psychologie überein: «Der Mensch hat grundlegende Bedürfnisse nach Leben, Sicherheit und Geborgenheit, nach Liebe und Selbstverwirklichung. Wenn diese unterdrückt werden, wird er unbeweglich, unfrei, rigide und u.U. auch krank; dann, und nur dann scheint er von seinen vergangenen Erfahrungen determiniert zu sein. Gesundheit bedeutet, dass ein Mensch offen, frei und flexibel ist, sich diesen Bedürfnissen entsprechend entwickeln zu können; in der Vergangenheit liegende Einflüsse und Erfahrungen werden dann unwesentlich und bedeutungslos für das gegenwärtige Leben. Aggressive oder destruktive Tendenzen im Menschen werden nicht mehr wie in der Freud'schen Psychoanalyse als naturgegeben (siehe «Todestrieb») angenommen, sondern als verständliche pathologische Reaktion auf Unterdrückung und Enttäuschung der Grundbedürfnisse aufgefasst. Diese grundlegenden positiven Strebungen können allerdings soweit verschüttet sein, dass sie bei manchen Menschen nicht mehr wahrnehmbar sind. Es gilt also, diese Menschen von ihren Blockaden zu befreien und sie darin zu ermutigen und zu unterstützen, sich ihren positiven natürlichen Strebungen gemäss zu entwickeln» (Christoph Kraiker und Burkhard Peter).

Nach der psychologischen Astrologie beinhaltet jedes kosmische Prinzip ganz bestimmte Bedürfnisse, die befriedigt werden müssen, um die Gesundheit unseres körperlichen, seelischen und geistigen Organismus aufrecht zu erhalten:

Bedürfnisse des Menschen

Das Bedürfnis nach Durchsetzung und Selbstbehauptung,
die eigenen Triebe zu leben

Das Bedürfnis nach Abgrenzung und Genuss,
nach Eigenraum und Sicherheit
(Depottrieb),
nach Gemeinschaft

Das Bedürfnis nach Kommunikation,
etwas zu lernen

Das Bedürfnis nach Nahrung, Kleidung, Wohnung
nach Geborgenheit (Nesttrieb),
nach seelischer Liebe,
nach Zärtlichkeit
angenommen und akzeptiert zu werden

Das Bedürfnis nach Selbständigkeit, Selbstverwirklichung,
nach eigenen Unternehmungen, Sexualität und Spiel,
sich schöpferisch zu betätigen

Das Bedürfnis nach Ausdruck der eigenen Identität,
seine eigenen Gefühle zu zeigen,
nach Wahrnehmung und Beobachtung,
nach Analyse,
nach Arbeit, die dem eigenen Wesen gemäss ist.

Das Bedürfnis nach Schönheit, Ästhetik, Harmonie, Erotik und Liebe,
den eigenen Geschmack auszudrücken
nach Begegnung und der Möglichkeit, eigene Ideen zu entwikkeln

Das Bedürfnis nach Struktur, Pläne zu schmieden,
Vorstellungen zu entwickeln,
nach einer festen Partnerbeziehung

Das Bedürfnis nach Expansion, Sinn, Bildung,
eigener Weltanschauung

Das Bedürfnis nach eigenen Zielen zu leben, Gerechtigkeit, Ordnung

Das Bedürfnis nach Freiheit, Unabhängigkeit, Abwechslung

Das Bedürfnis Hintergründe aufzudecken
das Bewusstsein zu erweitern

Die Befriedigung dieser Bedürfnisse kann nur erfolgen, wenn die diesen Bedürfnissen entsprechenden Fähigkeiten entwickelt werden z.B. das Bedürfnis nach Kommunikation kann nur gestillt werden, wenn die Fähigkeit zur Kommunikation erworben wurde, d.h. wenn man lernt, sich verbal und nonverbal effizient darzustellen. Das Bedürfnis etwa nach einer festen Beziehung wird auch nur dann qualitativ befriedigt, wenn die entsprechende Beziehungsfähigkeit ausgebildet wurde.

Fähigkeiten der menschlichen Natur:

Mars, Widder, Haus 1:
Durchsetzungsfähigkeit
Selbstbehauptung
Fähigkeit, Initiative zu ergreifen
Körperliche Fähigkeiten
Fähigkeit, aktiv zu werden
Fähigkeit, Energien konstruktiv einzusetzen
Fähigkeit, seine (realen) Triebe zuzulassen
Fähigkeit, sich einzubringen (z.B. in einer Diskussion)

Venus, Stier, Haus 2:
Abgrenzungsfähigkeit
wirtschaftliche Fähigkeiten
Genussfähigkeit
Fähigkeit, sich abzusichern
Fähigkeit, sich niederzulassen, sesshaft zu werden
Fähigkeit, seinen Platz in der Gruppe zu behaupten
Fähigkeit, ein Revier abzustecken
Fähigkeit, sich einen Eigenraum (materiell und seelisch) zu schaffen
Fähigkeit, einen eigenen Lebensstil zu entwickeln
politische Fähigkeiten
Fähigkeit, einen realen Eigenwert zu entwickeln

Merkur, Zwilling, Haus 3:
Ausdrucksfähigkeit (Mimik, Gestik, Auftreten etc.)
rhetorische Fähigkeiten
Kommunikationsfähigkeit
Fähigkeit, zu schreiben
technische Fähigkeiten
mathematische Fähigkeiten
Fähigkeit zu diskutieren
Fähigkeit, logisch zu denken
Imitationsfähigkeit
Fähigkeit, Informationen aufzunehmen
Fähigkeit, Informationen abzugeben
Fähigkeit, sich einen eigenen Aktionsradius zu schaffen
Fähigkeit, sich frei zu bewegen

Mond, Krebs, Haus 4:
Fähigkeit, zu fühlen
Fähigkeit, sich in andere einzufühlen
Fähigkeit, die Stimme des Lebens zu hören
Fähigkeit, Zärtlichkeit zu schenken
Fähigkeit, Zärtlichkeit anzunehmen
Fähigkeit, seine eigene Identität zu entdecken
Fähigkeit, seelische Verwandtschaft zu erkennen
psychologische Fähigkeiten
soziale Fähigkeiten
Fähigkeit, zu kochen
häusliche Fähigkeiten
familiäre Fähigkeiten
Fähigkeit, Geborgenheit zu vermitteln
Fähigkeit, seelische Wärme auszustrahlen
Fähigkeit, zu empfangen
Fähigkeit, zu gebären
Fähigkeit, zu stillen

Sonne, Löwe, Haus 5:
   Fähigkeit zur Selbständigkeit
   Fähigkeit, zu spielen
   Fähigkeit, sich schöpferisch zu betätigen
   pädagogische Fähigkeiten
   Fähigkeit, den Akt der Sexualität zu vollziehen
   Orgasmusfähigkeit
   Handlungsfähigkeit
   Managementfähigkeit
   unternehmerische Fähigkeiten
   emotionale Fähigkeiten
   Fähigkeit, etwas zu verwirklichen

Merkur, Jungfrau, Haus 6:
   Kritikfähigkeit
   diagnostische Fähigkeiten
   Fähigkeit, Reinigungsprozesse durchzuführen
   analytische Fähigkeiten
   Wahrnehmungsfähigkeit
   Beobachtungsfähigkeit
   Fähigkeit, die eigene Natur zu hegen und zu pflegen
   Fähigkeit, Gefühle zu zeigen
   Artikulationsfähigkeit
   Anpassungsfähigkeit
   Adaptionsfähigkeit
   ökonomische Fähigkeiten
   Fähig zu einer realen Symbiose
   Fähig, sein Wesen in seiner Arbeit auszudrücken

Venus, Waage, Haus 7:
   Fähigkeit, Kontakte zu schaffen
   Partnerfähigkeit, Begegnungsfähigkeit
   Kompromissfähigkeit
   Friedensfähigkeit
   Fähigkeit, Inhalt und Form in Einklang zu bringen
   Fähigkeit, den eigenen Geschmack zu entwickeln
   Fähigkeit, eine Ausgewogenheit zwischen Introversion und Extraversion
   herzustellen
   Fähigkeit, das richtige Mass zu finden
   Fähigkeit, den eigenen Schönheitstyp zu entdecken
   Fähigkeit, sich schön zu machen
   Fähigkeit, seine Umwelt schön und ästhetisch zu machen
   erotische Fähigkeiten
   Fähigkeit, zu reizen und zu verführen
   Fähigkeit, auszuwählen (Selektionsfähigkeit)
   Fähigkeit zu Strategie und Taktik

Fähigkeit, sich auszugleichen
Fähigkeit, actio und reactio zu erkennen

Pluto, Skorpion, Haus 8:
Fähigkeit, Pläne und Konzepte zu entwickeln
Beziehungsfähigkeit
Fähigkeit, sich zu wandeln
Fähigkeit, etwas umzustrukturieren
Fähigkeit, sich eine eigene Meinung zu bilden
Fähigkeit, eigene Vorstellungen zu entwickeln
Fähigkeit, den eigenen Weg zu gehen
Fähigkeit, sein eigener Chef zu sein
Fähigkeit, Macht über sich selbst zu gewinnen
Fähigkeit, Manipulation zu durchschauen
Fähigkeit, zu forschen
Fähigkeit, sich zu binden

Jupiter, Schütze, Haus 9:
Fähigkeit, die Partnerschaft weiterzuentwickeln und zu verbessern
eigene Glücksfähigkeit
Fähigkeit, anderen Glück zu bringen
Fähigkeit zur Toleranz
Einsichtsfähigkeit
Fähigkeit, zur eigenen Sinnfindung
Fähigkeit, eine eigene Weltanschauung und
Lebensphilosophie zu entwickeln
Fähigkeit, etwas aufzubauen, und zu verbessern
Expansionsfähigkeit
Fähigkeit zur ständigen Weiterbildung

Saturn, Steinbock, Haus 10:
Fähigkeit zu Konzentration
Fähigkeit, die eigenen Rechte durchzusetzen
Fähigkeit, Verantwortung zu übernehmen
Fähigkeit, sich etwas bewusstzumachen
Fähigkeit, eigene Ziele zu entwickeln
Fähigkeit, nach den Gesetzen des Kosmos zu leben
Fähigkeit, in der Öffentlichkeit aufzutreten
Fähigkeit zur Kontinuität
Fähigkeit zur Konsequenz
Fähigkeit zur Korrektur

Uranus, Wassermann, Haus 11:
Fähigkeit, sich zu befreien
Fähigkeit, sich zu emanzipieren
Fähig, den Individuationsprozess zu vollziehen
Fähigkeit zur Freiheit

Fähigkeit zu Unabhängigkeit
Fähigkeit, seine Freizeit zu gestalten
Fähigkeit, gemeinsam mit anderen etwas zu unternehmen
Fähigkeit zur Mitbestimmung
Fähig, seine Gleichberechtigung durchzusetzen
Fähigkeit, zu verändern
Fähigkeit, zu erneuern
Fähig, für Abwechslung zu sorgen

Neptun, Fische, Haus 12:
Fähigkeit, Phantasie zu entwickeln
Fähigkeit, etwas zu erahnen
Fähigkeit, Alternativen zu entwickeln
Fähigkeit, seine eigenen Rechte auszudrücken
Fähigkeit, Verantwortung zu praktizieren
Fähigkeit, zu entlarven
Fähigkeit, Hintergründe aufzudecken
Fähigkeit, sein Bewusstsein zu erweitern
Fähigkeit zur Partnerschaftsanalyse
Fähigkeit, die Gefühle des anderen wahrzunehmen
Fähigkeit, Überkommenes aufzulösen

Abraham A. Maslow schreibt hierzu: «Der Mensch zeigt in seinem eigenen Wesen einen Drang in Richtung auf das immer vollere Sein, auf die immer perfektere Verwirklichung seiner Menschlichkeit in genau demselben naturalistischen, wissenschaftlichen Sinne, in dem man von einer Eichel sagen kann, sie dränge darauf, eine Eiche zu werden; genauso kann man bei einem Tiger beobachten, dass es ihn drängt, tigerhaft zu sein, bei einem Pferd, pferdeartig zu sein. Der Mensch wird letztlich nicht zur Menschlichkeit geformt oder gestanzt; man lehrt ihn nicht, menschlich zu sein. Die Rolle der Umwelt ist es letztlich, ihm zu erlauben oder zu helfen, seine *eigenen,* nicht ihre Möglichkeiten zu verwirklichen. Die Umwelt räumt ihm keine Möglichkeiten oder Fähigkeiten ein; er besitzt sie in unvollkommener oder embryonaler Form, genauso wie er embryonale Arme und Füsse hat. Und ebenso sind Kreativität, Spontaneität, Selbstheit, Authentizität, Hilfsbereitschaft, Liebesfähigkeit und Wahrheitsdrang embryonale Möglichkeiten, die zu ihm als dem Mitglied einer Spezies ebenso gehören wie seine Hände und Füsse, wie sein Gehirn und seine Augen.»
Die Schwierigkeit liegt nun aber darin, dass die Anlagen und Möglichkeiten des Menschen in unserer patriarchalen Kultur nicht so verwirklicht werden können, wie sie von Natur aus angelegt wären.
Die Anlagen und Fähigkeiten stossen auf den (alten) Saturn, also auf die Massstäbe, Normen und Ideale der Kultur und Zeitepoche. Es kommt dann zu den sog. Abwehr- und Anpassungsmechanismen, d.h. die Lebensenergie oder Anlage tritt dann nicht mehr in ihrer ursprünglichen Erscheinungsform auf, sondern wird an die gesellschaftlichen Verhältnisse, an die Umwelt und an die Norm angepasst.

14

Bedürfnisse	→	♄	→	*Abwehr- und Anpassungsmechanismen*
Anlagen		Massstäbe		Sublimierung
Fähigkeiten		Normen		Verschiebung
Energien		Ideale		symbolisches Ausagieren
				Somatisierung
				Imitation
				Identifikation
				Projektion
				Regression
				Reaktionsbildung
				Verdrängung

Diese Abwehr- und Anpassungsmechanismen bilden zusammen die zweite Natur des Menschen, welche die erste, die primäre Natur überlagert. Sie hemmen den Wachstumsprozess der natürlichen Fähigkeiten oder lassen die Anlagen nur so entwickeln wie es der Norm gemäss ist. Die Anlagen werden pervertiert und dadurch «verwunschen und verzaubert».

Aufgrund dieser Situation ist jede Anlage in der patriarchalen Kultur in zwei Pole aufgesplittert — in einen Minus- und in einen Pluspol *). Im Minuspol ist es dem einzelnen nicht möglich, den Normen der Kultur und Zeitepoche zu entsprechen — er ist gehemmt. Er wird im System der psychologischen Astrologie als Kindrollenspieler bezeichnet, weil er stets die Situation seiner Kindheit wiederholt, in der er gegenüber seinen Eltern auf den verschiedensten Lebensgebieten unterlegen war.

Hingegen bedeutet Elternrollenspieler in einer bestimmten Anlage zu sein, sich im Pluspol zu befinden. Der Betreffende ist zwar in seiner natürlichen Anlage genauso durch die Norm gehemmt wie der Kindrollenspieler, kompensiert aber diese Hemmung, indem er gerade die Norm oder das Ideal zu verkörpern sucht.

Der Elternrollenspieler fühlt sich immer überlegen, oben, übergeordnet, massstäblich, besserwissend — und er wird an allen Ecken und Enden bestätigt; denn die Norm ist ja auf seiner Seite.

Erst wenn der einzelne die beiden Pole, nämlich Hemmung (Kindrollenspieler) und Kompensation (Elternrollenspieler) transzendiert, kann er zu der *erwachsenen* Form einer Anlage vorstossen.

Der Erwachsene ist der komplementären Verflochtenheit zwischen Eltern- und Kindrollenspieler, zwischen dem Gehemmten und dem Kompensator entwachsen. Er bildet seine Anlagen in ihrer ursprünglichen Form aus und befreit sich dadurch mehr und mehr vom Schicksalszwang. Er muss nicht mehr durch den Gegenpol ausgeglichen werden und muss daher weniger schmerzhafte Schicksalsschläge erleiden.

Die psychologische Astrologie will aufzeigen, dass jede Anlage auf verschiedene Art und Weise erfahren werden kann.

---

*) Nach der psychologischen Astrologie werden beide Pole nicht bewertet. Der Pluspol ist also nicht «mehr wert» als der Minuspol, sondern nur eine andere Auslebensform ein und derselben Anlage.

Wie negativ die Prägung auch immer gewesen sein mag, hier und heute besteht die Möglichkeit, die Anlage auf einer neuen Ebene auszuleben. Es steht nicht definitiv fest, dass eine Anlage oder ein Aspekt immer diesen oder jenen negativen Charakter haben muss, selbst wenn das Schicksal dies immer wieder zu bestätigen scheint. Es besteht keine Determination, dass jemand z.B. einen Saturn in Haus 10 als permanente Schwierigkeiten im Berufsleben oder einen Uranus im Haus 7 als Scheidung erleben muss.

Wenn es dem Horoskopeigner gelingt, die jeweilige Anlage in eine erwachsene Form zu transformieren, ist er vom alten Karma frei.

Für diejenigen, die Band I («Astrologie und Psychologie — eine neue Synthese») und Band II (Partnerschaft, Gesundheit und Glück) der psychologischen Astrologie nicht gelesen haben, seien hier zum besseren Verständnis kurz noch Minus- und Pluspol der einzelnen Anlagen aufgeführt; die erwachsene Form wurde bei der Aufstellung «Die Fähigkeiten der menschlichen Natur» bereits dargestellt.

Mars —	*Minuspol*	*Pluspol*
	Durchsetzungsschwäche	Angreifer
	Mangel an Initiative	Eroberer
	und Wagemut	Held
	sich ärgern	Streiten
	Altruismus	Egoismus

Venus (Stier) —	*Minuspol*	*Pluspol*
	Abgrenzungs-	Luxus
	schwierigkeiten	Reichtum
	Defizit an materieller	Schlemmertum
	Sicherheit	
	Besitzlosigkeit	
	Hemmung im Genuss	

Merkur (Zwilling) —	*Minuspol*	*Pluspol*
	Analphabet	Intellektualität
	praktisch und technisch	Technokrat
	unbegabt	
	sprachgehemmt	
	eingeengter Aktionsra-	
	dius	

Mond —	*Minuspol*	*Pluspol*
	Ungeborgenheit	Geborgenheit i.S. der
	Zärtlichkeitsdefizit	Norm
	Defizit an seelischer	gluckenhaftes Bemut-
	Wärme und Liebe	tern
	heimatlos	Identität im Rahmen
	Mangel an eigener Iden-	der Kollektivneurose
	tität	

16

Sonne —	*Minuspol*	*Pluspol*
	Bescheidenheit	Prahlen
	Emotionslosigkeit	Glänzen
	schwacher Unterneh-	überdimensionierter
	mungsgeist	Unternehmungsdrang
	sexuelle Hemmungen	Selbstverwirklichung im
		Sinne der Norm

Merkur (Jungfrau) —	*Minuspol*	*Pluspol*
	Verschmutzung	überdimensionierter Ar-
	Dienen	beits- und Reinigungs-
	Abhängigkeit	drang
	Unterordnung	Kritiksucht
	Gehorsam	

Venus (Waage) —	*Minuspol*	*Pluspol*
	Kontaktarmut	konventionelle Kon-
	Unmodisch	takte
	erotische Tabus	Mode
	Hemmung in der Ver-	Ehe
	wirklichung des eigenen	
	Geschmacks	

Pluto —	*Minuspol*	*Pluspol*
	Unterdrückter	Leitbild
	Autoritätsgläubiger	Guru
	Anhänger eines Guru	Chef
	ohnmächtig	Dominanz
	Mangel an eigener Mei-	Macht
	nung	Unterdrücker
	und an einem eigenen	Autorität
	Konzept	Ideologie
	Defizit an Wissen	Indoktrination
	Hemmung, eine eigene	Fanatismus
	Vorstellung zu entwik-	Fixierung
	keln	Gewalt anwenden
	Gewalt erleiden	

Jupiter —	*Minuspol*	*Pluspol*
	der Ungebildete	der konventionell Gebil-
	Förderung erwarten	dete
		Mäzen

Saturn —	Minuspol	Pluspol
	der Gehemmte,	der Elternrollenspieler
	Schuldgefühl,	der Kontrolleur,
	nicht anerkannt sein,	der Richter,
	Unbedeutendheit,	die Strafe,
	der Gemassregelte,	der Massregler,
	Selbstbestrafung,	Ehrgeiz,
	keine eigenen Ziele,	Streben nach Anerken-
	Mangel an eigenen	nung
	Rechten und an eigener	Ideal
	Verantwortung	

Uranus —	Minuspol	Pluspol *)
	Aufregung	Übertritt
	Nervosität	kompensatorische Be-
	Unfall erleiden	freiung
	Mangel an Freiheit,	Rebellieren
	Freizeit und Unabhän-	Provokation
	gigkeit	Überlegenheitskomplex
	keine Möglichkeit der	Exzentriker
	Mitbestimmung	Aufsehen erregen
	Erleiden von Übertrit-	Irritieren
	ten des anderen,	Skandale verursachen
	irritiert werden,	der «Seitenspringer»
	Mangel an Abwechs-	
	lung	

Neptun —	Minuspol	Pluspol *)
	Hilflosigkeit	Helfer
	Ausgestossenheit	Spionage
	Einsamkeit	Lügner
	Angst	Schein
	Unsicherheit	Flucht
	Schwäche	Sucht
	Heimlichkeit	Traum
		Illusion
		irreale Hoffnung
		irreale Wünsche
		illegale Aktionen
		Verschwendung

*) Da Uranus und Neptun in der Abfolge des Tierkreises jenseits des Saturn liegen und Norm sprengende und auflösende Wirkung haben, ist deren Pluspol in der patriarchalen Gesellschaft nicht erstrebenswert (Ausnahme: Auslebensform des Neptun als Helfer)

Die Astropsychotherapie ist eingeteilt in die

Informationsphase
Analytische Phase
Phase der Gruppentherapie
Phase der Ausbildung von Anlagen

I. INFORMATIONSPHASE

Gesetz der Wiederkehr des Verdrängten

Das Gesetz der Wiederkehr des Verdrängten besagt, dass Energien und Anlagen, die ins Unbewusste verdrängt werden, nicht tot sind, sondern wiederauferstehen. Da durch den Akt der Verdrängung die ursprüngliche Energie pervertiert wird, erscheint die entsprechende Anlage nicht mehr im ursprünglichen Kleid, sondern in einer verzerrten, vielfach total unkenntlichen Form.

Insofern ist es für den einzelnen nicht leicht zu erkennen, dass das eigene Verdrängte ihn ereilt hat, dass das, was ihm so grosse Schmerzen bereitet, nichts anderes ist als ein nicht gelebter Persönlichkeitsanteil, den er dann via Schicksal *passiv* erleiden muss.

Man könnte es auch noch anders formulieren: Die 12 kosmischen Prinzipien stellen immer eine Einheit dar. Sie symbolisieren die Ganzheit des Lebens. Wird ein Prinzip nicht oder nur mangelhaft ausgelebt, so wird es ins Unbewusste verdrängt und erscheint schliesslich als «Schatten» in den verschiedensten Varianten und Nuancen. Will jemand z.B. ein grösseres Unternehmen starten, so ist es wichtig, dass alle 12 Prinzipien volle Beachtung finden. Ein Prinzip auszuklammern, bedeutet bereits, dass bei diesem Unternehmen gerade auf diesem Gebiet Schwierigkeiten auftauchen werden und dass aufgrund der Wechselwirkungen im Tierkreis auch andere Prinzipien in Mitleidenschaft gezogen werden.

So genügt es z.B. zur Gründung des Unternehmens nicht, nur Mut (Widder) und Grundkapital (Stier) einzubringen, sondern es ist auch erforderlich, die notwendige Information (Zwilling) einzuholen, es ist unumwunden notwendig, dass man sich mit dem Unternehmen identifizieren (Krebs) kann, dass man selbständig handeln kann (Löwe), dass analysiert (Jungfrau) wird, was man noch alles braucht, dass eine Werbestrategie (Waage) ausgearbeitet wird, dass ein Konzept (Skorpion) vorhanden ist bzw. der Weg (Skorpion) zur Realisation klar vor Augen steht, dass man fähig ist, Verbesserungen (Schütze) auszuarbeiten und Verbesserungsvorschläge von anderen anzunehmen und zu verarbeiten, dass man fähig ist Verantwortung zu tragen und die Ziele (Steinbock) des Unternehmens formulieren kann, dass Trends (Wassermann) berücksichtigt werden und dass die Bereitschaft besteht, auch Ängste (Fische) zuzulassen, einzublenden, was schlimmstenfalls passieren könnte, wenn das Vorhaben scheitern würde und welche Alternativen bestehen würden. . .

Wenn Prinzipien ausgeklammert werden, so ist dies immer mit mehr Arbeit, mit grösseren Geldverlusten, mit vielen Verzögerungen, mit Leid und Schmerz verbunden. Hat z.B. der Gründer des Unternehmens keine Ahnung von Werbung, so muss er zwangsläufig «Lehrgeld zahlen». Er wird mit grosser Wahrscheinlichkeit Fehler machen, wird womöglich viel Geld für Anzeigen und Inserate ausgeben, findet vielleicht nicht die richtige Zielgruppe, formuliert seine Prospekte falsch oder gebraucht eine Form, die nicht ansprechend ist. . .

Er sucht Irrwege und Sackgassen auf – Umwege, die viel Kraft und Energie kosten, die das Unternehmen wirtschaftlich schwächen, es verzögern oder gar zur Auflösung bringen. Grundsätzlich gilt die Regel, dass immer derjenige besser fährt, der sich nicht scheut, Unsicherheiten durch Fragen auszuräumen, der sich selber kritisiert oder an seinem Vorhaben Kritik üben kann, wer selber zweifelt und infragestellt.

Wer all diesen Prinzipien nicht Rechnung trägt, weil sie z.B. nicht in sein Selbstbild der Stärke, des edlen Menschen, der Unfehlbarkeit etc. oder nicht in seine Ideologie z.B. des positiven Denkens passen, übernimmt die Rolle eines Hamsters im Rad des Karmas.

Es ist günstiger, selber das Kartenhaus seiner Kompensation umzublasen, als dies vom Schicksal bewerkstelligen zu lassen. Je länger und stärker man das Kartenhaus stützt, desto destruktiver der Wind des Schicksals.

Kurzum: Jedes Prinzip, dem man keine Lebenschance gegeben hat, kommt durch die Hintertüre wieder herein!

Die folgenden Beispiele sollen dies verdeutlichen:

Fall I:
Margarete K. hatte sich ein technisches «Wundergerät» gekauft, mit dem nach Aussagen der Verkäufer fast alle Krankheiten aufgedeckt und geheilt werden können. Um sich noch mehr in die Materie einzuarbeiten, las sie entsprechende Bücher und besuchte Lehrgänge. Schliesslich war Margarete fest davon überzeugt, dass nur dieses Gerät der kranken Menschheit helfen könne. Um so schmerzvoller war es für sie, dass ihr Freund Manfred überhaupt nicht daran glaubte. Im Gegenteil: Er übte sogar teilweise vernichtende Kritik an dem Gerät und zweifelte an dessen Effizienz. In solchen Augenblicken hasste Margarete Manfred abgrundtief.

Wer seine eigene Kritikfähigkeit (Jungfrau) und seine eigenen Zweifel (Fische) verdrängt, dem erscheinen diese Prinzipien aufgrund von unbewusster Projektion (jedes Prinzip das nicht gelebt wird, wird unbewusst projiziert) beim anderen.

Da man innen bei sich Kritik und Zweifel nicht aufkeimen liess, wird auch der Kritiker und Zweifler in der Aussenwelt auf's heftigste bekämpft.

Hätte Margarete selbst Zweifel an dem «Wundergerät» zugelassen, wäre ihr der Zweifel aussen nicht in dieser schmerzhaften Form erschienen. Je fanatischer sie über das Gerät sprach, um so destruktiver wurde die Kritik des anderen. Insofern schaukelten sich die beiden Pole gegenseitig hoch. Dem einen Extrem folgte das andere als Reaktion und Wirkung nach.

Fall II:
Aufgrund seines Berufes als Werbemanager ist Horst B. gezwungen 1 – 2 mal in der Woche Einladungen zu Parties, Feten, Geschäftsessen etc. anzunehmen. Da es seiner Ansicht nach kein gutes Bild abgibt, wenn er solo dort erscheinen würde, erwartet er von seiner Partnerin Stefanie V. mit der er seit 2 Jahren fest liiert ist, dass sie ihn begleitet.

Stefanie, eine mehr introvertierte Frau, die ihre Zeit viel lieber zu Hause verbrachte, langweilt sich jedoch auf diesen Festen sehr. Mit der Äusserung: Die Hauptbeschäftigung dieser Gäste bestehe nur in Trinken, Rauchen und oberflächlichem Gerede, kränkte sie Horst B., der sich auf diesen Einladungen sehr wohl fühlte. In der Partnerschaft traten immer mehr Spannungen auf, die schliesslich dazu führten, dass der Hochzeitstermin, der bereits feststand, bis auf weiteres verschoben wurde.

24

In dieser Situation sprach Stefanie V., die sich hundertprozentig im Recht fühlte, in unserem Institut vor, um in Erfahrung zu bringen, warum ihr nach den Gesetzen des Schicksals eine solche Problematik serviert wurde. Diese Frage liess sich schnell beantworten: Aufgrund dessen, dass Stefanie V. vorwiegend nur den introvertierten Pol auslebte, musste sie mit dem anderen, dem extravertierten Pol konfrontiert werden. Da sie meist ihre Zeit zuhause verbrachte, musste ihr verdrängter Ausgehdrang (Sonne-, Löwe-, Haus 5-Prinzip) von aussen auf sie zukommen.

Da jede Energie durch den Akt der Verdrängung pervertiert wird, erschien ihr dieses Prinzip nicht in einer realen, angenehmen Form, sondern verzerrt. Diese verzerrte Form war für sie jedoch die Bestätigung (siehe Gesetz der Bestätigung) dafür, dass sie im Recht sei, ohne zu sehen, dass sie durch den anderen Pol nur ausgeglichen (Gesetz des Ausgleichs) *) wurde. Um ihre Problematik zu bewältigen, wäre es für Stefanie V. deshalb nicht nur wichtig, ihren verdrängten Ausgehdrang und ihr verdrängtes Streben nach Geselligkeit zu erkennen, sondern statt der Weigerung nicht mitzugehen auch zu versuchen, Alternativen zu finden. So könnte sie z.B. nur alle 14 Tage einmal ihren Freund begleiten, oder könnte z.B. indem sie sich stärker einbringt, den Abenden ein anderes Gepräge geben, könnte dem Gespräch mehr Inhalte verleihen oder selbst einmal ein Fest wagen, das sie völlig anders gestaltet, um durch diese Alternative vielleicht einen Anreiz zur Veränderung der konventionellen Art, Feste zu feiern, zu geben.

Dass natürlich auch Horst B. sich fragen müsste, warum er gerade mit dieser Frau und dieser Problematik konfrontiert wird, braucht wohl nicht näher erläutert zu werden.

Fall III:
Martha B. war eine sehr resolute, energische Frau, die sehr viel Sicherheit ausstrahlte. Aufgrund dessen fühlten sich besonders schwache und unsichere Männer von ihr angezogen. Sie suchten bei ihr den Halt, den sie früher bei ihrer Mutter vorfanden. So war es auch bei Bernhard R., einem intelligenten, aber sehr ängstlichen Mann, der grosse Schwierigkeiten hatte, sich im Leben zu behaupten. Martha B. blühte in der Beziehung zu Bernhard sichtlich auf. Sie konnte hier voll ihre Rolle im Stile von «Lass Mutter nur machen» spielen.

Obwohl bei Bernhard desöfteren leichte Bedenken auftauchten, ob Martha alles wirklich so gut im Griff hatte, wurde deren innere Unsicherheit und Schwäche erst auf einer Urlaubsinsel evident, auf der sich die beiden für ein paar Tage ein Auto mieteten.

Martha setzte sich selbstsicher ans Steuer und fuhr in Richtung einer 300 km entfernten Stadt los. Die Strasse führte durch ein riesiges Sumpfgebiet. Obwohl sie stark frequentiert war, waren keine Ausweich- oder Parkgelegenheiten vorhanden. Nach etwa 1 Stunde Fahrzeit brach fast schlagartig die Nacht herein. Plötzlich tauchten 2 grelle Lichtkegel auf, die Martha so stark blendeten, so dass sie überhaupt nichts mehr sehen konnte. In dieser unsicheren Situation stieg Martha auf die Bremse, der Wagen kam ins Schleudern und Martha konnte gerade noch den Wagen vor dem Abgrund zurückreissen.

*) Gesetz des Ausgleichs siehe Band II der psychologischen Astrologie: Partnerschaft, Gesundheit und Glück (Hugendubel-Verlag)

Solche Situationen wiederholten sich jedesmal, wenn ein entgegenkommendes Fahrzeug nicht abblendete, was in diesem fremden Land Usus zu sein schien. Zu allem Überschuss begann es nun auch noch wolkenbruchartig zu regnen — und Martha wusste nicht, wie der Scheibenwischer zu betätigen war. Die Sicht war fast total blockiert, Bernhard sass kreidebleich neben ihr. Im letzten Moment gelang es ihm vom Beifahrersitz aus den Wischer in Gang zu bringen. Schliesslich erreichten sie mit viel Glück ein Indianerdorf, wo Bernhard das Steuer übernehmen konnte.

Dieser Fall zeigt, dass Marthas Sicherheit nur eine Kompensation ihrer Unsicherheit war. Ihre Sicherheit war Schein. Sie war nicht echt, weil sie nicht gewachsen war. Martha redete sich suggestiv Sicherheit ein und handelte danach. Die Situation als Fahrzeuglenkerin war prototypisch für sie. Sie informierte sich kaum, überlegte wenig und handelte viel. So hätte sie sich vor Antritt der Fahrt mit der Funktionsweise des Autos und mit den Bedingungen des fremden Landes (Verkehrszeichen, Fahrsitten u. -gepflogenheiten etc.) vertraut machen müssen. Zudem war sie nicht informiert, wie man sich als Autofahrer verhält, wenn man durch ein entgegenkommendes Fahrzeug geblendet wird. Eine Informationslücke also, die noch aus der Vergangenheit stammte und die Gefahr eines Unfalls erhöhte. Indem sie die Selbstsichere spielte, durften Fragen nicht auftauchen. So kam es, dass Martha's verdrängte innere Unsicherheit nach Auslösern suchte, um ans Licht zu kommen. Dies geschah in Form von Fahrzeugen, die nicht abblendeten. (Gesetz der Wiederkehr des Verdrängten). Zugleich stand die äussere Blendung symbolisch für ihre innere Selbstblendung und für die Blendung ihres Partners in bezug auf Selbstsicherheit.

Bernhard sah Martha nach diesem Vorfall mit anderen Augen. Astrologisch gesehen hatte Martha ihre Sonnenlage (Selbstsicherheit) nicht im ausgebildeten Zustand zur Verfügung. Dieses verdrängte Licht (Sonne) wurde unbewusst in die äussere materielle Welt projiziert. Es wurde in pervertierter Form durch das überdimensionierte künstliche Licht der Autoscheinwerfer symbolisiert.

Das Gesetz von Ursache und Wirkung

Die meisten Menschen erkennen nicht, dass die Schicksalsschläge, die sie erleiden, nichts anderes sind als Wirkungen auf Ursachen, die sie selbst gesetzt haben. Leidet jemand z.B. unter Intrigen, so gibt es zwei Ursachen: Entweder er drückt sein eigenes Wesen zu wenig oder zu unklar aus, so dass andere mangels Information auf ihn etwas projizieren, was er nicht ist, oder er tritt zu dominant auf, so dass die Umwelt sich ihm gegenüber nur mittels Intrigen zur Wehr setzen kann.

Manche Eltern bestrafen ihr Kind, wenn es lügt. Doch die Lüge des Kindes ist bereits die Wirkung auf eine Ursache, die in den Eltern selbst begründet liegt.

So kann es sein, dass die Eltern einen strengen lebensfremden Massstab in sich beherbergen, der von der lebendigen Natur des Kindes umgangen werden muss.

Wenn die Mutter z.B. ihrem kleinen Sohn erklärt, er solle nicht mit dem Nachbarsjungen spielen, da dieser Umgang für ihn schädlich sei, so muss ihr

Sohn zu einer Lüge greifen, wenn er gefragt wird, mit wem er den Nachmittag verbracht hat. Das Schicksal hängt also oft vom innerseelischen Massstab ab: Wenn eine Mutter den Massstab in sich trägt, dass für ihre Tochter nur ein Akademiker in Frage kommt, so empfindet sie einen furchtbaren seelischen Schmerz, wenn jene einen Arbeiter heiratet.

Hat ein Vater als Ziel für seinen Sohn das Abitur gesetzt, so wird er darunter leiden, wenn jener nur den Hauptschulabschluss schafft.

Und welche Schmerzen leiden manche Vegetarier, wenn ihre Partner oder ihre Kinder den Massstab: Kein Fleisch und keine Wurst zu essen, durchbrechen!

Wie sehr schmerzt es die Ehefrau, wenn ihr Mann dem Massstab der Treue nicht mehr entspricht!

Das Leben schlägt also den Betreffenden, die solche Massstäbe an andere legen, immer wieder ein Schnippchen. Ja man kann sogar die Regel aufstellen: Je starrer und strenger der Massstab umso grösser die Wahrscheinlichkeit, dass er durchbrochen wird. Hat jemand sich Wissen um die Mechanismen und Gesetze der Psyche und des Schicksals angeeignet, so wird er bald in seiner Umwelt erkennen, dass alle alles *erwirken*. Alles ist erwirkt! Es wird plötzlich augenscheinlich, warum jemand zwangsläufig mit einer bestimmten Einstellung immer wieder beruflich Schiffbruch erleiden muss, warum jemand mit einem bestimmten Verhalten immer wieder vom jeweiligen Partner verlassen wird, warum die Kinder einer bestimmten Familie Hippies und Gammler geworden sind, warum die Tante an Krebs erkrankt ist. . . Und oft pfeifen es die Spatzen bereits von den Dächern — alle wissen es, nur derjenige, der im Schicksal verwoben ist, kann es nicht erkennen. Und würde es jemand zu ihm sagen, dann würde er es — von seltenen Ausnahmen abgesehen — nicht glauben.

Wie soll man es etwa der Tante nahebringen, dass ihr übersteigerter Anstand, auf den sie so stolz ist, der aber in Wirklichkeit ihre Lebendigkeit erstickte, letztendlich Hauptursache für ihre Krebserkrankung ist?

Wie soll man den Eltern eines drogensüchtigen Kindes erklären, dass die Sucht ihres Sohnes oder ihrer Tochter nur eine Fluchtreaktion auf ihre irrealen Normen und Massstäbe oder gar auf ihre eigenen Lebenslügen ist?

Das Gesetz von Ursache und Wirkung lässt Schlüsse zu, wohin die jeweilige Geisteshaltung oder das jeweilige Verhalten zwangsläufig führen muss — — zu Misserfolg, Krankheit und Leid, oder zu Liebe, Glück und hoher Lebensqualität.

Solange sich jemand gegenüber den Wirkungen der Ursachen, die er gesetzt hat, nicht verantwortlich fühlt, bleibt ihm die Wirkungsweise des Schicksals verborgen.

Sein Massstab und sein (unbewusster) Vollkommenheitsanspruch lässt es nicht zu, dass er die eigene Einstellung, das eigene Verhalten und Handeln mit den Auswirkungen in Zusammenhang bringt. Er müsste zugeben, dass er fehlbar ist. Er müsste wagen, sich eine Blösse zu geben. Erst, wenn Umwelt und Schicksal als Spiegelbild des eigenen Lebens erkannt werden, hat man die Möglichkeit, echte Verbesserungen im individuellen und kollektiven Leben vorzunehmen, erst dann beginnt man das Schicksal in Griff zu bekommen. Mitgestalter des Schicksals zu werden, bedeutet — astrologisch gesehen — die Saturnprojektion zurückzunehmen, sich selbst verantwortlich zu zeichnen und insofern den innerseelischen Persönlichkeitsanteil Saturn zurückzugewinnen.

So gibt es 3 Stufen der Entwicklung:

1. Stufe: Man ist den Kräften ausgeliefert. Der einzelne ist nur eine Marionette. Dies ist der vollprogrammierte, fremdbestimmte Mensch, der keine Chance hat, in sein Schicksal einzugreifen.

2. Stufe: Der einzelne bäumt sich auf gegenüber Macht, Gewalt, Ungerechtigkeit und Manipulation. Er kämpft gegen die Kräfte, leistet Widerstand, lehnt sich auf, demonstriert und rebelliert.

3. Stufe: Der Betreffende durchschaut die Szenerie. Er weiss die Kräfte für sich zu nutzen. Er bestimmt über sich selbst. Dies ist der Weg des Menschen, der seine Planeten auf einer «erwachsenen» Ebene auszuleben versteht.

Übertragen auf den Persönlichkeitsanteil Saturn bedeutet dies, dass der sich in der Stufe 3 Befindliche Verantwortung übernimmt für all seine Planeten bzw. Energien.
Indem er dadurch den Saturn zur Verfügung hat, d.h. die Anlage bewusst einsetzen kann, hat er plötzlich die Möglichkeit der Korrektur. Er wird Kapitän seines Lebensschiffes.
Wer diese Korrekturmöglichkeit nicht aktiv wahrnimmt, wird ersatzweise vom Schicksal korrigiert.
Dass diese Berichtigung meist schmerzhaft ausfällt, braucht wohl nicht besonders erwähnt zu werden.

Das Gesetz der Entwicklung

Nachstehend soll anhand der äusseren Planeten Pluto, Uranus und Neptun aufgezeigt werden, wie menschliche Anlagen einer inneren Gesetzmässigkeit zufolge verschiedene Entwicklungsstadien durchlaufen. Freud sprach von der oralen, analen und genitalen Phase, die es zu absolvieren gilt, und die Natur selbst gibt uns ein Gleichnis mit der Entwicklungsfolge von Larve, Puppe und Schmetterling.
Einschliesslich der jeweils dazwischenliegenden Übergangsphasen können wir bei Pluto, Uranus und Neptun 6 Entwicklungsstufen feststellen:

Pluto

Wenn wir wissen wollen, welche Wirkungen Pluto in unserem Horoskop zeitigt, heisst es, sich zunächst einmal seine Symbolik auf den verschiedenen Ebenen vor Augen zu führen:

(real)

eigene Vorstellung
eigene Meinung
eigener geistiger Besitz
eigenes Konzept
eigener Plan
eigenes Programm
eigenes System
geistige Sicherheit
Ansammlung von Wissen
geistige Abgrenzung
eigener Weg
Beziehungsfähigkeit
Bindungsfähigkeit
Wollust
Macht über sich selbst
Besitz des anderen
Eigenwert und
Abgrenzung des anderen

Kompensation (Plus-Pol)
Fremdbesetzer
Befehl
Machthaber, Tyrann
Manipulator
Unterdrücker
Leitbild
Dominanz
Autorität, Chef
Guru
Therapeut
Hypnotiseur
Hundehalter
Fixierung
Manie
Kampf, Übertrumpfen
Fanatiker
Dogmatiker
Ideologe
Indoktrination
Sadist
Leidenschaft, Eifersucht
Programmierer
Konditionierer
Erwartungshaltung an andere
Fetischist
Magie
Atomkraftwerk
Stigma
Missionieren
Ritual
Gewalt
Kampf

29

Entwicklungsprozess:	Hemmung (Minus-Pol)
Transformationsprozess	fremdbesetzt werden
Stirb-und-Werde-Prinzip	Befehlsempfänger
Meinungsbildungsprozess	ohnmächtig sein
Umbruch	autoritätsgläubig sein
Wandlung	manipuliert werden
Krise	programmiert werden
Tod	konditioniert werden
	stigmatisiert werden
	indoktriniert werden
	unterdrückt werden
	gezwungen werden
	vergewaltigt werden
	geknebelt werden
	Anhänger eines Gurus oder einer Ideologie
	Klient
	Patient
	Opfer
	Hundephobie
	unter Erwartungsdruck stehen
	Masochist
	Mangel an eigener Meinung
	Defizit an Wissen
	mangelndes Vorstellungsvermögen
	Verkrampfung (Spasmus)

Diese Aufstellung macht bereits deutlich, dass Pluto in der psychologischen Astrologie nicht als etwas Unverrückbares, Determiniertes oder rein Kollektives angesehen wird, dem man einfach ausgeliefert wäre und auf das man keinen Einfluss hätte.

Die Geschichte der Menschheit zeigt uns zwar, wie Pluto sein Unwesen trieb, wie Tausende und Abertausende in seinen Sog fielen, wie Millionen Opfer (Pluto) von Machthabern (Pluto) und Ideologien (Pluto) wurden, ohne dass sie nur den geringsten Einfluss (Pluto) auf ihr Schicksal nehmen konnten. Auch heute noch spulen die meisten Individuen dumpf und wie hypnotisiert (Pluto) die von der Gesellschaft vorgegebenen Programme (Pluto) in Familie, Partnerschaft und Beruf ab. Sie erfahren den Pluspol ihres innerseelischen Persönlichkeitsanteils Pluto weitgehend nur in der Projektion – in Form des Vorgesetzten oder Chefs, in Form eines dominanten (Pluto) Partners oder in Form einer kollektiven Bewegung (Pluto), der sie sich anschliessen.

Und dennoch gibt es immer mehr Menschen, die eigene Vorstellungen auf den verschiedensten Lebensgebieten entwickeln, die sich eine eigene Meinung (Pluto) bilden, die sich vom Trampelpfad der Masse (Pluto) absetzen und einen eigenen, einen individuellen Weg (Pluto) gehen wollen.

Wenn Venus die Bilder sind, die komplementär zu unseren Defiziten stehen, so formieren sich diese Bilder bei Pluto zu einer Vorstellung, zu einem Programm.

Pluto symbolisiert u.a. die Vorstellung, wie man leben möchte. Ist das eigene Leben nicht dieser Vorstellung gemäss, so reagiert man ständig auf die vorgegebenen Muster und Programme mit Krankheit, Ohnmacht, Stress, Depression, Frustration. Doch selbst wenn es jemandem gelingt, die eigene Vorstellung zu verwirklichen, kann es sein, dass sich zuletzt Frustration einstellt, denn Vorstellung und Wirklichkeit klaffen häufig sehr weit auseinander.

So hatte Udo T. die Vorstellung, mit seiner Frau Nicole eine offene Ehe zu praktizieren. Als Nicole eines Abends mit einem anderen Mann ausging, wand sich Udo auf dem Boden vor seelischen Schmerzen. Die Wirklichkeit zeigte ihm, dass er für eine solche Art von Beziehung noch nicht reif war.

Raimund L. wollte nach Amerika auswandern. Mit Amerika assoziierte er Freiheit, Progressivität, Action und unbeschränkte Möglichkeiten. Als er schliesslich in das «gelobte Land» kam, lernte er auch dessen Schattenseiten kennen. Zwei Jahre später kehrte er in seine Heimat zurück. Seine Vorstellung von den Vereinigten Staaten von Amerika ist nunmehr anders. Sie hat sich durch die Wirklichkeit des Lebens gewandelt (Pluto).

Die Schwierigkeit bei Pluto-Skorpion liegt darin, dass sich Vorstellungen und Fixierungen entweder nicht erfüllen und damit über das Neptun-Fische-Prinzip, das nächste Wasserzeichen, als Sehnsüchte und Träume ausagiert werden oder sich zwar realisieren, aber danach nicht das bringen, was man erwartet hat. Im Gegenteil: Meist erlebt der einzelne dann seine eigene Vorstellung in der Erleidensform. Die Wirklichkeit widerspricht der statischen, unlebendigen Vorstellung. Die lebendige Wirklichkeit bereitet Schmerzen.

Diese Erfahrung drängt viele Menschen der Alternativszene zu der Annahme, man solle überhaupt keine Vorstellungen mehr entwickeln. Doch das wiederum bedeutet, sich einfach treiben zu lassen, bedeutet, nur in den Tag hinein zu leben, keine Höhen und Tiefen erleben, nicht zu wachsen und zu reifen, nichts zu ernten. Es bedeutet, Neptun in einer ungünstigen Frequenz anheimgefallen zu sein.

Es heisst also, zu unterscheiden zwischen einer realen und einer irrealen Vorstellung. Eine reale Vorstellung liegt vor, wenn die Wirklichkeit des Lebens von vornherein mit eingeplant wird, wenn Licht *und* Schatten gesehen werden, wenn Mitmenschen damit nicht verplant werden.

Wichtig ist auch, dass Vorstellungen konkret formuliert werden. Wenn jemand z.B. bei einer Vertragsunterzeichnung darauf hofft, dass bestimmte Situationen künftig nicht auftreten werden oder sich sogar kurzerhand auf die Fairness des Vertragspartners verlässt, besteht die Gefahr, dass Pluto in der Erleidensform erfahren wird. Häufig ist auch, dass man einfach Fachleuten vertraut und jenen dadurch Macht (Pluto) verleiht. So spulen z.B. manche Ärzte lediglich ihr Programm ab, ohne den Patienten vorher zu informieren und sein Einverständnis einzuholen. So werden oft unnötig gefährliche Diagnosemethoden angewandt, die in keinem Verhältnis zur tatsächlich vorhandenen gesundheitlichen Störung stehen.

Oder: Wer darauf vertraut, dass die Fachleute schon Bescheid wissen würden, wird irgendwann einmal – z.B. wenn er ein Haus baut – eines anderen belehrt. Es ist daher wichtig, sich auf den verschiedensten Lebensgebieten Wissen anzueignen, damit man mitreden und jeweils eine eigene Vorstellung einbringen kann.

Sonst wird der einzelne manipuliert (Pluto) und vergewaltigt (Pluto) – und steigert mit seinem blinden Vertrauen nur den Besitz und das Vermögen des anderen (Pluto).

Aber auch der Plutoplusgeladene erwirkt mit seinem Verhalten Ungünstiges: Neid, Hass, Wut, Aggression und Mordgelüste des Plutominusgeladenen, sobald diesem bewusst wird, dass er «verschaukelt» wurde. Eine echte Menschlichkeit kann nicht aufkeimen.

Der «Erwachsene in Plutobelangen» macht dagegen das, was bereits erwähnt wurde: Er hat das Venusprinzip, das dem Plutoprinzip vorausgeht, ausgebildet, indem er die anderen – die Mitmenschen, die Tiere und die Pflanzen – mit in sein Denken und Handeln einbezieht. Während der Plutoplusgeladene die anderen als Objekte missbraucht und sie für seine Interessen nutzt und ausbeutet, behandelt sie der Plutoerwachsene als gleichberechtigte Partner und achtet auf ein Gleichgewicht. Er weiss, dass Macht (Pluto) die Folge eines Ungleichgewichts (Venus) ist und letztlich immer einen Affront gegenüber der Menschlichkeit bzw. gegenüber empfindlichen Ökosystemen darstellt. Der Weg zur Hölle ist mit den Pflastersteinen der Macht betoniert.

Um zur erwachsenen Form der Plutoanlage zu kommen, das heisst um die Plutoanlage bewusst zur Verfügung zu haben und einsetzen zu können (was u.a. Ziel der psychologischen Astrologie ist), müssen jedoch einige Entwicklungsphasen absolviert werden.

Die 6 Entwicklungsstufen des Pluto lauten:
1. Der Planet wird nur in der Kindrolle erlebt (Minusladung des Pluto). Der einzelne steht hier ohnmächtig (Pluto) dem Schicksal gegenüber. Da er kein eigenes Lebensprogramm hat, wird ihm ein fremdes aufgezwungen. Da er die Gesetze der Manipulation (Pluto) nicht zu durchschauen vermag, wird er Opfer (Pluto) der Manipulation. Da er keine eigene Meinung ausgebildet hat, wird ihm eine fremde aufgezwungen.

2. Der einzelne hat es satt, nur im Sinne der Machthaber (Pluto) und Chefs (Pluto) zu funktionieren – er will selber Macht ausüben und Chef werden. Er erkennt, dass dies nur möglich ist, wenn er sich Wissen aneignet (Pluto), wenn er mehr geistige Potenz (Pluto) aufweist als seine Vorgesetzten. Er muss die Mechanismen, das System (Pluto), das Konzept (Pluto), das Programm (Pluto) der Firma oder der Institution erkennen und beherrschen. Dazu ist es erforderlich, die Leitbilder (Pluto) der patriarchalen Kultur und Zeitepoche etwa durch Nachholen von Abitur und Hochschulstudium oder durch Besuchen von verschiedenen Kursen, Lehrgängen und Managementseminaren zu erfüllen. Es handelt sich also bei der 2. Stufe des Pluto um einen Transformationsprozess (Pluto) vom Kindrollenspieler zum Elternrollenspieler, d.h. um einen Transformationsprozess innerhalb der Kollektivneurose.

3. Durch das Absolvieren der 2. Stufe hat der Horoskopeigner nun die Voraussetzungen für einen Posten innerhalb der Hierarchie geschaffen, wo er die Funktion eines Chefs oder Vorgesetzten übernehmen kann. Er identifiziert sich mit dem fremden Programm der Firma oder der Institution und tut so, als ob es sein eigenes wäre. Der Weg des Geschäfts oder der Behörde wird zum eigenen Lebensweg (Pluto) erklärt. Überspitzt formuliert könnte man sagen: Er und die Fir-

ma bzw. die Institution sind eins. Eine solche Identifikation findet aber zunächst meist nicht deshalb statt, weil das Programm ihn wirklich so sehr interessiert, sondern weil er damit Anerkennung erntet und beruflichen Erfolg erzielt und – weil er damit endlich aus der früheren Erleidensform kommt. Endlich kann er aufatmen, endlich ist er oben, endlich kann er bestimmen (Pluto). Er lebt damit als Person sichtlich auf, es geht ihm gesundheitlich wie finanziell besser, sein Selbstbewusstsein steigt, eine positive Kettenreaktion geht durch den ganzen Tierkreis.

Er fühlt sich ausgeglichener, denn er ist nun Kompensator geworden (Kompensation = Ausgleich). Auch verleiht es ihm Genugtuung, endlich an den Schaltern der Macht zu sitzen, endlich selbst Macht (Pluto), Zwang (Pluto), Druck (Pluto) ausüben zu können. Mit dem Programm der Firma oder der Institution ist es ihm möglich, seine seelischen Wunden, die aus seiner Kindheit stammen, auszugleichen und es nun den anderen zu «zeigen» und teilweise auch «heimzuzahlen».

Der Plutokompensator findet jedoch sein Betätigungsfeld nicht nur in der beruflichen Sphäre, sondern auch auf anderen Lebensgebieten. Wo auch immer Mitmenschen von ihm abhängig sind, kann er seine Macht ausspielen. Abhängig sind andere Menschen immer dann von ihm, wenn er etwas hat, was jenen fehlt, wenn er also als Projektionsfläche für Menschen fungiert, die in ihrem Persönlichkeitssystem starke Defizite aufweisen. So kann der Plutokompensator durch Schönheit, Sexualität oder durch Geld und Besitz Macht erlangen (Beauty-Power, Sex-Power, Money-Power), obwohl sein Pluto selbst (z.B. geistiger Besitz) kaum Inhalte aufweist.

Andere wiederum verschreiben sich einer Ideologie (Pluto), die dann fanatisch (Pluto) vertreten wird. Auf diese Art und Weise gelingt es ihnen, sich in ihrem Plutoprinzip auszugleichen. Sie werden jedoch häufig zu einer grossen Belastung für die Umwelt, weil sie ständig versuchen, auch andere von ihrer Ideologie zu überzeugen (Pluto). Kommt ein Plutoplusgeladener mit einem anderen Plutokompensator zusammen, so kann es zu harten Machtkämpfen (Pluto) kommen. Es geht dann den Betreffenden nicht mehr um einen Meinungsaustausch (Pluto), sondern nur darum, wer am überzeugendsten seine Argumente ins Feld führt, wer mit seiner geistigen Potenz (Pluto) den anderen übertrumpft (Pluto). Wenn es einem Kompensator gelungen ist, den anderen schachmatt (Pluto) zu setzen, blitzen seine Augen triumphierend (Pluto) auf. Ein Mann signalisiert in einem solchen Augenblick gerne seiner Freundin oder Ehefrau: Da, schau her! Ich habe wieder gewonnen! Du siehst, wie stark und mächtig ich bin! Lehne Dich an mich an und partizipiere an meiner Macht! Du kannst stolz auf mich sein!

4. Der Kompensator würde sisyphusgleich bis zum Nimmerleinstag kompensieren, d.h. es würden ihn keine zehn Pferde von seiner Machtposition wegbringen, wenn nicht das «Schicksal» in Form von gesundheitlichen Beschwerden – bedingt durch Überarbeitung, Stress, Machtkämpfe und Intrigen – in Form von Alterserscheinungen oder in Form von innerbetrieblichen oder kollektiven Umwälzungen (Pluto) eingreifen und so seinen bisherigen Weg in Frage stellen würde.

Wenn das Programm, mit dem er sich so sehr indentifiziert hat, veraltet erscheint oder er selbst als Verkörperer dieses Programms nicht mehr gefragt ist, bricht für ihn eine Welt zusammen. Die grosse Frage lautet hier: Schafft es der Betreffende, das alte Programm sterben zu lassen und ein neues zu entwickeln, oder fällt er Krankheit und Tod (Pluto) anheim, weil er nicht mehr imstande ist, umzudenken, aktiv einen Transformationsprozess zu vollziehen und wie Phönix aus der Asche erneuert aus der Krise (Pluto) herauszusteigen.

Hier gilt der Satz: Wer sich nicht selbst transformiert, wird transformiert, wenn nötig sogar über den Tod zu einer neuen Inkarnation. Man könnte es so ausdrükken: Solange Pluto in einer Fixierung, in einer Ideologie, in einem Machtwahn gebunden ist, ist er in einem totenähnlichen Zustand. Pluto wird paradoxerweise erst lebendig, wenn eine alte Einstellung (Pluto), eine überkommene Meinung (Pluto), ein altes System (Pluto), ein altes Programm (Pluto) stirbt, wenn der einzelne aus seinem bisherigen Wahn (Pluto) erwacht und nun mit der Wirklichkeit konfrontiert wird. Sofern der Betreffende die Krise nicht dadurch bewältigt, dass er ein neues fremdes Programm erlernt und sich damit identifiziert (worauf er die 3. Phase, die kompensatorische Phase, erneut bis zum nächsten Zusammenbruch durchläuft), ist er jetzt gezwungen, mit seinem Pluto den Transformationsprozess vom patriarchalen zum ökologischen Bewusstsein (Saturn) zu vollziehen. Wir können daher feststellen, dass die Ebene und die Frequenz Plutos abhängig ist von den Inhalten Saturns.

Beispiele: Wenn Saturn die Massstäbe und Normen von Konvention und Moral zum Inhalt hat, muss Leben und Eigenart unterdrückt werden. Jede Unterdrückung aber lässt vor dem geistigen Auge das Komplementärbild der Macht entstehen. Macht fungiert damit als Ausgleich und Trostpflaster für unterdrücktes (Pluto), geknebeltes Leben. Der einzelne strebt nach Macht oder betet die Macht eines Führers, eines Leitbildes oder einer Ideologie an, um sich für sein vergewaltigtes (Pluto) Leben zu entschädigen. Oder: Solange mit Saturn fremde Ziele verfolgt werden oder den patriarchalen Idealen nachgestrebt wird, muss Pluto zwangsläufig als Zwang erlebt werden. Während das patriarchale Bewusstsein also mit den beiden Plutopolen Macht und Ohnmacht gekoppelt ist, können im ökologischen Bewusstsein die realen Plutoeigenschaften und -anlagen zu wachsen beginnen. Wenn der Horoskopeigner merkt, dass die Ausübung von Macht (Pluto) eine echte zwischenmenschliche Beziehung (Pluto) nicht aufkommen lässt, wenn er erkennt, dass die Identifikation mit einem fremden Programm gerade die Entdeckung seines eigenen Lebensprogramms und seines eigenen Lebensweges verhindert hat, wird er von der bisherigen Auslebensform Abstand nehmen und zur nächsten Entwicklungsstufe übergehen.

5. Um zu einem «erwachsenen» Pluto zu kommen, muss man sich ein neues Programm erarbeiten. In dem Haus, wo Pluto steht, und in dem Feld, wo er Herrscher ist, muss man ein eigenes, d.h. mit der eigenen Natur vereinbares Programm entwickeln − und selbstverständlich auch bei all den Anlagen, die mit Pluto Aspekte bilden.

Wie kann so etwas in der Praxis aussehen? Hat jemand z.B. Pluto als Herrscher von Haus 2 in Haus 11, so kann er eine Vorstellung, ein Konzept, einen Plan entwickeln, auf welche Art und Weise er sich finanziell absichern kann, um damit mehr Freiheit und Freizeit (H 11) zu gewinnen. Um seine Freiheit und Freizeit aber effizient nutzen zu können, braucht er ebenfalls eine Vorstellung und ein Programm. Steht bei einem Horoskop Pluto als Herrscher von Haus 10 in Haus 7,

34

so gilt es nach dem beruflichen (H 10) Transformationsprozess (Pluto) eine Vorstellung von den eigenen Rechten, von der eigenen Verantwortung und von den eigenen Zielen (H 10) zu entwickeln sowie eine Vorstellung von seiner wahren Berufung und von seinem wirklichen, seiner ersten Natur gemässen Beruf. Dadurch wandelt (Pluto) er seine Begegnungssituation (H 7). Gleichzeitig bildet er eine Vorstellung (Pluto) aus, wie er in der Partnerschaft (H 7) leben möchte, und beachtet auch die Vorstellungen des Partners. Schliesslich kristallisiert sich eine Ausgewogenheit (H 7) zwischen dem Lebensprogramm des einen und des anderen heraus. Es geht nicht mehr darum, sich mit dem eigenen Muster durchzusetzen und den anderen zur Anpassung zu zwingen, sondern es besteht ein Macht- (Pluto) -gleichgewicht (H 7).

Wichtig ist, dass die neuen Programme, die erarbeitet werden, der Natur und der Individualität des einzelnen entsprechen, dass sie im Einklang mit den Lebensgesetzen stehen und damit ein Wachstum der Plutoanlage ohne Zwang und Unterdrückung ermöglichen.

6. Der nächste Entwicklungsschritt ist die Umsetzung der neuen ökologischen Programme in die Praxis des Lebens. Hier heisst es, die Taktik der kleinen Schritte anzuwenden und das Neue Stück für Stück zu verwirklichen. Jedes neue Programm muss so lange immer wieder eingeübt werden, bis es in «Fleisch und Blut» übergeht, bis die «erwachsene» Form Plutos immer abrufbereit ist. Wer diese Mühe nicht scheut, wird vom Schicksal fürstlich belohnt. Doch es ist eigentlich nicht das Schicksal als solches, das belohnt. Vielmehr belohnt man sich selbst, indem man mit seinem ökologischen Pluto Freude und Glück erwirkt, indem man spürt, dass auch die anderen Planeten als Persönlichkeitsanteile im Horoskop aufatmen und endlich ebenfalls zu wachsen beginnen können. Die gelebten neuen Programme programmieren das gesamte Schicksal um. Der einzelne kann endlich seinen ureigenen Lebensweg (Pluto) gehen, und die anderen Anlagen und Fähigkeiten unterstützen ihn dabei.

Bezüglich der 6 Entwicklungsstufen Plutos taucht bei unseren Kursteilnehmern häufig die Frage auf, ob es nicht möglich wäre, von der 1. Phase gleich in die 5. Phase überzuwechseln. Sie meinen, wenn die Ohnmächtigen und Unterdrückten erkannt haben, welche Mechanismen beim Plutoprinzip wirksam sind, müssten sie die Phase der Kompensation nicht mehr durchlaufen. Wenn man erkannt hat, so argumentieren sie, dass weder Ohnmacht noch Macht effektive Erfüllung bringt, dann müsste es doch möglich sein, diese Phase zu überspringen.

Diese Argumentation mag auf den ersten Anschein hin richtig sein, ist aber, wenn man das Unbewusste in die Betrachtung miteinbezieht, nicht mehr haltbar; denn solange der Betreffende den anderen Pol Plutos nicht gelebt hat, hat sich in seinem Unbewussten kein Ausgleich eingestellt. Viele Plutogehemmte wehren sich gerade deshalb dagegen, den Pluspol des Planeten zu leben, weil sie Dominanz, Macht, Manipulation und Unterdrückung so schmerzlich erfahren mussten. Sie wollen nicht so werden wie die Kompensatoren. Sie wollen edler, anständiger und menschlicher sein! Doch wer ohnmächtig ist, beherbergt den Machthaber in seinem Unbewussten, wer unterdrückt wird, den Unterdrücker, wer manipuliert wird, den Manipulator. Deshalb kommt es, wenn dieser unbewusst gebliebene Pol abgewehrt wird, nur zu einer Verdrängung des eigenen Schattens. Diese verdrängte Plutoenergie wird entweder unbewusst auf den Körper verschoben, was zu Krankheiten führt, oder auf die Bühne des Lebens projiziert, was erneut zu Konfrontationen mit Machthabern und Unterdrückern führt. Oder der eigene Schatten schleicht durch eine Hintertür wieder ein: Unmerklich wird der Betreffende nun doch zum Kompensator, indem er sein Wissen (Pluto) vom Wechselspiel von Ohnmacht und Macht, von den Gesetzen und Mechanismen der Manipulation über ein bestimmtes psychotherapeutisches oder astrologisches System auch den anderen aufdrängen will. Wir haben immer wieder gesehen, dass Kursteilnehmer, die in ihrem bisherigen Leben den Pluspol Plutos nur wenig selbst ausleben konnten, später fanatisch (Pluto) mit den neu erworbenen Kenntnissen in der Aussenwelt hausieren gehen wollen. Erst wenn sie einige Zeit in dieser Phase verbracht und schliesslich erkannt haben, dass gerade ihr Missionseifer sie daran gehindert hatte, die neuen Erkenntnisse ins eigene Leben umzusetzen und selbst den eigenen Weg zu finden, können sie allmählich in die wirklich erwachsene Form Plutos überwechseln.

Wir haben Pluto als Transformator innerhalb seines eigenen Prinzips beschrieben, sind aber dabei nicht darauf eingegangen, dass er auch der grosse Transformator aller anderen Prinzipien bzw. Planeten ist, die mit ihm Aspekte bilden. Ferner müssen sich auch alle Planeten und Lichter im 8. Haus, das dem Skorpion-Pluto-Prinzip zugeordnet ist, einem solchen Transformationsprozess unterziehen. Nur über Pluto ist eine Wandlung (Pluto) z.B. vom Merkur-Gehemmten zum Merkur-Kompensator oder vom Merkur-Kompensator zum Merkur-Erwachsenen möglich. Ohne neues Wissen (Pluto) und ohne Neuprogrammierung (Pluto) bleibt der Betreffende im alten Raster (Pluto) stecken. Nur wenn alte Programme gelöscht und durch neue überspielt werden, ist der Transformationsprozess gelungen.

Da jeder Plutoaspekt einen Entwicklungsprozess symbolisiert, der gewissermassen bereits bei Geburt in unserem Horoskop vorprogrammiert ist und den der Horoskopeigner in diesem Leben absolvieren sollte, wollen wir anhand von Beispielen noch etwas konkreter darauf eingehen.

Hat jemand etwa einen dissonanten Aspekt zwischen Mars und Pluto, so ist im Horoskop bereits aufgezeichnet, dass der Betreffende seinen männlichen Persönlichkeitsanteil transformieren muss. Hat hingegen ein Horoskopeigner einen kritischen Aspekt von Jupiter zu Pluto, so muss sich dessen Weltanschauung oder Religion wandeln. Besteht ein Aspekt zwischen Pluto und Saturn, so bedeutet dies, dass das alte Rechtssystem sterben und ein neuer Gesetzeskodex entwickelt werden muss (Pluto-Saturn = Wandlung des Rechtssystems).

Wenn wir erklärt haben, dass Entwicklungsprozesse vorprogrammiert sind, so soll damit nicht dem Determinismus das Wort geredet werden. Diese Feststellung ist im Gegenteil eine klare Absage an jegliche Festlegung. Es bedeutet einen grossen Unterschied, ob man von vorprogrammierten Entwicklungsprozessen spricht, die wir in der Natur analog beobachten können (man denke nur an einen Kirschkern, in dem bereits sämtliche Entwicklungsstufen wie Keim-, Verwurzelungs-, Verzweigungsphase, Phase der Blütenbildung und der Reifung angelegt sind), oder ob man Prognosen stellt und den einzelnen auf eine einzige Entwicklungsphase fixiert, etwa indem man bei Pluto in Haus 7 deutet, der Horoskopeigner werde in Zukunft in der Begegnung mit anderen und in der Partnerschaft unterdrückt werden.

Uranus

Die uranische Energie ist in ihrer Erscheinungsform bzw. in ihrer Frequenz völlig abhängig von der Art und Weise, wie Saturn ausgelebt wird. Saturn bestimmt den Level von Uranus, bestimmt darüber, ob die uranische Energie destruktiv oder konstruktiv in Erscheinung tritt. Wird Saturn auf einem Lebensgebiet als Ideal erlebt, so setzt sich diese Idealisierungstendenz im Uranusprinzip fort, wird dort nochmals gesteigert und in ein Extrem getrieben. Man hebt hier gleichsam mit dem Ideal in die Lüfte ab – das Ideal wird überirdisch (Uranus) und damit gänzlich unerreichbar. Es wird zu einer Utopie (Uranus), die nicht mehr in der irdischen Sphäre realisiert werden kann, die nicht mehr lebbar ist. Besonders schmerzlich macht sich diese Tatsache auf der Partnerschaftsebene bemerkbar. Hier hält der Horoskopeigner – überspitzt formuliert – nach überirdischen, unabhängigen Partnern Ausschau, die alle seine Bedürfnisse und Wünsche exzellent erfüllen, ohne selbst Ansprüche anzumelden. Da es ein solches Fabelwesen nicht gibt, bleibt der Betreffende – gezwungenermassen – unabhängig (Uranus) und frei (Uranus). Ist er jedoch kompromissfähig und liiert sich mit einem Partner, der nicht oder nur teilweise dem hohen Ideal entspricht, so kommt es häufig nach einiger Zeit zur Trennung (Uranus). Uranus als Trennung oder Scheidung zu erleben, ist also eng verflochten mit dem Ideal, ist eine Folgeerscheinung des Ideals. Weil der Mitmensch das Ideal nicht erfüllt, hält man es bei ihm nicht mehr aus und muss sich trennen. Man startet dann mit einem anderen Partner einen neuen Versuch (Uranus), was aber aufgrund der beschriebenen Problematik ebenso wieder scheitern muss.

Eine andere Ursache von Trennungen und Scheidungen liegt ebenfalls im Saturnprinzip begründet. Wenn immer nur die Norm gelebt wird und alles zur Gewohnheit wird, ist Uranus in seiner Fähigkeit, Abwechslung zu schaffen, blokkiert. Diese Verdrängung von Abwechslung, von Reformen, Veränderungen und Erneuerungen bewirkt schliesslich bei einem Partner eine Befreiung von Langeweile, Routine und ehelichen Zwangsritualen. Damit gerät der andere Partner in die Erleidensform, er erfährt seine eigene Uranus-Energie in der Projektion, erlebt sie in einer verzerrten Form. Da die Energie über längere Zeit hinweg nicht gelebt wurde, erscheint sie nun plötzlich (Uranus), unerwartet (Uranus) und auf extreme (Uranus) Art und Weise. Nun hat sich eine Abwechslung eingestellt, allerdings eine, die der Betreffende nicht annehmen kann.

Auf einer noch extremeren Ebene sorgt schliesslich ein Unfall (Uranus) für Abwechslung. In einem solchen Fall war der Stau der uranischen Energie im Unbewussten noch grösser. Es war für den Betreffenden nicht anders als über einen Unfall möglich, die Gewohnheit, die Norm, das Ideal oder den Massstab zu durchbrechen (Uranus). Manche befreien sich unbewusst über einen Unfall von der Norm, ständig weiter arbeiten zu müssen, oder von der Norm, für den Partner oder für das Kind Tag und Nacht verfügbar zu sein. Der Unfall und die damit verbundene Folgeerscheinungen – z.B. Krankenhausaufenthalt – entheben den einzelnen von Pflichten, stimulieren ihn zu einer Veränderung, zu einem Berufswechsel, zu einem neuen Lebensstil. Andere wiederum erleben einen solchen Unfall nicht selbst, sondern nur als Bild beim anderen. Da sie Abwechslung im eigenen Leben verdrängt haben, gieren sie nach einer Sensation (Uranus) (Sensation = verdrängte Abwechslung). Deshalb müssen oft Polizei und Rettungsmannschaften die Unfallstelle vor Schaulustigen schützen.

Es gibt aber auch Menschen, die das «Glück» haben, die uranische Energie immer nur in der Projektion zu erleben, ohne dass jene sie ungünstig tangieren würde. Im Gegenteil: Sie erfreuen sich der Sonderangebote (Uranus) im Warenhaus, frönen der Neophilie (Uranus), indem sie immer das Neueste (Uranus) kaufen, oder geniessen ihren Heimcomputer (Uranus). Nur hin und wieder regen sie sich auf (Uranus), etwa wenn Terroristen (Uranus) Ruhe und Ordnung im Staate gefährden, oder wenn irgendwo in der Welt eine Revolution (Uranus) oder ein Putsch (Uranus) stattfindet. Auch begehren einige Moralisten auf (Uranus), wenn irgendein Prinz ein uneheliches Kind zeugt oder wenn in München-Schwabing ein Blitzer (Uranus) nackt (Uranus) von einer Strassenseite zur anderen flitzt. Es scheint, dass im Leben dieser und anderer Menschen die uranische Energie noch nicht als Lernaufgabe zu bewältigen ist. Doch wenn ein solcher Lernschritt im Horoskop, etwa in Form einer Uranus-Opposition oder einer Uranus-Quadratur, aufgezeichnet ist, muss er auch vollzogen werden. Es ist dann nur eine Frage der Zeit, wann der Horoskopeigner im innerseelischen Rhythmus an diese Konstellation herankommt bzw. wann sich diese Konstellation auslöst.

Steht im Horoskop eines Mannes der Mond in Konjunktion mit Saturn und lastet auf dieser Konjunktion ein Uranus-Quadrat, so wählt er möglicherweise eine Frau als Partnerin, die zunächst «anständig» und «brav» die ihr übertragenen Pflichten als Hausfrau und Mutter wahrnimmt, sich aber eines Tages von dieser traditionellen Rolle befreien will. Der Emanzipations- (Uranus) − und Individuationsprozess (Uranus) seiner Partnerin ist insofern schon in seinen Lebensplan «miteinprogrammiert». Ob dieser Prozess für ihn schmerzhaft ist, hängt davon ab, wieweit er selbst Entwicklungsschritte vollzieht, wieweit er selbst seine Seele (Mond) sich emanzipieren, also Eigenart entwickeln lässt.

Der Prozess, Individuum zu werden, also Individualität, persönliche Eigenart und Originalität (Uranus) auszubilden, beginnt in dem Moment, in dem man aufhört, «normal» sein zu wollen. Auch hier wird deutlich, wie sehr Uranus vom vorhergehenden Prinzip, also von Saturn, abhängig ist.

Fast alle Menschen streben danach, als normal zu gelten. Doch so lange man nur der Norm gemäss lebt, kann das Leben nicht aufregend (Uranus), spannend (Uranus), abwechslungsreich (Uranus) und voller Chancen (Uranus) sein. Nur der Norm gemäss zu leben, bedeutet, lebendig tot zu sein. Die individuellen Anlagen und Energien werden in eine Norm gepresst, die nur mehr ein sehr reduziertes Leben zulässt. Da der einzelne meist nicht um die tausend Möglichkeiten und Chancen weiss und ein reicheres, vielfältigeres, intensiveres Leben nie kennengelernt hat, leidet er nicht unter dem Mangel und gibt sich zufrieden. Er schaut sich um und fühlt sich bestätigt, denn die anderen leben auch nicht anders. Also ist das eingeschränkte Leben doch das normale. Wagt jedoch einer seiner Mitmenschen, allen Unkenrufen zum Trotz, die Norm zu übertreten (Uranus), hält er ihn für spleenig (Uranus), für crazy (Uranus) oder für anormal (Uranus). Gleichzeitig ist er jedoch unbewusst dankbar, dass der Normbrecher (Uranus) ihm Gesprächsstoff geliefert und sein langweiliges Leben um eine Sensation (Uranus) bereichert hat.

Für denjenigen, der einen solchen Schritt zu mehr Wahrhaftigkeit und zu mehr Individualität gewagt hat, ist er jedoch weniger eine Sensation als eine Notwendigkeit. Er muss den Schritt tun, um nicht seelisch zu ersticken, um wieder seelisch Sauerstoff (Uranus) zu bekommen, um wieder Freude an der Zukunft zu haben. Wenn Saturn die Vergangenheit versinnbildlicht, so symbolisiert Uranus die Zukunft und bringt Spannung (Uranus) in unser Leben. Wenn wir ein zukünftiges Ergebnis – etwa einer Prüfung, eines Fussball- oder Tennisspiels oder eines Krimis – kaum abwarten können, oder wenn wir mit unserer Gegenwart nicht zufrieden sind oder in der Zukunft Chancen sehen, erleben wir Spannung. Werde ich den Job bekommen? Werde ich von meiner Angebeteten erhört? Werde ich den Prozess gewinnen? Wird der Hausbau meinen Vorstellungen gemäss gelingen? Werde ich als Maler, Filmschauspieler, Sänger, Modeschöpfer oder Architekt berühmt werden?

In Extremfällen leben manche Uranier mehr in der Zukunft als im Hier und Jetzt. Sie werden dann meist als Utopisten (Uranus) apostrophiert, doch die Utopie ist ein Motor für die Entwicklung. Besonders heute wäre für unsere Politiker Mut zur Utopie und damit zu einem besseren und freieren Leben angezeigt. Etwas zum voraus für unmöglich zu halten, zeichnet nur die kleinen Geister aus. Sie lassen neue Ideen (Uranus) nicht zu und ersticken jede Intuition (Uranus) im Keime. Fast jede Neuerung gilt zuerst als Utopie, ehe sie in die Realität umgesetzt wird und schliesslich als normales Phänomen erschein.

Ein ganz entscheidender Faktor des Uranusprinzips besteht darin, dass *Vielfalt* zugelassen wird – die Vielfalt der Gefühle und Meinungen, die Vielfalt der Religionen, der Sitten und Gebräuche, der Formen des Zusammenlebens. Monogamie, Monotheismus, Monokulturen sind mit einem «ökologischen» Uranus nicht vereinbar.

Frederik Vester schreibt hierzu in seinem Buch «Unsere Welt – ein vernetztes System»:

«Eine optimale Landwirtschaft verlangt, wie alle dynamischen Systeme, eine gewisse Diversität, eine abgestimmte Artenvielfalt in Pflanzenanbau und Tierhaltung. Eine übertriebene Rationalisierung unter Anlage von Monokulturen und Massentierhaltungen zerstört die natürliche Vernetzung und dadurch wichtige Symbiosen und kostenlose Hilfen der Selbstregulation. Dies bereitet dem Gesamtsystem auf die Dauer tiefgreifende Schäden. Je weniger wir von der unentgeltlichen Leistung intakter Ökosysteme profitieren, desto kosten- und energieintensiver wird auch die Landwirtschaft.»

Ein Mangel an Uranus (Vielfalt) bewirkt eine ungünstige Frequenz von Neptun, nämlich Einsatz von künstlichem Dünger (Neptun) und von Gift (Neptun).

Ähnlich verhält es sich im menschlichen Zusammenleben. Wenn Vielfalt durch eine Norm oder eine politische Ideologie unterbunden wird, werden Personen ausgegrenzt (Neptun), ausgestossen (Neptun) und verfolgt, es entstehen Randgruppen (Neptun) und Untergrundbewegungen (Neptun), die den Keim zur Revolution (Uranus) in sich tragen.

Doch auch im persönlichen Ökosystem ist es sehr ungünstig, Vielfalt auszuklammern, denn Vielfalt ist gleichbedeutend mit Unabhängigkeit und Freiheit und bringt eine völlig andere Form von Sicherheit (Uranus, Wassermann, H 11 –

Prinzip als Stier des IV. Quadranten bedeutet hier überpersönliche Sicherheit) hervor.

Es ist logisch, dass jemand, der zwei oder drei Berufe erlernt hat, der über verschiedene (Uranus) Einkommensquellen verfügen kann, der ausser seinem Lebenspartner auch noch verschiedene (Uranus) andere Freunde und Bekannte hat, der seine Lebenschancen (Uranus) vermehrt, freier leben kann und resistenter gegenüber Schicksalsschlägen wie z.B. Arbeitslosigkeit oder Einsamkeit ist. Er setzt nicht nur auf eine einzige Sache oder auf einen einzigen Menschen, sondern verteilt sein Risiko durch Vielfalt, wie die Waldmaus auf nachstehender Grafik.

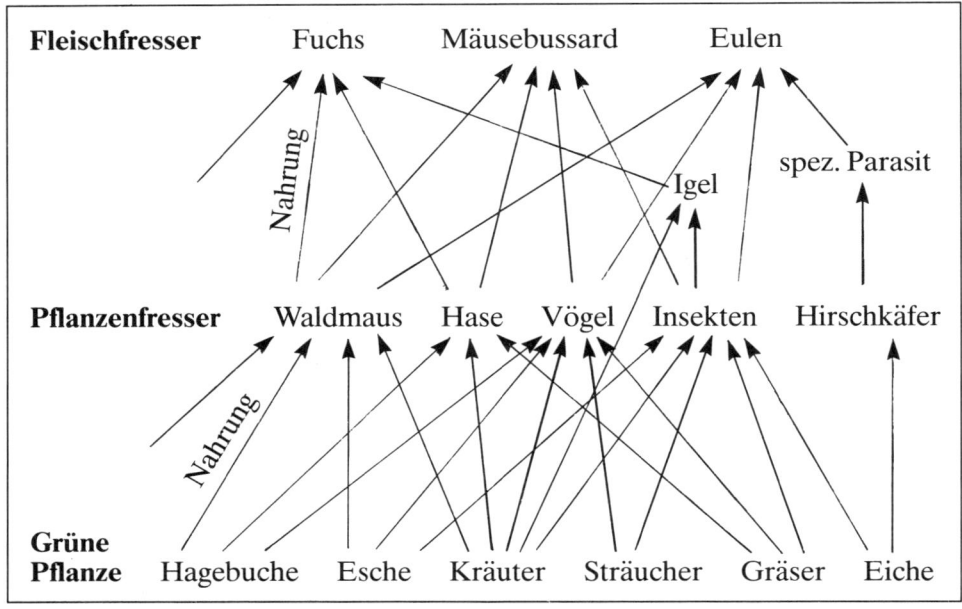

Risikoverteilung durch Vielfalt: Die Stabilität eines vielfältigen Ökosystems beruht darauf, dass die Systemelemente einander stellvertreten können. Die Abbildung zeigt einen Ausschnitt aus dem Nahrungsgesetz in einem mitteleuropäischen Laubwald und seiner Umgebung. Fällt beispielsweise die Esche als Nahrungsquelle für die Waldmaus aus, wird sie deswegen noch lange nicht verhungern.

(Aus «Natürlich», AT Verlag, Aarau)

Ein weiteres Uranus-Phänomen ist die Antihaltung, die insbesondere in Form von gelebten und imaginären Gegenbildern zum Ausdruck kommt. Viele Menschen stehen unter der Devise: Nur nicht so werden wie Mutter bzw. wie Vater. Sie entwerfen daher ein Gegenprogramm, mit dem sie sich mehr Glück erhoffen.

So versuchte sich z.B. Mona von ihrer eingeschüchterten, anständigen, unglücklich verheirateten Mutter dadurch abzusetzen, dass sie sich besonders burschikos und militant gab, ein trotziges Verhalten an den Tag legte, demonstrativ Zigaretten auf offener Strasse rauchte und ihre männlichen Begleiter häufig wechselte. Ihre Mutter beobachtete dies mit Sorge. Sie hatte den Eindruck, Mona habe sich zu einem «Flittchen» entwickelt und sei gänzlich «aus der Art geschlagen». Doch Mona lebte lediglich ein Antiprogramm, das ebenso inhaltsleer war wie das gehemmte Verhalten ihrer Mutter, denn weder mit Hemmungen noch mit blossen Antihaltungen lässt sich im Leben etwas aufbauen. Es ist keine Substanz da. Es sind keine Fähigkeiten entwickelt worden, die Glück und Zufriedenheit erwirken würden. Aus diesem Grunde ging auch einige Jahre später Monas Ehe – sie hatte inzwischen geheiratet – schief. Wieder tat sie etwas, was sich ihre Mutter nie getraut hätte: Sie liess sich scheiden (Uranus).

Das Gegenbild zu Vater oder Mutter hat auf die Partnerwahl entscheidenden Einfluss.

Wer das Gegenbild zur eigenen Mutter lebt, muss ja wiederum in das geistige Gegenbild passen, das der Partner zu seiner Mutter in seinem Unbewussten entworfen hat. Häufig verkörpert der Partner dann entweder das Muster des Vaters auf einer neuen Ebene oder versucht, das Gegenprogramm zu leben. Doch beide Fälle sind für partnerschaftliches Glück ungünstig. Im ersten Fall hat die Betreffende ständig Gelegenheit, ihre Anti- und Trotzhaltung auszuagieren, was zwangsläufig auf die Dauer sehr belastend wirken muss; im zweiten Fall kommen zwei Gegenbilder zusammen, die – da sie nur wenig echte Inhalte aufweisen – eines Tages wie zwei Kartenhäuser zusammenbrechen.

Hinzu kommt, dass komplementär zu den jeweiligen Gegenbildern auch die alten Programme von Vater und Mutter noch latent im Unbewussten rumoren und gewissermassen als Schatten in besonderen Schlüsselsituationen wieder zum Vorschein kommen.

Viele Menschen entwickeln jedoch nicht nur zu Vater und Mutter ein Gegenbild, sondern auch zu Bruder und Schwester – auch aus dem Bedürfnis heraus, sich davon zu unterscheiden (Uranus) – sowie zu dem Milieu, in dem sie aufwuchsen. Sie wollen sich vom Arbeitermilieu oder vom stickigen Kleinbürgertum befreien (Uranus) und lassen vor ihrem geistigen Auge das Bild einer meist «höheren» Schicht entstehen. Da sie sich jedoch in diesem anderen Milieu nie befunden haben, stimmt dieses Bild meist nicht mit der Wirklichkeit überein.

Auch hier gibt es zwei Schicksalsvarianten: Die eine ist durch ein Frustrationsgefühl gekennzeichnet, das mit einer steten Auflehnung gegenüber der alten Herkunft gekoppelt ist. Die andere wird durch Schwierigkeiten bestimmt, die einerseits durch das alte Rollenverhalten (ein neues Verhaltensmuster, das der neuen Umgebung entspricht, muss ja erst erlernt werden), andererseits durch die Schattenseiten des neuen Milieus verursacht werden, die man vorher nicht in die eigene Vorstellung einbezogen hat. Wenn der Betreffende hier das nötige Durchstehvermögen an den Tag legt, hat er die Chance zu einem gelungenen Milieusprung (Uranus).

Zusammenfassung:
Der IV. Quadrant im Horoskop wird als Bewusstseinsquadrant bezeichnet. Das Bewusstsein rekrutiert sich aus den Massstäben, Idealen und Normen, Geboten und Verboten (Saturn), die für den einzelnen verbindlich sind. Der Inhalt des Über-Ichs (Saturn) bestimmt daher die Frequenz der Persönlichkeitsanteile Uranus und Neptun.

Richtet sich der Horoskopeigner vorwiegend nach Konvention und Moral, muss er seine Individualität und Originalität verdrängen. Dieses verdrängte Potential ist hochexplosiv (Uranus) und kann für unangenehme Überraschungen (Uranus) sorgen. Auch kann es sein, daß der Betreffende die Norm nicht mehr einhalten kann und eines Tages einen Nervenzusammenbruch (Uranus) erleidet oder einfach mal durchdreht (Uranus).

Günstiger konstelliert sich jedoch das Bild, wenn der Horoskopeigner sich schon weitgehend vom patriarchalen Fühlen und Denken befreit hat und bereits ein ökologisches Bewußtsein an den Tag legt. In diesem Fall sind nicht mehr Moral und Konvention die Richtlinien seines Handelns, sondern die Gesetze des Lebens. Der ökologische Mensch ist sich seiner Lebensrechte – Recht auf Durchsetzung, Abgrenzung, Genuß, freie Kommunikation, seelische Eigenart, Selbstverwirklichung u.a. –, aber auch seiner Verantwortung gegenüber fremdem Leben, gegenüber dem Leben seiner Mitmenschen, der Tiere und Pflanzen bewußt. Dadurch gewinnt Uranus eine andere Qualität. Er symbolisiert jetzt als Stier des IV. Quadraten die Sicherung und Festigung der eigenen Rechte und die Ansammlung von immer mehr Verantwortung. Je mehr Rechte sich jemand herausnimmt und je mehr Verantwortung er in seinem Leben übernimmt, umso freier und unabhängiger wird er.

Jetzt erst kann der einzelne auch seine Freizeit (Uranus) selbst gestalten; vorher war er nur im guten Glauben, dies zu tun. In Wirklichkeit wurde sein Freizeitverhalten durch die Norm bestimmt (Trend = Uranus) oder war nur eine Reaktion auf seine berufliche Tätigkeit.

Bei allen Uranusaspekten stellt sich also die Frage: Wo steht Saturn im Horoskop, und wie ist er aspektiert? Denn: Uranus in seiner Tierkreis- und Häuserstellung sowie in seinen Aspekten ist nur die Reaktion oder Folgeerscheinung darauf. Wer mit dem, was er mit Uranus erwirkt, nicht zufrieden ist, muß also bei Saturn ansetzen und dort Veränderungen vornehmen. Indem er dort verändert, hat er bereits seinen Uranus aktiv eingesetzt und muß ihn daher weniger passiv erleiden.

Die sechs Entwicklungsstufen des Uranus:

1. Der Horoskopeigner ist in seiner Freiheit und Unabhängigkeit gehemmt. Er verfügt kaum über Freizeit, weil er sämtliche Normen, Ideale und Pflichten zu erfüllen sucht. Er steht ständig unter Spannung und hat eine Disposition für Unfälle aller Art.

2. Der Betreffende rebelliert gegen die Normen, bezieht eine Antihaltung, leistet Widerstand (Trotzphase).

3. Der Uranus-Kompensator söhnt sich mit dem patriarchalen System aus und glaubt sich frei. Doch seine Freiheit ist die Form der Freiheit, die das jeweilige Gesellschaftssystem ihm zuweist. Er versucht, sein Freizeitverhalten nach der Norm, nach dem, was «in» ist, was der Mode entspricht, auszurichten. Er tanzt Hula-Hup und treibt Aerobic, geht golfen und surfen oder unternimmt im Sommer eine Gletscherskitour, je nachdem, was gerade trendgerecht ist. Er heischt nach Bewunderung und Anerkennung.

4. Der einzelne wagt den Schritt heraus aus der Norm und entwickelt eigene Ideen. Er möchte sich vom Subalternen, von Anpassungszwängen, von Abhängigkeit und Unterordnung befreien. Er möchte sich emanzipieren.

5. Der Horoskopeigner setzt nun die neuen Ideen in die Praxis um. Er nimmt

Projektionen zurück, versucht, auf den verschiedensten Lebensgebieten mitzubestimmen, und erarbeitet sich Stück für Stück mehr Freiheit und Unabhängigkeit. Dadurch ändert sich auch sein Freizeitverhalten grundlegend.

6. Die neu erworbene Freiheit und Unabhängigkeit stärkt die Sicherheit und die Lebensfreude des Uranus-Erwachsenen. Er begrüsst Vielfalt und Abwechslung und fühlt sich darin geborgen.

Entwicklungsfolge im IV. Quadranten bzw. von Saturn, Uranus und Neptun

♄		☉		♆
Perfektionsanspruch	→	Hektik, Stress	→	Vergessen, Verschlampen, Übersehen, Fehlleistungen
fremde Ziele	→	Auflehnung, Befreiung	→	Erschöpfung (Hemmung), Sucht (Kompensation)
Akt der Verdrängung	→	Bestand des Verdrängten (explosiv)	→	a) Funktion des Verdrängten (Schicksal) b) Angst
Moral und Konvention, patriarchale Massstäbe	→	a) Übertritt, Seitensprung b) Unfall	→	a) Ausgestossenheit, Heimlichkeit b) Krankenhausaufenthalt
Verantwortung (i.S. von Moral und Konvention) Einhalten der Normen	→	Befreiung von Verantwortung	→	Flucht vor Verantwortung (Sucht), Norm kann nicht mehr aufrecht erhalten werden
Ideal	→	a) Übersteigerung des Ideals (überirdisch, utopisch) b) Trennung, Scheidung	→	a) Traum, Illusion b) Enttäuschung, Einsamkeit
Regierung	→	Opposition	→	Alternativbewegung, Randgruppen
Leistung	→	herausragende Leistung, Superleistung	→	Zusammenbruch
Derzeitiges Bewusstsein	→	Sprengung der derzeitigen Bewusstseinshaltung	→	Bewusstseinserweiterung
eigene Ziele	→	Festigung und Sicherung der eigenen Ziele	→	Erweiterung und Ausbau der eigenen Ziele

eigene Rechte und eigene Verantwortung (i.S.des Lebens)	→	Vermehrung der eigenen Rechte und der eigenen Verantwortung (Mitbestimmung, Freiheit, Unabhängigkeit)	→	Zeigen und Praktizieren der eigenen Rechte und der eigenen Verantwortung
Vergangenheit	→	Zukunft	→	Ewigkeit
Lebensgesetze	→	Festigung der Lebensgesetze	→	Entwicklung von kosmischen Fähigkeiten

Neptun

Da kaum jemand es für möglich hält, dass das Schicksal durch die Normen, Rollenzuweisungen, Ideale (Mutterideal, Karriereideal, Harmonieideal, Bildungsideal usw.) und Massstäbe unbewusst erwirkt wird, bleibt das Schicksal unergründlich (Neptun), nicht erfassbar (Neptun), nicht erklärbar (Neptun).

In der patriarchalen Gesellschaft wird der Fragenkomplex «Schicksal» einfach durch das Phänomen «Zufall» (Neptun) beantwortet. Doch dem Zufall liegen Gesetzmässigkeiten zugrunde. Es sind die Gesetze des Lebens, die aufzeigen, dass im Schicksal nicht Chaos (Neptun) und Willkür (Neptun) vorherrschen, sondern Ordnung und Gerechtigkeit.

Durch die psychologische Astrologie und durch den Blickwinkel der Lebensgesetze verliert Neptun seinen nebulösen (Neptun) und mysteriösen (Neptun) Charakter. Wenn wir die Folgerichtigkeit von Saturn, Uranus und Neptun beachten, wird klar, dass Neptun kein Bösewicht ist, der uns eines auswischen (Neptun) will, der uns belügen (Neptun) und täuschen (Neptun) will, sondern lediglich das zu Ende (Neptun) führt, was durch Saturn eingeleitet und durch Uranus fortgesetzt wurde. Neptun ist immer die Funktion oder Darstellung dessen, wie Saturn erlebt und was durch ihn erzeugt wird.

Wie bereits an anderer Stelle dargestellt, müssen – wenn Saturn ausschliesslich patriarchal erlebt wird, also nur die patriarchalen Normen, Gebote und Verbote als bindend erklärt werden –, die Eigenart der Person und ihre Lebendigkeit verdrängt werden. Neptun übernimmt nun als logische Entwicklungsfolge Saturns die Aufgabe, das Verdrängte darzustellen (Neptun = Funktion und Darstellung des Verdrängten). Da durch den Akt der Verdrängung die ursprünglich physiologische Lebensenergie pervertiert wird, erscheint sie meist in einer pathologischen, verzerrten, häufig völlig unkenntlichen Form. Es scheint, als ob Neptun den einzelnen Persönlichkeitsanteilen Masken (Neptun) aufsetzen würde, Fratzen (Neptun), die fremd (Neptun) oder komisch (Neptun) anmuten, aber auch furchterregend sein können. Neptun kleidet – wie jeder Planet – alles in Symbole, mit dem Unterschied allerdings, dass die Inhalte des Neptunsymbols diffuser, entgrenzter und deshalb schwerer zu fassen sind als die der anderen Planeten.

44

Georg Groddeck spricht in diesem Zusammenhang vom Symbolisierungszwang des Es. So kann das Verdrängte als körperliches Krankheitssymptom (Krankheit als Symbol) oder als Symbol auf der Schicksalsebene zum Ausdruck kommen. Wer zu einer Ganzheitsschau (Neptun) fähig ist und über ein entsprechendes Symbolwissen (Neptun) verfügt, kann dann Neptun einsetzen, nämlich mit ihm die Symbole dechiffrieren (Neptun), die Verwirrung (Neptun) entwirren (Neptun), die Täuschung (Neptun) enttäuschen (Neptun), die Lüge (Neptun) entlarven (Neptun) ... Nur Neptun selbst ist fähig, das, was er pervertiert (Neptun), verwirrt (Neptun), verzerrt (Neptun), versteckt (Neptun) und verkompliziert (Neptun) hat, zu durchschauen, wieder der Wahrheit zuzuführen und Klarheit zu schaffen.

Solange es jemandem nicht möglich ist, die Situation, in der er steckt, aus kosmischer (Neptun) Sicht zu betrachten, ist er dem Schicksal ausgeliefert (Neptun). Er merkt nicht, dass die patriarchale Betrachtungsweise nicht nur einseitig ist, sondern auch krank macht. Neptun zeigt auf, dass die Darstellung und Ausübung der patriarchalen Formen von Treue, Verantwortung, Recht, Mutterliebe, Karriere, Bildung, Wachstum usw. Schein (Neptun) sind, dass die Darstellung der Elternrollenspieler, also derjenigen Personen, die sich mit den patriarchalen Normen und Idealen so sehr identifizieren und die so grossen Wert auf Anstand und Wahrheit legen, einer fortgesetzten Lüge (Neptun) gleichkommt. Sie belügen (Neptun) ihre Natur, wenn sie vor sich selbst und den anderen den treuen Familienvater oder die treue Ehefrau mimen (Neptun), wenn sie glauben, Verantwortung zu praktizieren, wenn sie einem Ideal nachjagen, wenn sie sich mit ihrer patriarchalen, einseitigen, ideologisch verbrämten Bildung «gebildet» fühlen, wenn sie auf kollektiver Ebene nach unbeschränktem Wirtschaftswachstum streben ...

Obwohl die Doppelbödigkeit (Neptun) von Moral und Konvention hinlänglich bekannt ist, hält es doch kaum jemand für möglich, dass die patriarchalen Massstäbe und Ideale selbst eine Lüge gegenüber der menschlichen Natur darstellen und daher auch nur Lüge (Neptun), Betrug (Neptun), Täuschung (Neptun), Intrigen (Neptun), Spionage (Neptun), Abhöraffären (Neptun) und Heimlichkeiten (Neptun) erzeugen können.

Wie die Frequenz Saturns die Frequenz Neptuns bestimmt, können wir aus der Übersicht «Entwicklungsfolge im IV. Quadranten» ersehen. (s. Seite 43)

Versucht etwa eine Frau, das patriarchale Mutterideal zu erfüllen, dann verdrängt sie ihren Individuationsprozess (Uranus), ihre Freiheit (Uranus) und Unabhängigkeit. (Uranus). Sie erfährt ihr Kind daher als Nervenbelastung (Uranus), oder sie muss über das Gesetz der Wiederkehr des Verdrängten Schicksal erleiden.

Oder: Wenn jemand in seiner Arbeit perfekt (Saturn) sein will, leidet er unter Stress (Uranus). Aufgrund von Hektik (Uranus) und Stress (Uranus) aber unterlaufen ihm immer mehr Fehler (Neptun) und Fehlleistungen (Neptun). Er erwirkt also durch den Perfektionsanspruch gerade das Gegenteil dessen, was er eigentlich erreichen will.

Ein weiteres Beispiel: Hat jemand eine Norm (Saturn) übertreten (Uranus), etwa die Norm «Treue», dann ist er sofort auf der Neptunfrequenz «Heimlichkeit» und «Lüge». Wenn die Lüge entlarvt wird, die «Heimlichkeit» also ans Licht kommt, läuft der Mechanismus rückwärts. Neptun aktiviert dann Uranus – es kommt zum Skandal (Uranus), zu Aufregung (Uranus) und Tumult (Uranus). Bei Saturn sitzt man über ihn zu Gericht, und schliesslich folgen Massregelung (Saturn) und Strafe (Saturn).

In diesem Zusammenhang ist es jedoch wichtig zu erwähnen, dass nicht nur Saturn und Uranus die Frequenz Neptuns bestimmen, sondern auch Pluto. Lebt eine Person ihren Pluto im Pluspol aus und verkörpert Macht, dann erwirkt sie u.U. beim Mitmenschen die Neptunfrequenz: entweder Angst und Unsicherheit oder Flucht oder Lüge, Heimlichkeit und Intrigen.

Wenn wir von Folgeerscheinungen des Saturn, wie Lüge, Betrug und Täuschung, sprechen, sollten wir auch erkennen, dass solche Symptome meist als Bestätigung für die Normen, Massstäbe und Ideale angesehen werden. Richtig wäre stattdessen, die derzeitige Bewusstseinshaltung in Frage zu stellen (Neptun), anzuzweifeln (Neptun), aufzulösen (Neptun) und dadurch eine Bewusstseinserweiterung (Neptun) zu erzielen. Eine solch aktive, echte Bewusstseinserweiterung unterscheidet sich gänzlich von der passiven Bewusstseinserweiterung über Drogen und von der Schein-Bewusstseinserweiterung über Meditation* (Neptun). Schein-Bewusstseinserweiterung deshalb, weil viele Menschen nur mit ihren Defiziten, Hemmungen, Schwächen und Verdrängungen meditieren, mit ihren alten patriarchalen Normen und Idealen, nur meditieren mit ihren Ängsten und Schuldgefühlen, mit ihren Aggressionen und Depressionen, mit ihren Neurosen und Psychosen, kurzum: mit ihrem seelischen Schutt aus der Vergangenheit. In solchen Fällen ist Meditation nichts anderes als Flucht (Neptun) vor dem Frust (Saturn), den das patriarchale System innen und aussen immer wieder erzeugt, und eine Möglichkeit, um Eigenverantwortung (Saturn) abzuwehren (Saturn), um sich mit den Mechanismen und Gesetzen der Seele (Psychologie) und des Schicksals (Astrologie) nicht befassen zu müssen. Sie entwickeln ihr Bewusstsein nur zum Schein weiter, weil durch stetes Mantrarufen, durch die Einbildung, mit dem Kosmos mitzuschwingen und in höhere geistige Ebenen vorzustossen, gerade die Notwendigkeit einer Veränderung (Uranus), einer Emanzipation (Uranus) und einer aktiven Bewältigung des Lebens und des Schicksals abgewehrt werden. Der Glaube, durch Meditation das Bewusstsein zu erweitern, entbindet sie davon, nach einer echten Bewusstseinserweiterung zu suchen, die nur möglich wird, wenn die Betreffenden die alten Massstäbe, Normen und Ideale transzendieren, d.h. über sie hinwegschreiten. Dort, wo Neptun im Horoskop steht, kann man nicht mehr nur die Norm leben, dort hat man die Lernaufgabe, zu transzendieren, dort heisst es, sich eine kosmische Sicht anzueignen. Die kosmische Sicht ist die logische Folge eines erwachsen ausgelebten Uranus, der gewagt hat, die Norm zu übertreten, der die Bipolarität alles Seienden erkannt und dadurch die nötige Distanz hat, sich und sein Schicksal von oben zu betrachten. Kosmische Sicht bedeutet, dass man gelernt hat, sich in den Plus- und den Minuspol einer jeden Anlage einzufühlen und imstande ist, das Schicksal aus der Sicht der kosmischen Gesetze zu betrachten.

---

*) Im Gegensatz zu einer Meditation, bei der man auf die innere Stimme, auf die Stimme des Lebens hört und so Zugang zum eigenen Wesen gewinnt.

Daraus ergibt sich dann die All-Liebe, jenes ersehnte Gefühl der Verbundenheit, des Einsseins mit allem Lebendigen, die Art von umfassender grenzenloser Liebe, die viele Menschen im vornherein praktizieren wollen, ohne die nötigen Voraussetzungen und Entwicklungsprozesse zu vollziehen. Auch – das sei nochmals betont – mit der Pseudoentwicklung durch religiöse Rituale und meditative Praktiken lässt sich eine wirkliche All-Liebe nicht erreichen. Die All-Liebe ist in solchen Fällen nur das Komplementär- und Idealbild zur Hemmung des Meditierenden, oder anders ausgedrückt: Es ist die Art von All-Liebe, die der Gehemmte sich von seinem Minuspol aus vorstellt. So spult er nur das Programm «All-Liebe» ab, kann es aber – da er die Zusammenhänge nicht kennt – in der Praxis nicht leben. Neptun in der erlösten Form aber würde bedeuten, sich der kosmischen Gesetze bewusst zu sein und sie auch wirklich praktizieren zu können. Die im Horoskop angelegten Anlagen werden dadurch tatsächlich zu *kosmischen* Fähigkeiten (Neptun). Sie werden dann nicht mehr nur entsprechend der patriarchalen Kultur oder entsprechend der Zeitepoche ausgebildet, sondern haben Ewigkeitscharakter (Neptun).

Wir können also bei Neptun folgende Entwicklungsstufen feststellen:
1. Die Neptunanlage in der Hemmung, also im Minuspol ausgelebt, bedeutet, dass der Horoskopeigner Angst und Unsicherheit verspürt. Diese Angst ist numinos (Neptun) und undefinierbar (Neptun), weil sie aufgrund der unbewussten Verdrängungen entsteht. Das eigene verdrängte, nicht gelebte Leben macht Angst. Ferner können Ängste und Unsicherheiten entstehen, weil man einer Norm oder einem Ideal nicht entsprechen, d.h. die Erwartungshaltungen, Ziele und Massstäbe der Elternrollenspieler nicht erfüllen kann.
2. Wenn der Neptun-Gehemmte Angst hat, eine Anlage, eine Energie oder eine persönliche Eigenart auszuleben, so lebt der Neptun-Kompensator seine Energien heimlich (Neptun) aus. Er tut so, als ob (Neptun) er weiter der Norm entsprechen würde, täuscht (Neptun) Anstand und moralische Integrität vor oder lügt (Neptun) der bürgerlichen Welt etwas vor, um dann doch das zu machen, was er für richtig hält, oder um in Ruhe (Neptun) seine «unerlaubten» Bedürfnisse stillen zu können. Er führt sozusagen zwei Leben – ein Scheinleben (Neptun), das er der Umwelt vorgaukelt (Neptun), und ein wirkliches Leben, das sich bei ihm im Verborgenen (Neptun) abspielt. Solange er dabei auch innerhalb der Lebensgesetze bleibt, also anderen Menschen nicht Schaden zufügt, hat ein solches Vorgehen «nur» im zwischenmenschlichen Bereich ungünstige Frequenzen. Er wird dann – wenn seine Unangepasstheit (Neptun) offenkundig wird – von der Umwelt entwertet (Neptun) und gemieden (Neptun). Verstösst er hingegen gegen patriarchales Recht und gleichzeitig gegen die Lebensgesetze, kommt er in ein Gefängnis (Neptun), also in eine Strafvollzugsanstalt. Hier wird besonders deutlich, dass Neptun der praktische Vollzug von Saturn ist!
   Weitere Möglichkeiten, Neptun aktiv und kompensatorisch auszuleben, sind Flucht und Sucht. Letztere ist als Auslebensmöglichkeit Neptuns am weitesten verbreitet. Über die Sucht kann der einzelne seine Frustrationen vergessen (Neptun), übertünchen (Neptun), ungeschehen machen (Neptun). Alkohol (Neptun) löst Hemmungen (Saturn) und Blockaden (Saturn) auf, entkräftet (Neptun) das Über-Ich (Neptun). Viele Menschen wagen erst im Zustand der

Trunkenheit, ihre wahren Gefühle und Gedanken zu äussern, erst er lässt sie sagen, was sie von ihrem Chef wirklich halten, welche sexuellen Bedürfnisse sie bedrängen, welchen Hass sie angestaut haben. Da die Bestrebungen verzerrt zum Ausdruck kommen, werden sie von der Umwelt kaum beachtet: «Er ist ja betrunken» (Neptun), also *nicht voll zurechnungsfähig (Neptun)*. In solchen Fällen wäre es jedoch günstig, das lateinische Sprichwort «in vino veritas» (im Wein ist Wahrheit) zu beachten.

Bezeichnend für die zweite Entwicklungsstufe Neptuns ist also, dass die Auflösung von Konvention und Moral nicht aktiv geschieht, sondern passiv über Drogen oder Alkohol herbeigeführt wird. Da eine solche Auflösung erst real in der 4. Entwicklungsstufe stattfinden kann, wird hier die 3. Entwicklungsphase übersprungen, der Horoskopeigner ist also eigentlich dazu noch nicht reif. Deshalb bereut er dann ja häufig am nächsten Tag, wenn er wieder nüchtern ist, was er am Vorabend gesagt und getan hat. Der alte Saturn hat ihn wieder eingefangen.

3. Die nächste Entwicklungsstufe des Neptun ist gekennzeichnet als Phase des Zweifelns und der Infragestellung. Schon Nietzsche hat zum Ausdruck gebracht: Zweifel ist der einzige Weg zur Wahrheit. Wie recht er doch damit hat! Glaube und Vertrauen sind Ausdruck wertvoller und edler Haltung, können aber in der patriarchalen Kultur, also in einer entfremdeten (Neptun) Welt, einer Surrogat (Neptun)-Welt, einer Schein (Neptun)-Welt schädlich oder gar tödlich sein. Deshalb ist es in dieser Phase der Entwicklung wichtig, unterscheiden zu lernen, wann Glaube und Vertrauen angebracht sind und wann nicht. Misstrauen ist immer dann angezeigt, wenn es sich um Überlieferungen handelt, um Traditionen, also um Pauschalierungen, Rollennormen, Ideale, Gebote und Verbote – um Überkommenes, Übernommenes. Misstrauen – nicht als Lebensprinzip und Grundeinstellung, aber als notwendiges Korrektiv –, ist daher eine wichtige Entwicklungsphase, gegenüber der sich die sogenannten Positivdenker verbarrikadieren.

Mensch werde misstrauisch! Misstrauisch gegenüber dem patriarchalen System, gegenüber der Schulmedizin, der Monokultur, den religiösen Institutionen, dem konventionellen Bauen und Wohnen, der Institution Ehe, der Zivilisationskost, dem herkömmlichen Schulsystem, gegenüber der entfremdeten Arbeitswelt, gegenüber den Meinungsmachern, wie Presse, Rundfunk und Fernsehen, gegenüber den Banken, misstrauisch gegenüber überlieferten Konzepten und Programmen, gegenüber faschistischen Ideologien, gegenüber Gurus und Machthabern.

Doch misstrauisch werden meist nur diejenigen Menschen, die Leid (Neptun) erfahren haben, die sich ausgestossen fühlen, weil sie den patriarchalen Normen und Idealen von Erfolg, Mutterliebe, Männlichkeit, Weiblichkeit, Sexualität, Schönheit usw. nicht zu entsprechen vermochten, die chronisch krank wurden und von der allgemein glorifizierten Patriarchatsmedizin nicht geheilt werden konnten.

Solange jemand gesund und erfolgreich oder wegen seiner Attraktivität umworben und begehrt ist, hat er meist nicht das Bedürfnis, tiefer in das Wasser (Neptun) zu schauen. Er hält fast alles für normal und gut. Er hat noch keinen Grund, misstrauisch zu werden. Er schwimmt (Neptun) noch oben.

Seine Bewusstseinserweiterung (Neptun) erfolgt erst durch die Krise, nach dem ersten Herzinfarkt, nach einem Verkehrsunfall, oder wenn eine Krebserkrankung oder die Immunschwächekrankheit Aids festgestellt wurde . . .

Wer krank, verkrüppelt, geschädigt, ungerecht behandelt, verlacht (Neptun) und verspottet (Neptun) ist, von der Gruppe verachtet (Neptun), ausgegrenzt (Neptun) wird, lernt Funktion (Neptun) und Wirkung (Neptun) des patriarchalen Systems (Saturn) kennen, beginnt zu zweifeln und erweitert sein Bewusstsein.

Insofern bewahrheitet sich hier der Spruch: Die letzten werden die ersten sein. Sie sind die Vorreiter für ein neues Bewusstsein, Vorreiter für eine neue Gesellschaft mit anderen Werten und Massstäben. Sie lassen frischen Frühlingswind blasen. Der Tierkreis kann wieder mit dem Widderprinzip beginnen.

Jetzt endlich kann Neptun seine Fähigkeit entfalten, Hintergründe aufzuspüren, zu erfassen und aufzudecken. Jetzt entwickelt er eine feine Antenne (Neptun), er erspürt instinktiv, was hinter den Kulissen läuft. Er deckt z.B. Macht- und Profitgier auf, erkennt die geheimen Motivationen, die hinter der Fassade von Anstand und Edeltum verborgen sind.

Manchmal geht Neptun aber auch zu weit. In solchen Fällen unterstellt der einzelne anderen zuviel Schlechtigkeiten, projiziert auf den anderen nur den eigenen Schatten, verrennt sich in einen Wahn. In dieser Phase darf man nicht die Kontrolle verlieren, die Realität nicht verkennen. Auch hier muss also eine Unterscheidung getroffen werden: die Unterscheidung zwischen eigenen Projektionen und der Wirklichkeit. Es geht darum, allmählich real und ganzheitlich (Neptun), d.h. *jenseits von Konvention und Moral* (Neptun), wahrnehmen (Neptun) zu lernen.

Damit kommen wir zu einem interessanten Phänomen, nämlich zur *Auflösungsfunktion* des Neptun.

Je mehr in Frage gestellt und angezweifelt wurde, je mehr Hintergründe aufgedeckt worden sind, um so stärker wird die Tendenz, Normen, Ideale, Gebote und Verbote aufzulösen. Der bisherige Gesetzeskodex, die bisherige Richtschnur, der bisherige Halt verliert mehr und mehr an Gewicht. Hier gilt: Wer selbst Überkommenes oder Schein auflöst, braucht die Auflösung nicht über das Schicksal zu erfahren. Er kann Auflösungen und Transiten Neptuns in Ruhe entgegensehen; denn Neptun kann nur das auflösen, was nicht der Wirklichkeit entsprach, was Schein oder Täuschung war, was man sich vormachte.

5. Durch die Auflösung von Schein und überkommenen Strukturen wird *Phantasie* (Neptun) frei. Diese neptunische Fähigkeit war bisher in einen engen Käfig gesperrt. Sie konnte sich nur im Rahmen der Norm entfalten und war dadurch häufig pathologisch entgleist. Der Ängstliche setzt seine Phantasie ein, um furchterregende Szenerien einzublenden, der Kompensator braucht seine Phantasie, um seine geheimen Machenschaften zu vertuschen, der Lügner übt seine Phantasie, indem er gezwungen ist, dem anderen Märchen (Neptun) zu erzählen, der Misstrauische wendet sie an, indem er dem anderen etwas unterstellt, und wer Hintergründe erfassen will, muss ebenfalls seine Phantasie spielen lassen, weil er sonst nach wie vor im dunkeln tappt.

Erst in dieser 5. Entwicklungsstufe kann die Phantasie frei, unabhängig und vor allem konstruktiv eingesetzt werden. Was vorher für den Abbau und die Auflösung des patriarchalen Systems notwendig und gut war, wird jetzt für den Aufbau einer ökologischen Kultur innen und aussen verwendet.

6. Allmählich kristallisieren sich aus den Phantasiebildern konkrete *Alternativen* (Neptun) heraus. Deshalb heisst Neptun in der 6. Entwicklungsstufe: Entwicklung von Alternativen. Wenn der einzelne Norm und Ideal transzendiert (Neptun) hat, also darüber hinweggeschritten ist, sieht er plötzlich eine Fülle von Möglichkeiten, die er vorher – als er noch die Scheuklappe trug – gar nicht wahrnehmen konnte.

Er erkennt endlich, dass seine Eigenart mit all seinen Planeten, das heisst seinen Anlagen, jenseits der Norm ist, dass sie anders (Neptun) ist, als die Norm es vorschreibt. Indem er zu seiner Andersartigkeit (Neptun) steht, ist er unangepasst (Neptun) gegenüber patriarchalen Idealen und Rollenzuschreibungen. Er hat sich selbst vom Leid (Neptun), ein anderes Leben als das eigene leben zu müssen, erlöst (Neptun) und braucht nicht mehr auf einen Erlöser (Neptun) von aussen zu warten (Neptun).

Hier wird auch deutlich, dass eine reale Alternative eine andere Qualität hat als jene der heutigen Alternativen. Viele «Alternativen» formierten sich als Gegenreaktion zum Establishment und sind genauso pathologisch wie der andere Pol. Es bildeten sich alternative Normen im Lebensstil, in der Kleidung, der Kindererziehung, im Fühlen und Denken heraus, die wieder der Individualität keinen Raum liessen. So unterscheidet sich z.B. ein wirklich alternativer, das heisst andersartiger, individueller Geschmack gänzlich vom Einheitsgeschmack der Alternativler, der in ihrer schmuddeligen, uniformierten Kleidung und in ihrer Wohnungseinrichtung, die einem Matratzenlager gleicht, zum Ausdruck kommt.

Manche verbergen ihre Ziellosigkeit, Lustlosigkeit (Neptun), Orientierungslosigkeit, Faulheit (Neptun), Apathie (Neptun), Lethargie (Neptun), ihre Schwächen (Neptun) und ihre Defizite unter dem Mantel «Alternative». Auf diese Art und Weise wehren sie mit ihrem Schlagwort Entwicklung und Reifung der Persönlichkeit ab. Sie erreichen nicht die erwachsene Form des Neptun: Zeigen der eigenen Lebensrechte und der Verantwortung dem eigenen und dem fremden Leben gegenüber.

Erst wenn all diese neptunischen Entwicklungsphasen vollzogen worden sind, erst wenn das patriarchale System in Frage gestellt, Hintergründe aufgedeckt, der Auflösungsprozess vollzogen, Phantasie entwickelt wurden und lebbare Alternativen gefunden worden sind, wenn der einzelne fähig geworden ist, seine Lebensrechte in Anspruch zu nehmen und Verantwortung zu praktizieren, erst dann bekommt er ein reales Bild von Transzendenz (Neptun). Erst dann ist er imstande, sich in die kosmischen Gesetze zu integrieren, mehr und mehr «mit dem Kosmos mitzuschwingen».

Der Versuch, über OM-Laute (Neptun), über Meditationspraktiken (Neptun) oder über religiöse Übungen (Neptun) diese notwendigen Entwicklungsprozesse zu überspringen, muss Fiktion (Neptun) bleiben. Es wäre – überspitzt formuliert – für die Vollzieher dieser traditionellen Fluchtanleitungen günstiger, die dritte Entwicklungsphase des Neptun anzupeilen: in Frage stellen von alten Überlieferungen, von Gurus und Meistern – den neuen Ersatzvätern, nicht weniger autoritär als die alten – vom religiösen Trampelpfad der Herde.

50

Zeigen der eigenen Rechte und der eigenen Verantwortung
− Erfassen von Hintergründen − Entwicklung von Phantasie −
Ahnungsvermögen − Entwicklung von Alternativen −
Bewusstseinserweiterung − kosmische Sicht − eigene Erlösung

Unerlöstes	Erlöser, Heil
Hemmung im Finden einer persönlichen Alternative	Alternativbewegung Subkultur
Angst, Unsicherheit, Schwäche	Flucht, Sucht, Heimlichkeit Lüge
Aussichtslosigkeit	Hoffnung
Ausgestossenheit, Isoliertheit, Einsamkeit, verlacht, verspottet	Scheinleben
Hilflosigkeit	Helfer
Krankenhausaufenthalt	Ärzte und Pflegepersonal im Krankenhaus
Illegalität, Gefängnisinsasse	Kriminologe, Gefängniswärter

Das Gesetz von Inhalt und Form

Das Gesetz von Inhalt und Form besagt, dass seelische und geistige Inhalte immer auch entsprechend materiell oder körperlich ausgedrückt werden müssen. Sie müssen in eine Form gebracht werden. Dies kann aktiv, freiwillig und bewusst geschehen oder passiv, unfreiwillig und unbewusst über das Schicksal erfolgen. Sind Inhalt und Form einander nicht adäquat, kommt es zwangsläufig zu einer Störung der Harmonie bzw. des Gleichgewichts, was wiederum ganz bestimmte Folgeerscheinungen nach sich zieht.

Ein Beispiel aus der Praxis soll dies erläutern:

Manfred L. ist ein junger Mann von 28 Jahren. Sein sehnlichster Wunsch bestand darin, einmal aus der Tretmühle des Berufslebens auszusteigen und irgendwo auf dem Land ein neues − ein völlig anderes Leben − zu beginnen. Eines Tages erzählten ihm drei Freunde von einem Bauernhof, der zum Verkauf angeboten sei, und sie fragten ihn, ob er nicht Lust habe, in dieses Projekt miteinzusteigen. Manfred L. sagte spontan zu, da er auf eine solche Chance zeitlebens gewartet hatte.

Auftauchende Zweifel, ob er dem Landleben, das mit harter Arbeit verbunden ist, auch gewachsen sei, verdrängte Manfred L. — ebenso seine innere Stimme, die Bedenken anmeldete, ob er denn seinen Hang zu Wohlleben und Vergnügen, zu den Annehmlichkeiten des Lebens wohl so ohne weiteres entsagen könne. Die Vorstellung von einem naturverbundenen Leben ohne die Zwänge der Gesellschaft war wohl zu verlockend, um da widerstehen zu können.

Manfred bezog auf dem Bauernhof ein eigenes Zimmer und war im übrigen angeschlossen an die Gemeinschaftsräume wie Küche und Wohnzimmer. Dass die Fenster sehr klein waren, die Raumhöhe zu niedrig, die Wände auf einer Seite feucht und ein leichter Modergeruch in dem gesamten Anwesen lag, das alles störte Manfred zunächst nicht.

Aber als die übrigen Mitglieder der Wohngemeinschaft ihn ständig zur Arbeit anhielten, wenn er sich sonnen oder ein Buch lesen wollte, kam es zu den ersten Dissonanzen. Zusätzlich wurde sein Gefühl für Ästhetik und Sauberkeit aufs äusserste belastet — kaum jemand wusch sich die Hände nach der Benutzung der Toilette; Hund und Katze leckten vom Teller eines weiblichen WG-Mitgliedes; Mäuse knabberten nachts an Brot und Käse und hinterliessen überall kleine schwarze Kotkügelchen. . . Ferner bemerkte Manfred L., dass der Verkehr mit «Gleichgesinnten», die den Bauernhof besuchten, in ihm keine seelische Resonanz hervorrief. Insbesondere die Frauen unter ihnen, von denen sich manche für ihn interessierten, erschienen ihm als eigenartig und fremd. Sie stellten einen völlig anderen Typus von Frau dar, als den, welchen er bisher gewohnt war. Da Manfred ein gutaussehender Mann von freundlichem Wesen war, drängten sich ihm manche potentiellen Partnerinnen regelrecht auf. Doch er wollte mit ihnen nichts zu tun haben, denn er sehnte sich nach einer Frau, die seinem Wesen ähnlicher war.

Dieses Beispiel macht die Diskrepanz zwischen Inhalt und Form sichtbar. Eine Folge dieser Diskrepanz ist unter anderem, dass dadurch Partner angesprochen und angezogen werden, die dem eigenen inneren Wesen nicht entsprechen. Da dieses innere Wesen nicht zum äusseren Ausdruck kommen konnte, vermochten die wirklich passenden Partner den Betreffenden nicht zu erkennen.

Diese innere Natur des Menschen muss zum Beispiel auch in Nahrung, Kleidung und Umwelt ausgedrückt werden. Es gilt, die eigene Identität auch nach aussen hin manifest werden zu lassen. Es ist daher zunächst einmal wichtig, selbst diese eigene Identität zu entdecken, in Erfahrung zu bringen, wer und wie man ist, und was man daraus noch entwickeln kann.

Nur, wenn ein Mensch weiss, wer er ist, kann er sich auch in der Umwelt und im Mitmenschen wiederentdecken — vorausgesetzt, dieser ist ebenfalls imstande, seine wirkliche Natur auszudrücken — nur dann vermag er zu erkennen, wer oder was ihm ähnlich ist bzw. ihm entspricht.

Manfred L. führte ein nicht der eigenen Natur gemässes Leben, bzw. drückte sein Wesen nicht in der entsprechenden Form in der Aussenwelt aus.

Er war gänzlich ungeeignet für ein Leben auf einem Bauernhof, denn er hatte mit der Alternativszene wenig gemeinsam, er tendierte im Gegenteil mehr zu einem «playboylife», er wollte ein angenehmes Leben führen und extravagante Frauen um sich haben. Manfred hatte sich für ein Milieu entschieden, das ihm nicht entsprach und ihm ein Partnerangebot bescherte, mit dem er nicht zurecht-kommen konnte, denn die Frauen, die für ihn Interesse hegten, schätzten ihn aufgrund der äusseren Umstände völlig falsch ein. Er war nicht der, für den sie ihn hielten. Sein Wesen war anders.

Es gibt aber auch noch eine andere Auslebensweise einer Diskrepanz zwischen Inhalt und Form: Wenn jemand ernste Worte mit einem lachenden Gesicht spricht, wenn jemand sagt: Ich liebe Dich, dabei aber mit seinem Verhalten das Gegenteil signalisiert, wenn eine Vegetarierin einen Pelzmantel trägt oder einen Hund hält (der sicher mehr Fleisch frisst als sie selbst bei einer Gemischtkost verbrauchen würde!), wenn jemand für den Umweltschutz plädiert, gleichzeitig aber mit 200 Sachen auf der Autobahn rast, wenn jemand von Gleichberechtigung und Partnerschaft spricht, aber zuhause als Diktator und Tyrann auftritt. . .

Die erstgenannte Diskrepanz zwischen Inhalt und Form erzeugt Unzufriedenheit. Insofern ist Unzufriedenheit nicht ein negatives Gefühl, das man nicht aufkeimen lassen sollte, sondern ein grellrotes Signal, Inhalt und Form in Einklang zu bringen! Unzufriedenheit ist ein wertvolles Stimulans für Initiative, Mut, Aktivität, für schöpferisches Arbeiten, für die Arbeit, die entsprechenden Formen für die Inhalte zu schaffen.

Hat jemand jedoch in frühester Kindheit die Einschärfung erhalten: «Sei zufrieden, was Du bist und was Du hast!» so wird dadurch die Möglichkeit, Inhalt und Form eins werden zu lassen, abgewürgt. Zugleich ist es gefährlich, keine äussere Form zu schaffen, da in solchen Fällen meist der eigene Körper zum Formschaffen benutzt wird.

Krankheit ist die passive Form eines Inhaltes, für den eine aktive Form nicht gefunden oder verwirklicht werden konnte. Die Suggestion: «Sei zufrieden» ist also krankmachend und systemstabilisierend. Sie unterdrückt die Handlungs- und Kritikfähigkeit, unterdrückt Auflehnung und Rebellion, unterdrückt die Fähigkeit, Hintergründe aufzuspüren, Phantasie zu entwickeln, Auswege und Alternativen zu finden.

In diesem Zusammenhang muss noch einmal die Ideologie des positiven Denkens erwähnt werden, die bei vielen Individuen ähnlich negative Wirkungen zeitigt. Es werden dabei ebenso nicht nur so wichtige Warnsignale wie Aggression, Hass, Angst und Unzufriedenheit unterbunden, sondern auch sog. «negatives» Denken (Kritikfähigkeit, Fähigkeit zu entlarven), was den Autoritäten und Machthabern nicht so genehm ist. Insofern ist die Ideologie des positiven Denkens glänzend geeignet, das Volk trotz widrigster Umstände bei Laune zu halten und das patriarchale System zu hätscheln und zu pflegen.

Beim Gesetz von Inhalt und Form muss folgendes beachtet werden:

1. Um welche Inhalte handelt es sich?
   Um Gefühle oder geistige Inhalte?
   Sind die Inhalte real oder irreal?

2. Welche Ursachen aussen und innen waren entscheidend, um eine Diskrepanz zwischen Inhalt und Form entstehen zu lassen?

3. Ist die Fähigkeit des Formschaffens genügend ausgebildet worden?

zu 1)
Schleppt jemand aus seiner Vergangenheit ein altes irreales Gefühlsraster wie
z.B. eine Depression mit sich herum, dann besteht die Gefahr, dass er entsprechend seines irrealen Inhaltes auch aussen irreale Formen schafft oder aufsucht.
Wenn er sich z.B. düstere, altvaterische Kleidung kauft, dann hat er zwar seinem
Inhalt aussen Ausdruck verliehen und scheinbar das Gesetz erfüllt, doch seine
Anziehung von Partnern und Ereignissen ist nur seiner inneren Krankheit
gemäss. Er kann mit seiner Anziehung nicht zufrieden sein. Er erlebt nicht das,
wonach seine 1. Natur, seine Stimme des Lebens in ihm sich sehnt: Liebe, Glück,
seelische Wärme, Geborgenheit und Wohlleben.
   Dies ist ein ganz entscheidender Punkt: Das Gesetz von Inhalt und Form ist
ein Gesetz, das dem Waageprinzip im Tierkreis entspricht. Es geht um eine
Ausgewogenheit zwischen Seele und Körper (bzw. Materie), zwischen dem
weiblichen und dem männlichen Prinzip, zwischen Abgabe und Aufnahme von
körperlicher und seelischer Energie, zwischen Introversion und Extraversion,
zwischen Innenwelt und Aussenwelt — und es geht um die Ausbildung des
eigenen Geschmacks. Inhalt und Form in Einklang zu bringen bedeutet also
zugleich einen eigenen Geschmack zu entwickeln.
   Dieser eigene Geschmack ist aber gerade durch neurotische Gefühlsraster wie
Angst, Depression, Aggression etc. oder durch überkommene Meinungen und
Weltanschauungen verfälscht. Es ist zwar der eigene Geschmack, aber nur der
eigene Geschmack i.S. der 2. Natur des Betreffenden.

zu 2)
Meist sind hier gesellschaftliche Umstände, insbesondere Moral und Konvention innen und aussen entscheidend. Hat jemand einen Inhalt, der der
1. Natur entspricht, dann stösst er sich automatisch an den äusseren Formen des Patriarchats. In einem solchen Fall muss sein körperlicher, seelischer und geistiger Organismus immer wieder auf die äussere Form reagieren. Als Folge dieser Diskrepanz zwischen Inhalt und Form können dann
mannigfaltige Krankheitssymptome (körperliche Krankheiten, sowie Hass,
Wut, Aggression etc. und auf der geistigen Ebene Komplementärbilder)
auftauchen.
   Diese Erscheinungen — das sei nochmals ausdrücklich betont — sind
Signale des Schicksals, Inhalt und Form in Einklang zu bringen. Wer nicht
selbst (aktiv) seinem Inhalt in der Aussenwelt Form verleiht, der bekommt
eine Form vom Schicksal (passiv) serviert und zwar eine Form, die der Unterdrückung oder Hemmung seines Inhaltes entspricht. (Gesetz der Affinität — Gesetz der Entsprechung einer inneren Problematik mit einer äusseren Symbolik). So kann eine innere Blockade z.B. durch eine Betonmauer
in der Aussenwelt symbolisiert werden, an die der Betreffende mit seinem
Auto fährt.
   Betrachten wir die Symbole in der zivilisatorischen Gesellschaft, so müssen
wir feststellen, dass die meisten von ihnen als *Ersatz* für reale Inhalte fungieren.
Sie sind meist die äussere Form und Widerspiegelung verdrängter, blockierter,

defizitärer, unverwirklichter, neurotischer und irrealer Inhalte. Wer in der Ausbildung seiner Anlagen steckengeblieben ist oder blockiert wurde, wird in der patriarchalen Gesellschaft mit einem Ersatz bzw. einem Symbol, das für seine wirkliche Anlage steht, abgespeist.

Die Menschen «erleben» sich selber also vorwiegend nur über tote, materielle Symbole. Weil sie aufgrund der patriarchalen Erziehung und Schulbildung ihre wirklichen, naturgemässen Anlagen und Fähigkeiten verdrängen mussten, können sie ihre psychische Struktur bzw. ihr Anlagenpotential nur noch in einer «verzauberten» Form erfahren. Ihre Energien sind nur noch in toten Symbolen gebunden.

Nachfolgende Beispiele sollen deutlich machen, für welche verzauberten und für welche wahren Anlagen die jeweiligen Symbole stehen:

Symbole	verzauberte Anlagen	reale Anlagen
Antiquitäten (Venus (Stier) – Saturn)	Hemmung (Saturn) im Eigenwert (Venus) Antiquitäten kompensieren die Hemmung im Eigenwert, indem man sie im Wert überbewertet	Ausbildung eines realen Eigenwertes, basierend auf realen lebendigen Anlagen – dadurch mehr gegenwarts- und zukunftgebunden und keine Vergangenheitsfixierung mehr
Atomraketen (Pluto – Mars)	Unterdrückung (Pluto) der sexuellen Triebe (Mars) Kompensation durch die Macht (Pluto) der Raketen (Mars)	Energie- und Lebenspotential der Menschheit
Pelze (Mond – Saturn)	Hemmung in bezug auf seelische Wärme und Geborgenheit Künstliche Kompensation dieser Hemmung	Prozess der Identitätsfindung. Ausbildung der eigenen Anlagen, dadurch Geben und Empfangen von seelischer Wärme und Geborgenheit
Vogel im Käfig (Uranus – Saturn)	Verdrängte, eingesperrte eigene Freiheit	Ausleben der eigenen Freiheit und Unabhängigkeit
Zigarette (Sonne – Neptun)	Verdrängte (Neptun), vernebelte (Neptun) Selbstverwirklichung. Es bestehen keine klaren Vorstellungen und Ziele, wie man zu seinem Selbst kommen könnte	alternatives Handeln, Aufdecken von Hintergründen, Auflösen der alten Massstäbe u. Ideale des Patriarchats und dadurch klare Sicht

Dabei ist zu unterscheiden zwischen eigenen verzauberten Anlagen, wie z.B. Sammeln von Antiquitäten und Projektionen auf kollektive Symbole wie Atomraketen oder multinationale Grosskonzerne. Wer sich selber keine oder zu wenig eigene Formen schafft, projiziert unbewusst auf die bestehenden Formen in der Aussenwelt bzw. in der patriarchalen Gesellschaft.

zu 3)

Viele Menschen, die sich der Alternativbewegung angeschlossen haben, haben reale Inhalte, sind aber häufig unfähig hierfür die entsprechenden Formen zu schaffen. Sie erschöpfen sich meist in der Auflehnung gegenüber bestehenden Formen, haben aber kaum Alternativen geschaffen. Sie haben ihre neuen Inhalte noch nicht materialisiert.

Doch es ist gar nicht so leicht, neue Formen zu finden und durchzusetzen, wenn die alten eingefahrenen Muster an allen Ecken und Enden noch bestätigt werden. Hinzu kommt, dass das Formschaffen eine hohe *Kunst* ist (siehe z.B. Innenarchitektur, Gartenarchitektur etc.) die erst einmal erlernt werden muss. So eröffnen manche «Alternativler» ein Biorestaurant, schaffen also die Form für einen neuen Inhalt, nämlich für die biologische Vollwertkost, haben aber damit wenig Erfolg. Ihre Form lässt häufig zu wünschen übrig, die Inneneinrichtung ist karg, ideologisch verbrämt, düster, unappetitlich, die Speisen dilletantisch zubereitet, ohne Geschmack, ohne das Auge zu erfreuen und die Bedienung muffig und in modrigen «alternativen» Gewändern einhergehend. Jeder, der ausser biologischer Kost auch Ästhetik, Schönheit und Lebensfreude liebt, geht lieber eher noch in das konventionelle Spezialitätenrestaurant um die Ecke als sich in solch trauriger, depressiver, armseliger und hilfloser Stimmung aufzuhalten.

Noch ein Punkt darf beim Gesetz von Inhalt und Form nicht unerwähnt bleiben: Die Wechselwirkung zwischen Inhalt u. Form. Wer seine Form für seinen Inhalt gefunden hat, bestätigt und verstärkt dadurch seinen Inhalt. Der Mensch wird dann durch seine äusseren Formen, die wiederum nach innen wirken, geprägt. Nach der psychologischen Astrologie muss jeder Planet in unserem Horoskop sowohl einen Inhalt als auch eine Form haben. Nur wenn Inhalt und Form verwirklicht wurden, ist der Planet erlöst und steht als Anlage zur Verfügung.

Es gibt aber noch eine andere Wechselbeziehung: Da das Gesetz von Inhalt und Form ein Ausfluss des Waageprinzips ist, ist es logisch, dass, wenn wenig Inhalte vorhanden sind, dann das Schwergewicht auf der Seite der Form liegt.

Deshalb gilt: *Je weniger Inhalt die Menschen bei einer Anlage haben, desto mehr achten sie auf die Form, desto mehr haften sie an Moral, Sitte, Konvention und Tradition.* So achtete z.B. eine ältere Klientin, die es im Leben versäumt hatte, sich Inhalte anzueignen, besonders stark auf die Einhaltung von Anstandsregeln in jeder Begegnungssituation. Sie erzwang menschlichen Kontakt mit den Normen des Anstands. Aufgrund dessen verliefen z.B. auch die Anstandsbesuche ihrer Schwiegersöhne ohne menschliche Wärme bzw. ohne seelische Bereicherung. Der Kontakt war nicht freiwillig. Er war nicht gewachsen. Niemand kam gerne zu ihr, weil keine interessanten Inhalte vorhanden waren, über die man hätte sprechen können.

Das Gesetz der Affinität

Das Gesetz der Affinität besagt, dass zwischen den innerseelischen Persönlichkeitsanteilen und den Personen und Gegenständen der äusseren Welt eine Verwandtschaft besteht, dass die seelische Szenerie auch aussen widergespiegelt wird.

Wie dieses Gesetz der Affinität mit dem Gesetz der Anziehung und der Entwicklung gekoppelt ist, soll das folgende Kapitel über «Archetypen und Partnerwahl» aufzeigen.

Archetypen und Partnerwahl

Wählen Sie aus der Aufstellung der wichtigsten weiblichen und männlichen «Archetypen»* einschliesslich ihrer Schattenfiguren vier aus, die Sie selbst zu verkörpern glauben, und vier, die Sie bei Ihrem Partner suchen.

weiblich	*männlich*
♈ Wildkatze, Sportlerin, Eva (Urweib, Vollweib) Schatten: Mannweib	Krieger, Held, Amor (Liebhaber), Sportler, Adam (Urmann, vitaler Mann) Schatten: Aggressor
♉ Demeter, die reiche Frau, Geniesserin Schatten: Asketin, die Geizige, die Geldgierige	Dionysos, der reiche Mann, Geniesser Schatten: Asket, der Geizige der Geldgierige
♊ Intellektuelle, die Kommunikative, die praktisch Begabte Schatten: die Quasseltante	Intellektueller, der Kommunikative, der praktisch Begabte Schatten: der Schwätzer, der Technokrat
♋ Mutter, Schmusekatze, Madonna Schatten: die verschlingende Mutter	Familienvater, Schmusepeter, Josef Schatten: Softie, «Pantoffelheld»
♌ Königin, Playgirl, Künstlerin Schatten: Lebedame, Angeberin	König, Manager, Vater (seelische Sicherheit gewährend), Playboy, Künstler, Apollo Schatten: Lebemann, Don Juan, (Casanova), Angeber
♍ Dienerin, Arbeiterin, Masochistin, Analytikerin Schatten: Hypochondrische Frau, Nörglerin Sauberkeitsfanatikerin	Diener, Arbeiter, Masochist, Analytiker Schatten: Der Hypochonder, Nörgler, Sauberkeitsfanatiker

*) Nicht alle aufgeführten Bilder von Frauen und Männern können als Archetypen i. S. von C.G. Jung bezeichnet werden. Es sind einfach verschiedene Partnertypen, die durch die astrologische Symbolik archetypischen Charakter bekommen. Daher wollen wir bei dieser Bezeichnung bleiben.

♎ Aphrodite (Geliebte, Hetäre, Hure) die Modische, Prinzessin, Tochter, die Charmante Schatten: Prostituierte, «Süssholzrasplerin»	Adonis, der Modische, Prinz, Sohn, Diplomat, Stratege, Charmeur, Kavalier Schatten: «Süssholzraspler»
♏ Domina, Magierin, die Leidenschaftliche Schatten: Vamp	Dominus, der Mächtige, Magier, Guru, der Leidenschaftliche Schatten: Graf Dracula
♐ die Gebildete, die Weise, die Religiöse, die Edle Schatten: die Intolerante, die Ungebildete	der Gebildete, der Weise, der Religiöse, der Edelmann Schatten: der Intolerante, der Ungebildete
♑ Lady, die Halt- u. Strukturgeberin (die Ordnung u. Ziel ins eigene Leben bringt), Karrierefrau, Lehrerin, die Konservative Schatten: Richterin, Kontrolleurin	Gentleman, der Halt- u. Struktur- geber (der Ordnung u. Ziel ins eigene Leben bringt), Karrierist Lehrer, der Konservative Schatten: Richter, Kontrolleur
♒ Amazone, die Aussergewöhnliche, Rebellin (Widerspenstige), Fee, Engel (i. S. v. überirdisch-ästhe- tischem Aussehen u. Verhalten), Feministin Schatten: Seitenspringerin	Luftikus, Abenteurer, der Unab- hängige, der aussergewöhnliche Typ Rebell, Freiheitskämpfer Schatten: Seitenspringer
♓ Helferin (Engel d. Gefangenen), Alternativlerin, die Unangepasste, Klosterschwester, Kranken- schwester, Sphinx, die Phantasie- volle Schatten: Süchtige, Schlampe, Hexe (Xanthippe), Ausgestossene, Phan- tastin, psychisch Kranke	Helfer, Alternativler, der Unange- passte, Mönch, Jesus (Erlöser), der Phantasievolle Schatten: Süchtiger, Chaot, Clown, Clochard, Ausgestossener, Phantast psychisch Kranker

Die Venus im Horoskop des Mannes stellt seine erotische Entsprechung im anderen Geschlecht dar, welchen Frauentypus er sich auf der erotischen Ebene
wünscht, während der Mond mehr sein seelisches (mütterliches) Suchbild symbolisiert.

Der Mars im Horoskop der Frau ist ihr erotisches Suchbild, während die Sonne als ihre väterliche Entsprechung gilt.

	♀ erotische Entsprechung		♂ erotische Entsprechung
Anima	seelisch-mütterliche	Animus	
	☽ Entsprechung		☉ väterliche Entsprechung

58

Entscheidend ist daher, in welchen Tierkreiszeichen und Feldern Venus, Mond, Mars und Sonne stehen und welche Planeten damit Aspekte bilden.

Ferner müssen auch noch der jeweilige Herrscher und Planetenkonstellationen in H 7, H 8 und H 9 in Betracht gezogen werden – also im Endeffekt das gesamte Horoskop; dennoch kann allein von der Stellung der Venus und des Mondes beim Mann und von der Stellung des Mars und der Sonne bei der Frau ein grobes Muster abgeleitet werden, welcher Typus von Partner insbesondere in Betracht kommt. Aphrodite (Venus) und Mutter (Mond) einerseits und Liebhaber (Mars) und Vater (Sonne) andererseits verkörpern die Grundarchetypen*, die sich jeweils mit den anderen Archetypen vermischen.

Ein Kursteilnehmer, dessen Venus im Stier in Haus 4 steht, sehnt sich insbesondere nach einer Frau, die kräftig gebaut (Stier, Archetyp: Demeter) ist, mit der er eine Familie (H 4) gründen kann und die ihm seelische (H 4) Sicherheit (Stier) schenken kann.

Eine Klientin mit Mars in Haus 6 im Wassermann fühlt sich besonders von Männern angesprochen, die es geschafft haben, sich von Anpassungszwängen (H 6) zu befreien (Wassermann, Archetyp: Rebell), von aussergewöhnlichen (Wassermann) Männern, die frei von subalterner Arbeit (H 6) sind.

Jeder Mensch hat seine persönliche Archetypenkombination. Ein Mann, der die Venus im Wassermann in H 1 und den Mond im Löwen in H 7 stehen hat, bevorzugt z.B. die Kombination «Aphrodite – militante oder sportliche Amazone / Mutter – charmante (H 7) Königin» (Löwe); eine Frau, deren Mars sich in den Zwillingen in Haus 6 befindet und deren Sonne im Steinbock in Haus 1 steht, die Kombination «Liebhaber – kritischer Intellektueller / Vater – sportlicher Gentleman».

Es muss hier geklärt werden, welche Archetypenkombination man selbst zu verkörpern glaubt. Also schaut die Frau, wo sie ihre Venus und ihren Mond im Horoskop plaziert hat; denn Venus und Mond sind Teile ihrer weiblichen Identität, die gelebt werden müssen. Der Mann schaut, wo Mars und Sonne stehen, um zu sehen, wie er seine Männlichkeit zum Ausdruck bringen kann. Dies kann durch Kleidung, Gestik, Mimik, Stimmlage, Wortwahl, Sexualverhalten usw. geschehen.

So kann sich eine Frau z.B. als Wildkatze sehen und daher ein Wildkatzenverhalten an den Tag legen. Sie kratzt und beisst und zeigt ihre langen, roten Krallen, sie schnurrt aber, wenn der «richtige» Kater kommt, oder lockt mit melodischer Stimme, wenn ihr danach zumute ist. Im Bett ist sie eine feurige Gespielin, der nur ein sehr vitaler, potenter und trotzdem einfühlsamer Mann gewachsen ist. Wenn Selbstbild und Wirklichkeit übereinstimmen und wenn sie dies nach aussen hin auch formal zum Ausdruck bringt, wird sie sicher keine falsche Projektionsfläche abgeben. Derjenige, der das Suchbild «Wildkatze» hat, findet sie. – Die Frage ist

---

*) Eine Umfrage ergab, dass sich tatsächlich fast jede Frau nach einem männlich-markanten Liebhaber (Mars) sehnt und nach einem väterlichen Mann (Sonne), der das Leben zu meistern versteht und ihr seelische Sicherheit (Sonne) gibt, und fast jeder Mann sich in der Tat eine erotisch reizvolle Geliebte (Venus) wünscht und eine warmherzige «Mutter», die ihm Geborgenheit und seelische Liebe schenkt.

aber, ob er auch umgekehrt ihr Suchbild erfüllt, ob er beispielsweise den «zärtlichen Helden» verkörpert. Ist das nicht der Fall, kommt es zu keiner Verbindung. Der Funke springt nicht über.

Hat sie ein falsches Selbstbild und hält sich bloss für eine «Wildkatze» oder spielt deren Rolle (weil ihr Partner jene für sein Persönlichkeitssystem braucht), obwohl sie ein ganz anderer Typus ist, wird der Partner getäuscht, und die Partnerschaft ist im Keim bereits gefährdet.

Die Frage lautet also: Welche Archetypenkombination biete ich an, und welche Kombination wünsche ich mir vom Partner (Partnersuchbild)? Das Prinzip von Angebot und Nachfrage bestimmt auch den «Partnermarkt».

Manche haben es besonders schwer. Ihre persönliche Archetypenkombination steht zum Wunschbild, d.h. zur gesuchten Kombination zu konträr, etwa wenn ein «gebildeter Josef» nach einer «hurenhaften Amazone» lechzt oder eine «asketische Lady» nach einem «dionysischen Rebellen» Ausschau hält.

Auch können Schattenfiguren dem einen oder anderen einen Streich spielen, etwa, wenn ein Mann eine «Helferin» sucht und eine «Schlampe» (aus seiner Sicht!) bekommt oder eine Frau einen «Gentleman» begehrt und sich einen «Richter» einhandelt oder sich scheinbar gänzlich im Prinzip irrt und statt des «Gentlemans» (Steinbock) einen «Hypochonder» (Jungfrau) an Land zieht.

Schönheitstyp und individuelle Archetypenkombination

Viele setzen ihr Suchbild in bezug auf den Schönheitstyp mit ihrem archetypischen Suchbild gleich. Es besteht jedoch ein grosser Unterschied, ob der Partner vom Aussehen her dem Typ entspricht, den man sich vorstellt, oder ob er das archetypische Suchbild verkörpert, das das eigene Unbewusste beherbergt und das letztlich für den Partnerfindungsprozess viel entscheidender ist. Der Schönheitstyp sagt lediglich aus, welchen Aphroditetyp der Mann bzw. welchen Amortyp die Frau bevorzugt. Er sagt jedoch so gut wie nichts aus über die archetypischen Eigenschaften, die der zukünftige Partner verkörpern soll, damit er zum eigenen Persönlichkeitssystem passt. Was nützt es z.B. einem Mann mit der Archetypenkombination «leidenschaftliche Mutter / weise Aphrodite», wenn die Frau zwar äusserlich genau sein Typ, aber langweilig und naiv ist und auch keine mütterlichen Qualitäten aufweist, oder wenn sie Eigenschaften verkörpert, die für ihn nicht wichtig sind? Genauso wird z.B. eine Frau mit der Archetypenkombination (Suchbild) «kommunikativer Vater / rebellischer Amor» bald frustriert sein, wenn ihr schöner Amor sich in ihren Augen als schweigsamer, konservativer Spiesser entpuppt, dessen väterliche Art in ihr Aggressionen auslöst.

Aufgrund der individuellen Archetypenkombination wird klar, warum die Suche nach der Traumfrau, die so aussieht wie z.B. Ursula Andres oder Bo Derek, oder die Suche nach dem Traummann, der vom Typ her z.B. Sean Connery (James Bond) oder Robert Redford ähnelt, meist ergebnislos verläuft. Partnerschaften, in denen die Frau nicht dem Schönheitstyp des Mannes und der Mann nicht dem Amortyp der Frau entspricht, gelingen oft besser, weil in solchen Fällen meist die anderen Archetypen mehr Beachtung gefunden haben.

60

Die Archetypenkombination zeigt ferner auf, warum manche Menschen zueinander gefunden haben, die nach der Meinung von Aussenstehenden scheinbar nicht zueinander passen.

Wenn bei der individuellen Archetypenkombination (Suchbild) Anteile fehlen, versuchen die meisten Menschen den Partner dazu zu bewegen, so zu werden, wie sie es brauchen. Wenn der andere diese Anlagen nicht besitzt, ist das ein aussichtsloses Unterfangen.

So gibt es Männer, die jahre- und oft jahrzehntelang versuchen, ihre Partnerin zu einer guten Hausfrau und Mutter oder zu einer Lady zu machen, ohne jemals dabei Erfolg zu haben. Und auch viele Frauen geraten in diese Falle: Sie hoffen, dass ihr Mann sich vielleicht doch eines Tages in einen kuscheligen Schmusepeter verwandelt oder doch mal Karriere macht.

Sehr aufschlussreich ist oft, wenn man die «verflossenen» Partner noch einmal vor dem geistigen Auge Revue passieren lässt. Meistens hat es deshalb nicht geklappt, weil ein Archetypus oder gar zwei oder drei Archetypen gefehlt haben. Die Liebe erlosch, weil die Hoffnung erlosch, dass der Partner doch eines Tages den eigenen Animus oder die eigene Anima gänzlich verkörpern könnte.

Gehen wir zurück zu der Frau mit dem «konservativen Spiesser», der für ihr Empfinden seine geistige Inhaltslosigkeit mit einem väterlichen Überlegenheitsgebaren kompensiert. Obwohl sie einen «Vater» sucht, kann sie mit der Art und Weise, wie er seine Väterlichkeit demonstriert, nichts anfangen. Sie ist ihr sogar zuwider. Das ist ein ganz entscheidender Punkt: Ein Archetypus (hier: Vater) wird durch die anderen Archetypen in seinem Inhalt, in seiner Auslebensform und in seiner Frequenz (Level) verändert.

Eine «Mutter», die zugleich «Madonna», «Lehrerin» und «Helferin» ist, ist eine andere «Mutter» als eine, die durch die Archetypen «Hetäre-Amazone-Schmusekatze» ergänzt wird. Die Mutterqualitäten kommen in einem solchen Fall ganz anders zum Ausdruck. Hat im ersten Fall die «Mutter» mehr eine edle, integre, heilige, belehrende und helfende Funktion, so wird die Mütterlichkeit der anderen Frau durch Unabhängigkeit, Eros und Zärtlichkeit geprägt sein. Auch wird das Kind der «madonnenhaften Mutter» in eine ganz andere Rolle gedrängt werden als das Kind der «Amazonenmutter».

Ferner ist noch entscheidend, welche Wichtigkeit und Bedeutung ein Archetypus innerhalb der individuellen Kombination einnimmt. Manche sind auf einen Archetypus so fixiert, dass er eine unerlässliche Bedingung darstellt. Andere Archetypen treten dabei mehr in den Hintergrund.

Entwicklungsstufen der Archetypen

Die Archetypen können auf den verschiedensten Symbolebenen zum Ausdruck kommen. Hat eine Frau z.B. ihren Mars im Fisch stehen, kommen Liebhaber in Betracht, die süchtig (Neptun) sind, also stark rauchen, trinken (Neptun), drogenabhängig (Neptun), ängstlich (Neptun), schwach (Neptun), unsicher (Neptun) oder chaotisch (Neptun), krank (Neptun) oder ausgestossen (Neptun) sind, die in der Ferne (Neptun) wohnen, die man nur heimlich lieben kann (z.B. weil sie verheiratet sind), die impotent (Neptun) sind (Hemmung) oder deren Trieb

(Kompensation) suchtartig entgleist ist, die unkontrolliert (Neptun) aggressiv sind, die als Hilflose (Hemmung) oder als Helfer (Kompensation) in Erscheinung treten oder – auf der Erwachsenenebene – die sehr phantasievoll sind, die fähig sind, Hintergründe aufzudecken und Alternativen zu entwickeln, die sich jenseits (Neptun) von Konvention und Moral befinden, die unangepasst sind.

Auf welcher Ebene diese Frau ihre Partner erlebt, hängt davon ab, ob sie selbst ihren Persönlichkeitsanteil Mars in der Hemmung (Kinderrolle), in der Kompensation (Elternrolle) oder mehr auf der erwachsenen Ebene auslebt, und auf welcher Frequenz sie sich jeweils innerhalb dieser drei Ebenen befindet.

Wir begegnen also entsprechend der Entwicklungsstufe unserer Archetypen im Innern unseren Partnern in der Aussenwelt. Wichtig sind natürlich auch die Aspekte von Sonne und Mars bei der Frau und die Aspekte von Mond und Venus beim Mann. Nach dem Gesetz der Affinität werden dabei sowohl innere Harmonie und Einklang (Sextil, Trigon, Konjunktion) als auch innere Inkongruenzen und Konflikte (Quadrate, Oppositionen, dissonante Konjunktionen) auf dem Bildschirm des Raumes abgebildet, d.h. die innere seelische Szenerie wird in der Aussenwelt (hier in der Partnerschaft) widerspiegelt.

Saturn-Quadrate und -Oppositionen auf einen Archetypus können z.B. bedeuten, dass man Hemmung hat, den Archetypus zu leben, dass man kein Recht darauf empfindet, dass man eine innere Abwehrhaltung an den Tag legt, dass das eigene Über-Ich den Archetypus fremdbesetzt. Dissonante Neptunaspekte hingegen schwächen und verunsichern den Archetypus, besetzen ihn mit Angst, treiben ihn in die Flucht, machen ihn süchtig oder lassen ihn vereinsamen. Kritische Plutoaspekte unterdrücken und knebeln ihn, setzen ihn unter Druck, verwickeln ihn in Machtkämpfe oder zwingen ihn in eine Vorstellung.

Viele lassen also schon in ihrem Innern einen Archetypus nicht zu und wundern sich, wenn sie nicht die passenden Partner in der Aussenwelt finden. Unterdrückt ein Mann z.B. seine Gefühle, was sich etwa in einer Mond-Pluto-Quadratur ausdrücken kann, dann wird er entweder in der Aussenwelt von einer Frau unterdrückt werden oder er wird umgekehrt eine Frau unterdrücken, sie in seine Vorstellung zwingen wollen. Weil er in sich seine seelische Eigenart, seine Natur nicht zulässt, muss er sie auch aussen beim anderen unterdrücken.

Wir bekommen also – drastisch ausgedrückt – immer den Partner, den wir verdienen. Es gibt Partner, die nur als eine Art Vorstufe für den nächsten fungieren. Oder anders formuliert: Viele Partner sind nur verzauberte oder verwunschene Prinzen und Prinzessinnen. Welche Frau denkt denn daran, dass der «Quartalsäufer», den sie damals als Freund hatte, ihr eigenes verzaubertes Fischeprinzip in der Aussenwelt verkörpert hat und eine wichtige Vorstufe für den jetzigen feinfühligen (Fische), stillen (Fische), phantasievollen (Fische) Partner war, mit dem sie heute liiert ist?

Hier wird das deutlich, was kaum jemand ohne esoterische oder astrologische Vorbildung glauben mag, nämlich, dass man sich seinen zukünftigen Partner seelisch erarbeiten kann (man ist für seine Partneranziehung selbst verantwortlich!). Man bleibt zwar immer innerhalb der Symbolik des kosmischen Prinzips, aber im Zuge der eigenen Entwicklung ändert sich die Symbolebene.

Anima und Animus

Wenn Mars und Sonne Bestandteile des Animus und Venus und Mond Bestandteile der Anima sind, so ist die individuelle Archetypenkombination eine erweiterte Interpretationsmöglichkeit der Animus- und Animafigur in unserem Inneren. Wenn eine Frau ihren Mann liebt, liebt sie in ihm ihren Animus, wenn ein Mann eine Frau liebt, liebt er in ihr seine Anima.

Nun ist es aber meist nicht so, dass der Mann sein Gefühlsleben gänzlich an die Frau delegiert und seine seelische Eigenart, sein seelisches Wesen nur über sie erfahren kann. Der Mann hat auch selbst einen Mond und eine Venus, hat also ein eigenes Gefühlsleben, seine seelische Eigenart und seinen eigenen Geschmack, ebenso ein eigenes Schönheits- und Ästhetikempfinden. Er ist aber bei diesen beiden Planeten darauf angewiesen, dass seine Partnerin ihn stimuliert, ergänzt, als Gegenspielerin fungiert, ihn vervollständigt. (Ebenso erfährt auch die Frau nicht Mars und Sonne nur in der Projektion, sondern braucht ihrerseits den Mann zur Vervollständigung bzw. als Antagonisten.) Es ist einfach eine andere Qualität, wenn seine Partnerin ihm z.B. seelische Liebe und Zärtlichkeit schenkt, als wenn ihm dieses Geschenk von anderen Menschen entgegengebracht wird.

Mit seiner Partnerin kann er das Gefühl der Einheit und der Ganzheit erleben, wenn seine männlich-seelische Wesenheit mit der weiblich-seelischen Wesenheit wie Schlüssel und Schloss zueinanderpassen. Mit anderen Menschen kann er sich u.U. optimal seelisch verstehen, aber es fehlt das Erlebnis der Einheit und der Ganzheit und die damit verbundene Intimität (Mond).

Was der Mann an Mond und Venus selbst einbringt, bestimmt also mit, auf welche Art und Weise er hierin von weiblicher Seite her ergänzt oder gespiegelt wird. Sein Mond und seine Venus treten in Interaktion mit dem Mond und der Venus der Partnerin.

Das Gefühlsleben (Mond) des Mannes steht in Beziehung zu dem seelisch-mütterlichen (Mond) und seine Kunst (Venus), Inhalt und Form in Einklang (Venus) zu bringen, zu dem körperlichen und erotischen Aspekt seiner Anima.

Gelingt es ihm nicht, seine seelischen und geistigen Inhalte in Form zu bringen oder in einen äusseren Rahmen zu integrieren, wird er immer auf vorgegebene Form gefühlsmässig reagieren. Ersatzgefühle (= reaktive Gefühle wie Ärger, Hass, Neid, Wut, Ohnmacht, Schuldgefühle, Stress, Angst usw.) aber sind dazu angetan, Partnerinnen anzuziehen, die auf seine Ersatzgefühle wiederum mit Ersatzgefühlen reagieren. Aus diesem Grund hat der Betreffende das Gefühl, nicht mit seiner «echten» Anima liiert zu sein, ohne zu erkennen, dass die «falsche» Frau oder «Ersatzfrau» in der Aussenwelt nur seinen Ersatzgefühlen in der Innenwelt entspricht. Seine Beziehung zu seiner Partnerin kann sich erst bessern, wenn er selbst in seinen Gefühlen authentischer geworden ist.

Wenn wir die Aspekte einmal unbeachtet lassen und die Archetypen als solche in ihrer Reinform betrachten, können wir sagen, ein Mann bekommt die Frau als feste Partnerin, die zu seiner Gefühlslage (Mond) passt, die in bestimmten Rahmenbedingungen (Venus), die er unbewusst oder bewusst abgesteckt hat, vorherrscht. Fühlt er sich z.B. in seinem Beruf, in seiner Wohnung, in seiner Umgebung, in seinem Freundeskreis sehr wohl, hat er die Tendenz, eine Frau anzuziehen, mit der er ebenso zufrieden ist. Voraussetzung hierfür ist allerdings, dass die ses seelische Wohlbefinden nicht nur oberbewusst, sondern auch vom Unbewussten her so empfunden wird, denn Bewusstes und Unbewusstes müssen hier im Einklang stehen, um eine optimale Anziehung zu gewährleisten.

So wie der Mann also Mond und Venus (auch: Mutter und Geliebte in sich) in Einklang bringen muss, um mit seiner Partnerwahl zufrieden zu sein, so muss die Frau Sonne und Mars in sich vereinen lernen. Vereinfacht gesagt hängt die Qualität ihrer Beziehung zu den äusseren Repräsentanten ihrer inneren Archetypen Mars und Sonne davon ab,

a) welches Selbstbewusstsein (Sonne) sie aus ihren Aktivitäten (Mars) und Taten (Mars) bezieht;

b) inwieweit sie ihre Triebe (Mars) in die Sexualität (Sonne) einfliessen lassen kann;

c) inwieweit sie den Liebhaber (Mars) und den Vater (Sonne) in sich vereinen kann;

d) inwieweit sie die Eigenschaften, die sie beim Partner sucht, selbst ausgebildet hat. Indem z.B. die erwähnte Klientin mit Mars im Wassermann in Haus 6 sich selbst von subalterner Arbeit oder von Anpassungszwängen befreit, wird sie dadurch bedingt mit freieren und unabhängigeren Männern in Kontakt treten. Sie kann sich dann mit ihnen austauschen, im Gegensatz zu vorher, wo sie davon abhängig war, dass die Partner ihren eigenen Persönlichkeitsanteil ersatzweise für sie ausdrückten;

e) wie sie Geliebte (Venus) und Mutter (Mond) zu sein in sich selbst in Einklang bringen kann, und wie sie mit ihrer eigenen Venus und mit ihrem eigenen Mond den Mars und die Sonne beim Mann beeinflusst. Ihre Ausstrahlung (Venus), ihr erotisches Verhalten (Venus), ihr Duft (Venus) bestimmen die Qualitäten als Liebhaber (Mars) genauso mit wie ihre Zärtlichkeit (Mond), ihre Art, seelische Liebe (Mond) und Geborgenheit (Mond) zu schenken auf das Selbstbewusstsein (Sonne) des Partners einwirkt und mitbestimmt, ob er imstande ist, ihr seelische Sicherheit (Sonne) zu vermitteln.

Fazit: Jeder kann den für ihn passenden Partner (oder die für ihn geeignete Form der Partnerschaft) finden. Wie auch immer die Planetenkonstellation lauten mag, sie kann realisiert werden, sofern man sich echt darum bemüht.

II. ANALYTISCHE PHASE

Astropsychotherapie

Die Astropsychotherapie ist nur für denjenigen geeignet, der bereits aus der Falle rauswill, der am patriarchalen System zweifelt, der sich bereits in der postanalen oder prägenitalen Phase befindet.

Solange noch jemand auf den verschiedensten Lebensgebieten ausschliesslich den Autoritäten und Machthabern, sowie an die verschiedenen Ideologien, die jene zu verkörpern suchen, glaubt und nicht seiner eigenen inneren Stimme, ist diese Art von Therapie verfrüht. Der Betreffende muss bereits verschiedene Reifestadien als «Puppe» hinter sich haben bzw. muss bereits genug gelitten haben, ob in diesem oder im letzten Leben ist hierbei ohne Belang — um sich auf einen solchen Weg einlassen zu können. Solange ihm der Puppenmantel bestehend aus dem alten Saturn mit seinen patriarchalen Massstäben, Normen und Idealen noch Schutz und Sicherheit gewährt, besteht nicht die Bereitschaft dazu. Erst wenn es in dem finsteren Verlies zu eng wird, und die eigene Lebendigkeit erwacht, beginnt der Puppenmantel zu schmerzen und es entsteht der Wunsch nach Entpuppung.

Erst in dieser Phase kann die Astropsychotherapie in Funktion treten! Sie versteht sich vorwiegend als Hilfe zur Selbsthilfe, als Hilfe, den Puppenmantel zu sprengen und sich den Weg in die Freiheit und ans Licht zu bahnen. Viele glauben bereits so weit zu sein und kommen zu uns. Nach einer Weile stellt sich jedoch heraus, dass sie nach wie vor auf der Suche nach einer Autorität, nach einem Übervater, Guru oder nach einem Meister sind. Wir müssen solche Personen leider wieder nach Hause schicken. Astropsychotherapie setzt voraus, dass die Phase der Autoritätsgläubigkeit überwunden ist, dass der Klient weder unreflektiert an wissenschaftliche Koryphäen noch an Heilige oder Gurus glaubt. Er kann bestimmte Weisheiten annehmen, aber er muss dem Personenkult entwachsen sein. Entpuppung bedeutet unabhängig zu werden, bedeutet mündig und erwachsen zu werden, bedeutet nur noch das eigene Selbst als Guru zu haben.

Wie bereits anfangs erwähnt, gliedert sich die Astropsychotherapie, also die Entpuppungshilfe in 4 Phasen, in die Informationsphase, die analytische Phase, die Phase der Gruppentherapie und in die Phase der Ausbildung von Anlagen.

Wir sind der Überzeugung, dass jede dieser Phasen wichtig und notwendig ist und auch in dieser Reihenfolge absolviert werden sollte. Jede dieser Phasen schafft die Bereitschaft, sich auf die nächstfolgenden einzulassen, verstärkt die Erfolgsaussichten in der nächsten Entwicklungsstufe des therapeutischen Prozesses ungemein und verkürzt dadurch den Weg zum nächsten Entwicklungsziel. So kann z.B. durch die Informationsaufnahme bei der ersten Entwicklungsstufe die analytische Phase entscheidend abgekürzt werden.

Eine der Hauptursachen für das Elend auf dieser Welt ist das Informationsdefizit der Massen.
Die *Manipulierten* haben zu wenig Informationen über die Mechanismen und Gesetze der Manipulation.
Die *Wähler* haben zuwenig Information über die politischen Hintergründe.

Die *Patienten* haben zuwenig Information über Anatomie, Physiologie, Pathologie und vor allem über Psychosomatik.

Die *Pechvögel* haben zuwenig Information über die Mechanismen und Gesetze des Erfolgs...

Der Informationsvorsprung verleiht den anderen Macht, treibt die anderen in die Rolle, die Eltern Kindern gegenüber haben. Deshalb ist die Informationsphase des therapeutischen Prozesses der erste Schritt aus der komplementären Verflochtenheit zwischen Eltern- und Kindrollenspieler, der erste Schritt aus der Neurose, der erste Schritt zur Gleichberechtigung und Partnerschaft.

Ohne Wissen um die Mechanismen und Gesetze des patriarchalen Systems, um die Gesetze des Schicksals, um die Mechanismen und Gesetze des Seelenlebens, ohne Wissen um das eigene Horoskop und damit verbunden um die eigenen Möglichkeiten und Chancen muss zwangsläufig die nächste, die analytische Phase schwierig und langandauernd sein. Der Klient muss sich ohne entsprechende Information das alles erst mühselig aneignen.

Die Informationsphase ist notwendig, weil ansonsten das Denken des Klienten im patriarchalen Bereich hängen bleibt, er denkt in den Kategorien der Neurose und der 2. Natur, er kennt ausser dieser 2. Natur, ausser Moral und Konvention keine andere Welt. Daher besteht die Gefahr, dass er ohne Information die Analyse oder Therapie nur im Sinne seiner alten patriarchalen Vorstellungen, Massstäben und Ideale verarbeitet. Er nimmt meist nur Bruchstücke wahr und hält u. U. mittlere Teile einer Kette für die letzte Ursache. Er sieht den Zusammenhang nicht, kann die Beziehung zwischen Psyche und Schicksal nicht herstellen, kann das ganze Schicksalsgebäude nicht erkennen. Gerade dieser Gesamtzusammenhang aber ist wichtig als Orientierung während der analytischen Phase. Auf diese Art und Weise kann weitgehend Fehlinterpretationen vorgebeugt werden.

Der Klient muss wissen, wie bisher die alten Massstäbe, Normen und Ideale sein Schicksal bestimmten, muss wissen, warum jene gegen das Leben gerichtet sind und muss bereits wenigstens theoretisch erkennen, dass man auch noch ein anderes Leben führen kann als das gegen sich selbst bzw. gegen die eigene Natur.

Unseres Erachtens sind Therapien, die *innerhalb* der patriarchalen Massstäbe durchgeführt werden, nur Symptombekämpfung oder nur (psychische) Ausleitungsverfahren wie z. B. die Mal-, Musik- oder Tanztherapie. Sicher sind letztere in bestimmten Fällen indiziert und können da u. U. schnell Erfolge zeitigen, aber aus der patriarchalen Falle, aus dem Rad des Karmas können sie — so meinen wir — nicht herausführen.

Und noch etwas ist bei der Informationsphase entscheidend: Sie weicht die *Abwehr* des Klienten auf. Die Abwehrmanöver in der analytischen Phase sind meist nicht mehr so heftig, was wiederum den Prozess abkürzt.

Dies ist vergleichbar mit einer realen politischen Strategie. Auch hier heisst es zuerst die Menschen umfassend zu informieren und dann erst abstimmen zu lassen.

Das patriarchale System ist knallhart, seine Devise lautet: Entweder Du passt Dich an oder Du bleibst auf der Strecke. Sich nicht angepasst zu haben, bedeutete tatsächlich für viele Menschen,

— dass sie in der Gosse landeten bzw. als Gammler oder Clochard unter Brücken nächtigen mussten

- dass sie in ein Gefängnis gesteckt wurden
- dass sie in eine psychiatrische Klinik eingewiesen wurden
- dass sie alkohol- oder drogenabhängig wurden
- dass sie der Sozialhilfe zur Last fielen.

Astrologisch gesehen landeten sie im 12. Feld, im Feld, dem in der unerlösten Form die Einsamkeit, die Ausgestossenheit, die Isolation, das Eingesperrtsein etc. zugeordnet werden. In diesem Zusammenhang muss nochmal darauf hingewiesen werden, dass Auflehnung und Rebellion zu den ungünstigsten Reaktionen zählen, die man im patriarchalen System zeigen kann, denn Kinder, die rebellieren, werden besonders hart bestraft — in einigen Ländern sogar hingerichtet. Man straft sie besonders hart, weil man solche Urteile zur *Abschreckung* gegenüber den anderen potentiellen Rebellen verwenden will. Ebenso ungünstig war auch die Situation derer, die bereits die erste Natur in sich fühlten, sie aber nicht ausdrücken konnten, die sich gegenüber der kollektiven Paranoia zur Wehr setzten, die aber auf der Strecke blieben, weil die Umwelt nur die Wahnwelt als Wirklichkeit betrachtete. Sie wurden «verrückt», weil sie keinen anderen Ausweg wussten als den Weg über die geistige Erkrankung. Die Geisteskranken waren Suchende, die nicht gefunden haben. Sie scheiterten, weil sie das patriarchale System nicht durchschaut hatten, scheiterten, weil sie aus der Tretmühle herauswollten, ohne die Möglichkeit der Entwicklung der hierfür notwendigen Anlagen und Fähigkeiten gehabt zu haben. Viele reagierten auf die kollektive Paranoia mit einer individuellen Paranoia. Damit wurde der paranoiden Umwelt bestätigt, dass sie im Gegensatz dazu gesund und real wäre. Der Pfad zwischen kollektiver Paranoia und individueller Paranoia ist schmal, aber es ist der einzige Weg, der zum Ziel der Freiheit führt.

Die Astropsychotherapie will Menschen, die sich auf diesem Weg befinden, informieren, bestätigen und stärken. Es gilt den Betreffenden das geistige Rüstzeug mitzugeben, um resistenter gegenüber Gefährdungen zu werden, die auf diesem Weg lauern. Insofern ist die Astropsychotherapie keine Therapie im herkömmlichen Sinne. Es geht hierbei vielmehr um Entwicklung, Reifung, Emanzipation, Mündigwerden, «Erwachsenwerden», es geht um eine Verbesserung des Schicksals und der Lebensqualität. Die Astropsychotherapie erhebt auch keinen Anspruch auf Ausschliesslichkeit. Sie kann zusätzlich zu anderen psychotherapeutischen Verfahren praktiziert werden.

Ein weiterer Punkt, der eine entscheidende Rolle spielt, ist der gesellschaftliche Faktor, der in die therapeutischen Überlegungen miteinbezogen werden muss. Ziel der Astropsychotherapie ist es, nicht nur den Klienten aus den Fesseln alter Prägungen zu befreien, sondern auch konkrete Angebote für ein neues und besseres Leben zu unterbreiten. Was soll der Klient nach der Therapie tun? Soll er nachher wieder in die entfremdete Welt zurückgehen? Soll er sich wieder in den (entfremdeten) Arbeitsprozess, der ihn u. a. krank gemacht hat, integrieren? Soll er weiter, sich verleugnen so wie er es vor der Therapie jahrelang praktiziert hat? Soll er wirklich wieder die äusseren Verstärker seiner gerade mühsam überwundenen Krankheit aufsuchen? Oder soll er sich umschulen lassen, soll er den Beruf wechseln? Aber Umschulen wohin? Es gibt am «Baum der Erkenntnis» kaum interessante, befriedigende Arbeiten bzw. Berufe.

Aus diesem Grund müssen neue Berufsbilder geschaffen werden, Berufe bei denen der Mensch seine wirklichen Anlagen einsetzen und entfalten kann, Berufe, die als Verstärker der eigenen durch die Therapie bewusstgemachten Natur fungieren (siehe Kapitel: symbolisches Ausagieren: Arbeit). Der Klient muss ermutigt werden, notfalls Pionierarbeit zu leisten, insbesondere wenn er in seinem Horoskop Planeten in Haus 1 oder im Tierkreiszeichen Widder verzeichnet hat oder wenn er sich gerade in einer Mars-Auslösung befindet. Wenn die Astropsychotherapie sich als Ziel den neuen mündigen Menschen, den «Erwachsenen» erklärt hat, der sich für sich selbst verantwortlich zeichnet und der sowohl sein eigenes Leben, d. h. seine Triebe, seine Gefühle, seine Gedanken als auch das Leben seiner Mitgeschöpfe zulässt, so ist damit verbunden auch das Ziel, dass dadurch u. a. eine neue ökologische Gesellschaft entsteht, die ihre Mitglieder, jeweils positiv verstärkt.

Astropsychotherapie versteht sich als eine evolutionäre Therapie. Es geht nicht darum, den Klienten wieder in die neurotische Gesellschaft rückzuintegrieren oder ihn gar im Sinne eines: Zurück zur Natur in die orale Phase regredieren zu lassen, sondern das Weltbild des Schutzes und der Entwicklung allen Lebens bedingt ein neues Motto: Vorwärts zur (bewussten) Natur, vorwärts zur ökologischen Gesellschaft, vorwärts zum Zeitalter der Gleichberechtigung und der Selbstverwirklichung.

Ein solches Vorwärts erfordert, dass alle Lebensgebiete neu gestaltet werden müssen — Partnerschaft, Bauen und Wohnen, die Ernährung, die Medizin, die Religion, die Kunst, die Arbeit etc. . . .

Dies ist die Aufgabe des neuen Menschen.

Selbstanalyse

Die Selbstanalyse wird durch eine Bestandsaufnahme eingeleitet. Es heisst sich zu fragen:

Wie bin ich prä- und postnatal geprägt worden?

Wie habe ich bisher meine Planeten vom Mars bis zum Neptun ausgelebt? Mehr in der Kind- oder mehr in der Elternrolle? Oder erlebe ich schon einige Anlagen auf einer erwachsenen Ebene? Wo sind Defizite im eigenen Persönlichkeitssystem zu verzeichnen? Welchen Anpassungsmechanismus habe ich bisher bevorzugt?

Habe ich z. B. meinen Uranus primär in der Projektion erfahren oder habe ich ihn verdrängt, symbolisch ausagiert oder somatisiert? Oder wurde er mit den Abwehr- und Anpassungsmechanismen der Identifikation, der Sublimierung, der Regression, der Rationalisierung, der Reaktionsbildung oder der Verschiebung in seinem Entwicklungsprozess blockiert? Wo sind also meine Energien gebunden?

In den nächsten Seiten sollen zur Erleichterung der Analyse die häufigsten Abwehr- und Anpassungsmechanismen, nämlich die Projektion, die Somatisierung und das symbolische Ausagieren dargestellt werden.

Die Verdrängung wurde bereits im Kapitel «Das Gesetz der Wiederkehr des Verdrängten» abgehandelt.

Einige werden nun einwenden, dass eine Selbstanalyse wenig fruchtbar sein wird, da der Klient sich immer nur so sieht wie er sich sehen will — positiv oder negativ — je nach Persönlichkeitstypus.

Wenn der einzelne jedoch in seiner persönlichen Entwicklung soweit gekommen ist, dass er bereit ist, Verantwortung für sein Schicksal zu übernehmen, dann kann er sich fragen, warum er diesen oder jenen Partner angezogen hat, warum er krank geworden ist, warum er spezifisch dieses Schicksal ertragen musste...

Er kann die Schicksalsereignisse als Spiegel seines Innenlebens sehen.

Wenn er sich das Wissen um die Mechanismen der Psyche und die Gesetze des Schicksals angeeignet hat, werden die symbolische Aufzeichnung der eigenen psychischen Struktur, das Horoskop und das Schicksal (= die in Funktion geratene psychische Struktur) zu den besten Hilfsmitteln der Analyse. Eine Selbstanalyse wird plötzlich möglich.

Karen Horney schreibt in ihrem Buch «Selbstanalyse»: «Die Welt, die jeder von uns repräsentiert, ist uns nicht fremd; sie ist faktisch die einzige, die wir wirklich kennen. Zugegeben, dass ein neurotischer Mensch grossen Teilen dieser Welt entfremdet worden ist und ein zwingendes Interesse hat, Teile von ihr nicht zu sehen. Auch besteht immer die Gefahr, dass er in seiner Vertrautheit mit sich gewisse bedeutsame Faktoren zu sehr als selbstverständlich betrachten wird. Aber die Tatsache bleibt, dass es seine Welt ist, dass alles Wissen darüber irgendwo vorhanden ist, dass er nur zu beobachten und seine Beobachtungen zu nutzen braucht, um Zugang zu ihr zu bekommen. Wenn er daran interessiert ist, die Ursprünge seiner Schwierigkeiten zu erkennen, wenn er seine Widerstände, sie zu erkennen, zu überwinden vermag, kann er sich selbst in mancher Beziehung besser beobachten, als es ein Aussenstehender kann. Schliesslich lebt er Tag und Nacht mit sich.»

Durch die Selbstanalyse mit Hilfe des Horoskops und des Wissens um die Schicksalsgesetze wäre es möglich, mehr Menschen einer Analyse zuzuführen.

Dies wäre angezeigt, da in der patriarchalen Kultur fast jeder einer dringenden Analyse bedarf. Ausserdem reicht die Zahl der Analytiker und Therapeuten nicht aus, um die Millionen von therapiebedürftigen Menschen zu behandeln.

Ferner könnten auf diese Art und Weise auch diejenigen Menschen analysiert werden, die bisher aus Zeit- und Kostengründen davon Abstand nehmen mussten.

Freilich vermag dieses Buch nur Hinweise zu geben. Es kann den einzelnen nicht vom Erlernen der Fähigkeit zur Analyse entbinden. Es kann einen Anreiz geben, einen Weg zu beschreiten, aber es ist nicht imstande, diesen zu ersetzen.

So besteht ein grosser Unterschied, ob jemand z. B. nur das Kapitel «Informationsphase» durchliest oder ob er im Rahmen einer zweijährigen Ausbildung zum psychologischen Astrologen die Mechanismen und Gesetze des Schicksals und der Psyche in differenzierter Form erfährt und dabei Entwicklungs- und Reifungsprozesse absolviert. Die zweijährige Informationsphase wirkt also einer Verzerrung und Verfälschung der Selbstanalyse entgegen. Trotzdem können natürlich nicht Fehler bei der Interpretation und Deutung ausgeschlossen werden. Aus diesem Grunde ist es wichtig und notwendig, dass der einzelne in bestimmten Intervallen einen Therapeuten aufsucht, um «blinde Flecke» auszuräumen und um dort korrigiert zu werden, wo er sich «vergaloppiert» hat. Manchmal kann aber auch ein guter Freund (oder eine Freundin) dieselbe Funktion übernehmen. Voraussetzung ist jedoch, dass letzterer über das entsprechende Wissen verfügt und fähig ist als *neutraler* Beobachter zu fungieren.

Abschliessend muss noch darauf hingewiesen werden, dass für Personen mit ausgeprägten Persönlichkeitsstörungen (Psychopathen) eine Selbstanalyse kontraindiziert ist.

A. Individuelle Prägung

Pränatale Seelenprägung

Bei der Selbstanalyse ist es wichtig, sich zunächst Gedanken zu machen, aus welchen Motivationen heraus die Eltern den unbewussten Wunsch nach einem Kind hegten. Wenn man Einsicht in die unbewussten Strukturen der Eltern nimmt, dann wird deutlich, dass *jedes* Kind erwünscht ist, auch wenn es oberbewusst nicht gewollt war; denn Schwangerschaft bedeutet nach der psych. Astrologie, dass bisher unerlöste Persönlichkeitsanteile der Eltern sich über ein Kind zu realisieren versuchen.

Meist ist es — das als Trost für diejenigen, die nicht erwünscht waren — sogar ungünstig, ein Wunschkind zu sein, da solche Kinder besonders von den Wünschen und Erwartungshaltungen ihrer Eltern fremdbesetzt sind. In solchen Fällen ist es für die Betreffenden besonders schwierig eine persönliche Eigenart auszubilden.

Fragt man die Eltern nach ihren Motiven, warum sie sich Kinder wünschen, so bekommt man meistens zur Antwort:
— weil wir kinderlieb sind
— weil wir die Entwicklung eines Kindes miterleben wollen
— weil ein Kind für uns die Erfüllung bedeutet
— weil wir einem Wesen aus der Transzendenz eine Chance geben wollen, zu inkarnieren.

Hinter diesen «edlen» Motiven stehen aber immer auch andere Motivationen für eine Schwangerschaft, die teils bewusst, teils aber auch unbewusst vorliegen können.

Motivationen für eine Schwangerschaft
— um aus dem Beruf auszusteigen
— um Steuervergünstigungen zu erhalten
— um den Partner an sich zu binden
— um aus dem Elternhaus ausbrechen zu können
— um sich als Frau zu bestätigen
— um gesellschaftlich anerkannt zu sein
— um im Alter versorgt zu sein
— um einen Stammhalter zu haben
— um eine Hilfe für den Haushalt zu bekommen (bei Tochter)

- um einen Geschäftsnachfolger zu haben
- um die eigenen verhinderten Ziele zu erreichen bzw. um den eigenen Ehrgeiz zu befriedigen (z. B. Eisprinzessin)
- um die eigene Kindheit nachzuholen
- um das Ideal der Familie zu erreichen
- um im Mittelpunkt zu stehen
- um die Erwartung der Eltern und Grosseltern zu erfüllen
- um einen Spielgefährten zu haben
- um alte Gefühle reproduzieren zu können
- um seinem Leben einen Sinn zu geben
- um eine Erbschaft zu erhalten (z. B. die Grosseltern setzen dann den süssen Kleinen als Universalerben ein)
- um die Ehe zu kitten
- um eine Nebenbuhlerin auszuschalten
- um den Mann von sexueller Betätigung abzuhalten
- um eigene Aggression und Wut ausdrücken zu können
- um den Partner unter Druck zu setzen
- um endlich als Autorität auftreten zu können
- um mit anderen Menschen ins Gespräch zu kommen und Kontakte schliessen zu können
- um sich mit dem Partner nicht auseinandersetzen zu müssen
- um einen Bundesgenossen zu haben (z. B. im «Kampf» gegen den Partner)
- um einen seelischen Schuttabladeplatz bzw. Sündenbock zu haben
- um eine Ehe zu erzwingen
- um eine Zeitstrukturierung zu bekommen
- um eine Aufgabe zu haben, um dienen zu können
- um die eigene Schutzbedürftigkeit ausleben zu können, z. B. über die Mutterschaft die Macht des Chefs reduzieren
- um Pflichten abwehren zu können
- um eigene Anlagen nicht entwickeln zu müssen, z. B. um sich nicht emanzipieren oder nicht selbständig werden zu müssen
- um Verzicht leisten zu müssen
- um sich aufopfern zu können
- um Kontrolle ausüben zu können
- um Hilfsbereitschaft ausleben zu können
- um Überlegenheit ausspielen zu können
- um einen Partnerersatz zu haben
- um sich reproduzieren zu können
- um im Alter nicht allein zu sein
- um einer Prüfung entfliehen oder um das Studium abbrechen zu können
- um Erwartungshaltungen der Umwelt (Partner) nicht erfüllen zu müssen (z. B. um im Geschäft des Mannes nicht mitarbeiten zu müssen)
- um die Geschwister ausstechen zu können
- um ein Alibi zu haben, sich nicht mehr weiterbilden zu müssen
- um die gleichgeschlechtliche Konkurrenzsituation von früher auf neuer Ebene wiedererleben zu können
- um ein Geschwister für das bereits vorhandene Kind zu haben.

Diese und andere Motivationen für eine Schwangerschaft sind für das Schicksal des Kindes von entscheidender Bedeutung, denn die Motivation der Eltern ein Kind zu zeugen, ist Bestandteil der sogenannten pränatalen Seelenprägung.

Wichtig ist ferner zu erwähnen, dass natürlich auch die bewussten und unbewussten Motivationen der Männer eine entscheidende Rolle spielen. So kann der eine z. B. Angst haben, dass seine attraktive Partnerin einen anderen Mann kennenlernen könnte — sein patriarchal strukturiertes Unbewusstes sagt ihm: Wenn diese Frau ein Kind von Dir bekommt, dann gehört sie Dir — und siehe da, der unbewusste Wunsch geht in Erfüllung! Oder: Ein Mann hat eine sehr extravertierte Frau geheiratet und leidet in der Beziehung unter ihrem ständigen Ausgehdrang. Sein Unbewusstes empfiehlt ihm: Mach ihr ein Kind, dann wird sie etwas ruhiger werden. . .

Diese und andere unbewussten Motivationen der Männer sind genauso im Horoskop des Kindes (verschlüsselt) aufgezeichnet wie die ihrer Frauen. Besteht eine Diskrepanz zwischen dem Kinderwunschmotiv der Mutter und dem des Vaters, so wird dies meist durch eine Quadratur oder durch einen Oppositionsaspekt zum Ausdruck gebracht. Bei Übereinstimmung der Motive kann bei Geburt des Kindes mit einem Sextil oder mit einem Trigonalaspekt gerechnet werden.

Im Zusammenhang mit den Kinderwunschmotiven ist noch entscheidend, ob man als Junge oder als Mädchen erwartet wurde. Hierzu ein Beispiel aus der Praxis:

Jane L.
geb. 24.6.46 0^{46} Uhr
Dresden

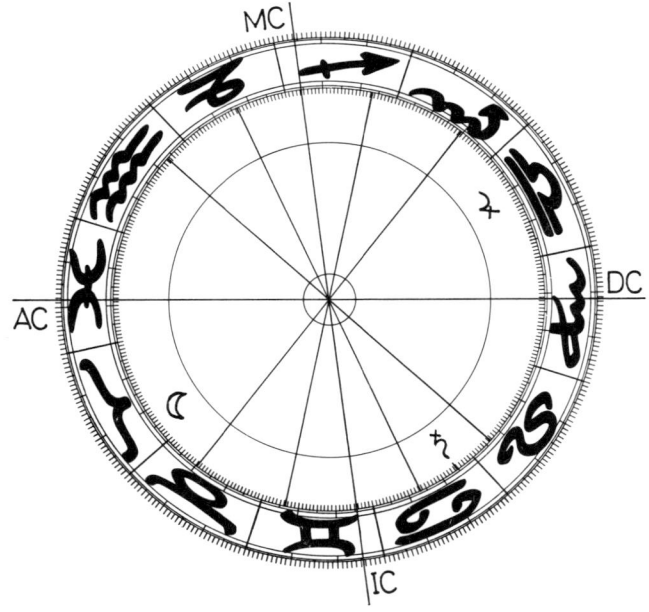

Jane L. hat in ihrem Horoskop den Mond in Haus 1 im Quadrat zum Saturn in Haus 5. Da sie als Junge erwartet wurde, wurde diese Konstellation als Reaktion darauf erwirkt.

Jane fühlte sich aufgrund dessen in ihrem Geschlecht nicht angenommen. Die Folge davon war, dass sie aufgrund dieser psychischen Situation auch ständig Menstruationsbeschwerden hatte. Ferner litt sie — wie es bei Mond-Saturn-Konstellationen häufig ist — unter Depressionen. Diese depressiven Gefühle und die Frustrationen, die Folge der inneren Glaubenshaltung «Mich mag ja doch keiner» waren, versuchte Jane mit übermässigem (Jupiter) Essen und mit vielen Süssigkeiten (Jupiter) zu kompensieren. Die logische Konsequenz war, dass Gewichtsprobleme auftauchten. Jane wog mit 25 Jahren über zwei Zentner. Aufgrund der dadurch bedingten mangelnden Attraktivität wurde sie von Männern weniger beachtet und erhielt dadurch wieder die *Bestätigung* ihrer Glaubenshaltung.

Jane reagierte also selbst als erwachsene Frau immer noch auf die konträre Erwartungshaltung ihrer Eltern und kann daher nicht zu ihrer wahren Identität finden. Sie erlebt die Planeten Mond, Jupiter und Saturn nur als (pathologisches) Reaktionsmuster auf ihre Vergangenheit und verschleudert dadurch wertvolle Lebensenergie. Nach der Bewusstmachung dieser Problematik ist es hier wichtig, eine Umprogrammierung vorzunehmen, damit Jane sich endlich als Frau kennen und liebenlernen kann.

Ein weiterer Punkt, der bei der Selbstanalyse geklärt werden muss, ist die Frage, in welche Entwicklungsphase, bzw. zu welchem Zeitpunkt der Lebensbiographien von Vater und Mutter man geboren wurde. So wäre z. B. Erich K. nicht spezifisch Erich K., wenn er nicht genau zu der Zeit zur Welt gekommen wäre, in der bestimmte Ereignisse bei den Eltern vorhanden waren. Da die äusseren Ereignisse nur Widerspiegelung von inneren Anlagen, Fähigkeiten, Konflikten und Problemen sind, fungierten sie noch als *Verstärker* der Prägung.

Astrologisch gesehen, löst sich bei der Geburt eines Kindes sowohl bei der Mutter als auch beim Vater immer eine bestimmte Planetenkonstellation aus. Diese Feststellung ist besonders wichtig für die Analyse, da das Kind diese Persönlichkeitsanteile für die Eltern in der Aussenwelt verkörpert. Das Kind ist quasi eine Verfleischlichung (Inkarnation) der unerlösten Persönlichkeitsanteile.

Hierzu ein Beispiel:
Gabi K. und ihr Mann Gustav gründeten zusammen eine eigene kleine Firma. Nach einiger Zeit merkte jedoch Gabi, dass sie unter der beruflichen Verflochtenheit litt. Tag und Nacht war sie nun ständig mit ihrem Mann zusammen. Sie hatte das Gefühl — zumal Gustav noch dazu sehr dominant war — seelisch nicht mehr atmen zu können.

Ihr Unbewusstes schaltete daraufhin blitzschnell: «Wenn eine Durchsetzung auf andere Art und Weise nicht möglich ist, dann könnte vielleicht ein Kind helfen.»

Gabi gebar einen gesunden Jungen namens Peter und war von diesem Zeitpunkt an nur noch als Hausfrau und Mutter tätig.

Peter K.
geb. 7.2.82 9²⁵ Uhr
München

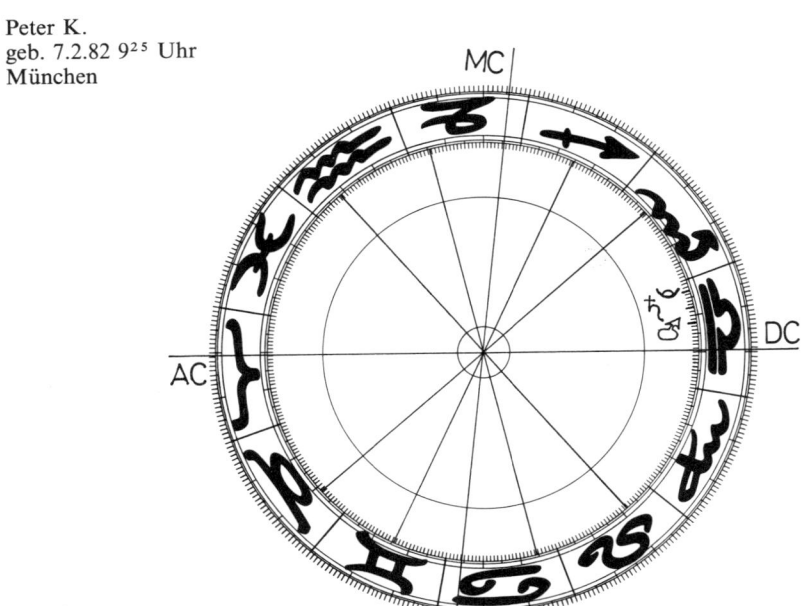

Das Horoskop des Jungen wies am Aufgang das Tierkreiszeichen Widder auf. Mars war als Herrscher von Haus 1 in Haus 7 in Konjunktion mit Saturn (Herrscher von Haus 10) und Pluto (Herrscher von Haus 8). Der Junge hatte also die Aufgabe, die berufliche (Saturn, Herrscher von Haus 10) Verbindung (Pluto, Herrscher von Haus 8) der Eltern zu durchbrechen (Mars, Herrscher von Haus 1). Wenn man sich vor Augen führt, dass der unerlöste Mars der Mutter (sie war zu schwach, um sich *offen* durchzusetzen) zur Hauptanlage des Kindes wird und dessen späteres Schicksal entscheidend beeinflusst, kann man in etwa die Tragweite dieser Gesetzmässigkeit ermessen.

Auch hier gilt: Das Kind Peter K. wäre nicht spezifisch Peter K. mit seiner spezifischen Charakterstruktur und seinem spezifischen Schicksal, wenn er nicht in diese Phase der Lebensgeschichte der Mutter geboren worden wäre. 5 Jahre später wäre er ganz *anders* geprägt worden, denn die Firma wurde in der Zwischenzeit aufgelöst. Gustav fand daraufhin im Management einer grossen Reifenfirma ein neues Betätigungsfeld.

Es heisst sich also immer zu fragen: Welche Aufgabe hatte ich für meine Mutter oder für meinen Vater zu erfüllen? Welchen Sinn und Zweck hatte die Schwangerschaft meiner Mutter? Man könnte im übertragenen Sinne wie beim Krankheitsgewinn auch von einem «Schwangerschaftsgewinn» sprechen!

So bekam Bernhard A. den Wassermann als Ascendenten, weil seine Eltern die längst fällige Trennung (Uranus) verdrängt hatten. Bernhard hatte die Aufgabe, die Beziehung weiter zu stören (Uranus), zu irritieren (Uranus), zu sprengen (Uranus). Er verkörperte den unerlösten Uranus der Eltern.

78

Bernhard A.

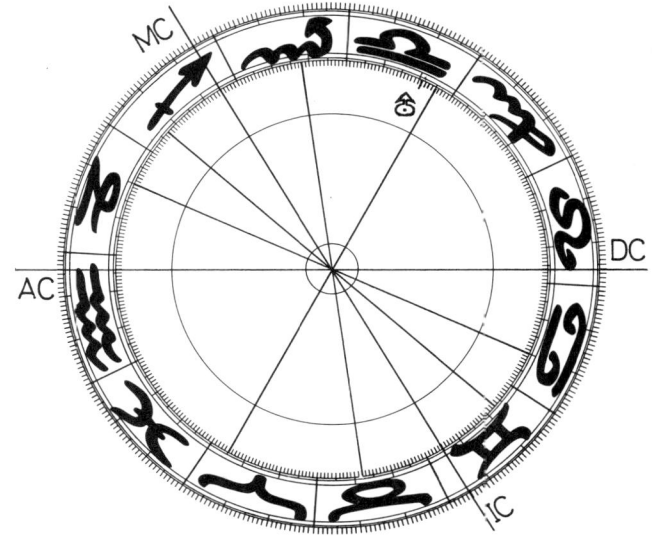

Bernhard A. wurde zu einem «Problemkind». Wo auch immer er auftauchte, trat er als Störenfried (Uranus) in Erscheinung. Hierzu sei jedoch folgendes festgestellt: Wenn Bernhard A. seine Uranus-Anlage in dieser verzauberten Form ausdrückte, so bedeutet dies *nicht,* dass er auf dieser Symbolebene stekkenbleiben muss. Es ist sehr wohl möglich, durch Bewusstwerdung der eigenen Problematik und durch seelisch-geistige Entwicklung und Reifung den Planeten auf eine andere Ebene zu hieven (z. B. Auslebensform als freier, unabhängiger geistiger Besitz oder als freie, unabhängige Partnerbeziehung).

Insofern kann keiner behaupten, dass er «negativ» geprägt worden wäre und nunmehr keine Chance im Leben hätte. In dieser patriarchalen Kultur ist fast jeder von uns «negativ» geprägt worden. Durch Astropsychotherapie besteht jedoch die Möglichkeit, aus negativen Prägungen konstruktive Anlagen werden zu lassen. Ist dies geschehen, so wird evident, dass die negative Prägung die erste Bekanntschaft mit den entsprechenden Symbolen war, quasi eine Vorstufe für die spätere tolle Anlage, die dann voll zur Verfügung steht. Das Verdrängte der Eltern ist dann über das Kind aus seinem verwunschenen Zustand erlöst worden und muss daher nicht mehr der nächsten Generation als «Karma» weitergegeben werden.

Schwangerschaftsereignisse

Wenn man sich vor Augen führt, welche Auswirkungen für das werdende Kind die Ernährung, die Rauch- und Trinkgewohnheiten, sowie der Medikamentenkonsum der Mutter haben, dann ist nach dem Gesetz der Synchronizität zwischen Psyche und Soma logisch, dass auch Gefühle der Angst, des Ärgers, der Aggression, der Wut, der Liebe, der Geborgenheit, des Glücks etc. das Leben des Fötus bzw. des Embryos entscheidend beeinflussen.

Diese Gefühle jedoch sind u. a. wiederum abhängig von den Gedanken und Einstellungen der Mutter, sowie den äusseren Ereignissen, die während der Schwangerschaft auf sie einströmen. Z. B. sind Eheschliessung während der Schwangerschaft mit dem Vater des Kindes, ein grösserer Lottogewinn, ein Unfall, der Tod eines nahen Verwandten oder die Aufgabe des Berufes entscheidende Ereignisse, die zwangsläufig auch in der Planetenkonstellation bei der Geburt des Kindes zum Ausdruck kommen müssen.

Zur näheren Erläuterung hierzu wieder einige Beispiele:

Kind Markus

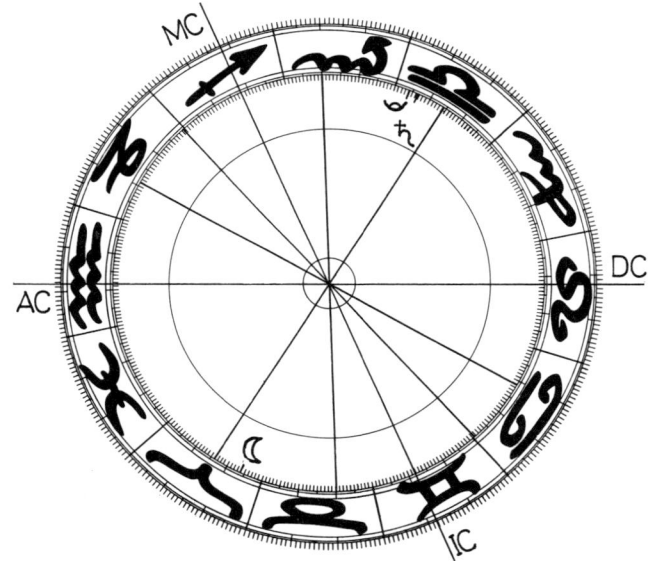

Maria L. wohnte zusammen mit ihrem Ehemann Sebastian im Hause ihrer Schwiegereltern. Sie hatten im 1. Stockwerk des Zweifamilienhauses zwar eine eigene Wohnung, wurden aber dennoch dort ständig von Sebastian's Eltern gestört.

Maria und Sebastian hatten dadurch keinen eigenen Bereich, kein eigenes Revier, wo sie sich zuhause fühlen konnten (Mond in Haus 2). Besonders schlimm war die stete Kontrolle, die von seiten der «Hausherrin» erfolgte. Wenn das Paar Besorgungen machte oder ausging, überprüfte sie Sauberkeit und Ordnung der Wohnung, räumte Gegenstände um und legte öfter Zettel mit Anweisungen wie «Fenster putzen!» oder «Kühlschrank abtauen!» auf den Küchentisch.

Diese Fremdbestimmung (Saturn, Konjunktion Pluto) im eigenen Wohnbereich (Mond in Haus 2) war ein zentrales Problem während der gesamten Schwangerschaft und musste daher auch in der Planetenkonstellation bei der Geburt von Markus evident werden.

Die Ärzte leiteten just in dem Augenblick, als der Mond in Opposition zu Saturn und Pluto kam, die Geburt ein. Sie waren unbewusste Erfüllungsgehilfen dafür, dass diese Konstellation noch «erreicht» wurde.

Um zu erkennen, dass der kleine Markus später in seinem Leben öfter mit dieser Problematik (Fremdbestimmung im eigenen Revier), die seine Eltern nicht lösen konnten, konfrontiert wird, braucht man wohl nicht mit der Gabe der Clairvoyance ausgestattet sein.

Kind Maximiliane B.
geb. 24.10.73 12^{29} Uhr
Köln

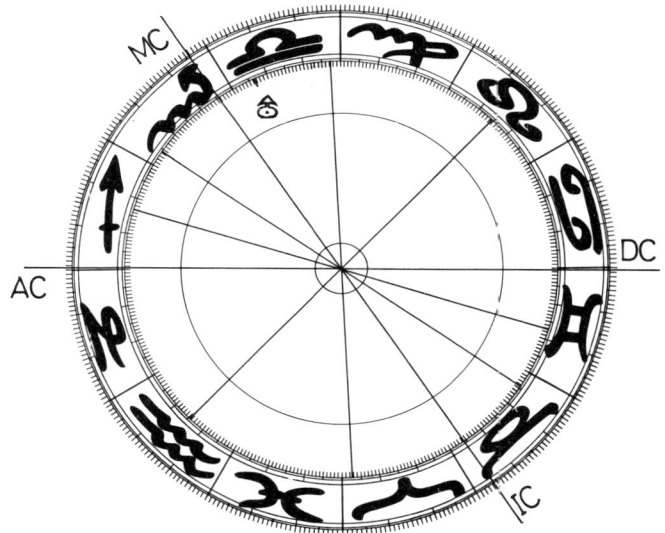

Jeanette B. ist während der Schwangerschaft aus der Kirche ausgetreten. Diese bewusste Entscheidung musste sich auch im Horoskop des Kindes manifestieren. Tatsächlich kam ihre Tochter Maximiliane just in dem Augenblick zur Welt, als der Planet Uranus (Symbol der Trennung, Befreiung, Auflehnung etc.) in Haus 9 stand, also in dem Haus, dem Weltanschauung und Religion zugeordnet werden.

Interessant ist in diesem Zusammenhang auch, dass dieses Kind, als die Schulkameradinnen viele Geschenke zur Kommunion bekamen, als Entschädigung dafür eine Flugreise (Uranus in Haus 9) nach Afrika machen durfte.

Die Mutter von Carola W. hat während der Schwangerschaft ihr Studium (Jupiter) der Medizin (Jungfrau) aufgegeben (Neptun). Ihr ursprüngliches Bildungs(Jupiter)ziel (H 10) wurde damit verunsichert (Neptun) bzw. nicht erreicht (Neptun). Diese Prägung wurde zur Anlage des Kindes, die später auf den verschiedensten Symbolebenen von Jupiter und Neptun zum Ausdruck kam.

Kind Carola W.

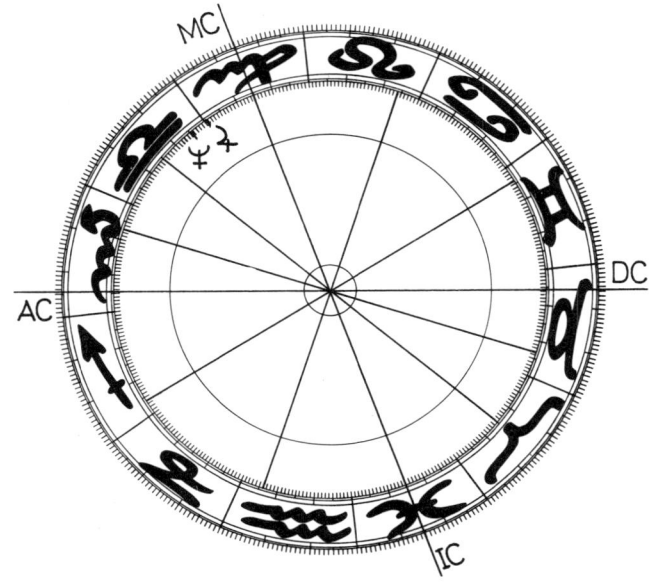

Postnatale Prägung

Die postnatale Prägung stellt bereits eine Vergrösserung bzw. Verstärkung der pränatalen Einflüsse dar. Postnatal läuft also dieselbe Szenerie ab — nur auf einer anderen Symbolebene.

Jedes Kind hat eine bestimmte vorgeprägte Charakterstruktur und reagiert auf das Verhaltens- und Denkmuster der Eltern auf seine individuelle Art und Weise. Die Schwierigkeit liegt nun darin, dass die meisten Eltern dieser Welt reale, der wirklichen menschlichen Natur gemässe Anlagen nicht kennengelernt haben und daher auch nicht auf den entsprechenden Gebieten als Vorbilder ihrer Kinder fungieren können.

Sie haben meist nur bei jeder Anlage die Abwehr und Anpassungsmechanismen anzubieten. Diese werden dann von den Kindern entweder übernommen oder letztere antworten darauf mit einem eigenen Reaktionsmuster. So kann das eine Kind mit Trotz reagieren, das andere mit einer Krankheit (Somatisierung), wieder ein anderes mit Flucht in eine Traumwelt. Wie sollen die Kinder reale Anlagen erlernen, wenn ihre Eltern den Mars nur als ständigen Ärger, den

Merkur nur als Information über Tageszeitungen, den Jupiter nur als Reise ins Ausland, den Uranus nur als Sonderangebot im Warenhaus und den Neptun nur als Fernsehapparat erlebt haben.

Kaum ein Kind weiss daher, wie z. B. ein realer Mars oder ein realer Neptun aussehen könnte. Ferner ist auch für die Prägung entscheidend, wie die Eltern mit ihren Problemen umgegangen sind. Es ist ein grosser Unterschied, ob z. B. der Vater bei Auftauchen eines Konflikts cholerisch zu schreien beginnt, oder ob er darüber nachdenkt, Erkundigungen einholt, das Problem mit den anderen Familienmitgliedern bespricht und schliesslich eine Strategie und Planung entwirft, wie man sich aus dieser misslichen Situation herausmanövrieren kann.

Besonders prägend kann auch sein, wenn ein ganzer Lebensbereich im Elternhaus verleugnet oder gegenüber den Kindern verschwiegen wird — wie z.B. im Fall von Helga P.

Helga P.
geb. 7.2.49 18³⁰ Uhr
Passau

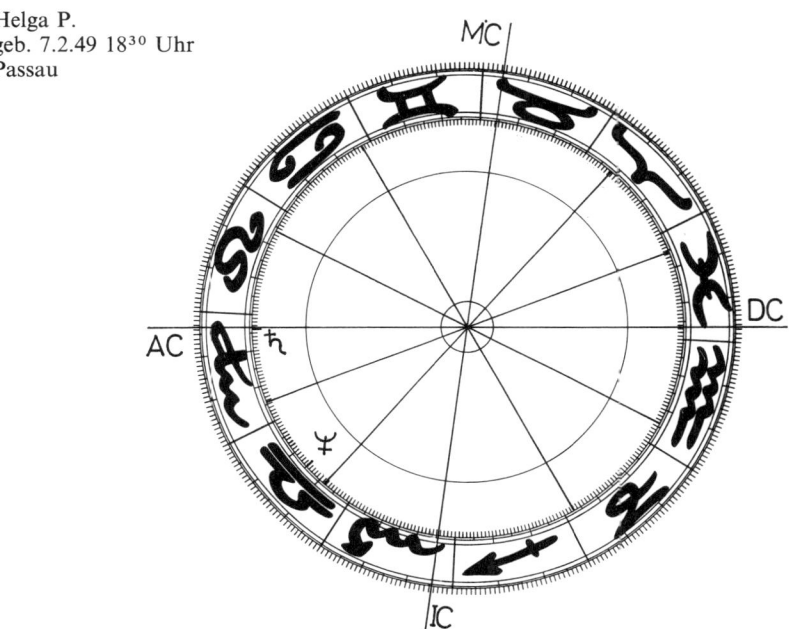

Helga P. wuchs in einem Elternhaus auf, in dem über Finanz- und Besitzangelegenheiten nie gesprochen wurde. Diese Verschwiegenheit auf diesem Lebenssektor ist im Horoskop durch den Neptun in Haus 2 ausgedrückt.

Ein weiteres Motto der Familie war: Gehorche und ordne dich unter (Saturn in der Jungfrau in Haus 1).

Diese beiden Faktoren bzw. Konstellationen waren dann auch ausschlaggebend für ihr gesamtes späteres Leben. Sie zogen unvorstellbare Kettenreaktionen nach sich. Aufgrund der Verschwiegenheit der Eltern in bezug auf Haus 2 konnte Helga ihre wirtschaftlichen Fähigkeiten nicht ausbilden. Dieses Defizit zwang sie, auf einen Partner zu projizieren, der scheinbar den anderen Pol verkörperte, auf Jochen P., der aus einer begüterten Familie stammte. Bei der

Hochzeit mit Helga bekam er seinen Erbteil bereits zu Lebzeiten der Eltern ausbezahlt. Jochen hatte jedoch genauso wenig wie Helga seine wirtschaftlichen Fähigkeiten ausgebildet. Da immer Geld im Überfluss vorhanden war, machte er sich wenig Gedanken darüber, wie es erworben werden kann. Er zehrte noch von den H 2-Fähigkeiten seiner Vorfahren. Unbekümmert um seine Zukunft erfüllte er sich alle materiellen Wünsche (insbesondere schnelle, teure Autos). Daher war es nicht verwunderlich, dass Jochen's Erbteil binnen kurzer Zeit aufgebraucht war. Da Helga inzwischen durch die elterliche Prägung: «Gehorche und ordne dich unter» Beamtin bzw. Dienerin (Jungfrau) des Staates (Saturn) und dadurch kreditwürdig geworden war, bat er jene, ein Darlehen aufzunehmen.

Astrologisch ausgedrückt: Die Verschwendung in bezug auf Besitz und Finanzen des anderen (Neptun Herrscher von H 8 = H 2 des anderen) verunsichert (Neptun) das eigene 2. Haus (Neptun in Haus 2). Aufgrund dieser Umkehrung der Situation war die «Basis» der Beziehung, nämlich die Projektion auf den Sohn reicher Eltern, nicht mehr gewährleistet und es kam immer mehr zu Spannungen, die schliesslich in der Auflösung (Neptun) der Ehe (Neptun, Herrscher von H 7 und H 8) gipfelten. Neptun in Haus 2 hatte jedoch auch noch andere Wirkungen: Helga musste mit dieser Konstellation auch in der beruflichen Sphäre eine spezifische Affinität haben: Sie arbeitete in der *Finanzkasse* (Haus 2) einer staatlichen Institution.

Auch hier wurde nur scheinbar ihre Schwäche (Neptun) in Haus 2 ausgeglichen. Aufgrund eines engumgrenzten Aufgabenbereiches hatte sie auch hier wenig Gelegenheit, ihr Defizit aufzufüllen. Hinzu kam, dass durch das Beamtengehalt, das automatisch am 1. Tag eines jeden Monats auf ihrem Konto gebucht war, die wirtschaftlichen Fähigkeiten «eingeschläfert» wurden. Es kann in bezug auf Haus 2 kein Mut, keine Vorausschau, keine Strategie und Taktik, keine kluge Idee. . . belohnt werden. Solche Fähigkeiten würden ja im Gegenteil meist eine Störung des reibungslosen Ablaufes des Verwaltungsapparates bewirken.

Ferner erhält derjenige, der seine H 2-Anlagen nicht einsetzen kann, wenig Feedback. Er wird in seinem Verhalten weder korrigiert noch bestätigt. Die Eltern trieben also Helga nicht nur zu einem ganz spezifischen Partner, sondern legten auch die Disposition für ihre spätere berufliche Laufbahn. Wenn man bedenkt, welch wichtige Rolle Partnerschaft und Beruf im Leben eines Menschen spielen, wird evident, wie die Eltern als Gestalter des Karma ihrer Kinder fungieren. Ferner wird augenscheinlich, dass die Verantwortung der Eltern insbesondere in der Verantwortung gegenüber der Entwicklung und dem Ausleben ihrer *eigenen* lebendigen Anlagen liegt und nicht — wie es im Patriarchat meist der Fall ist — in der Kontrolle, in der Überwachung und im Inschachhalten der Lebensäusserungen der Kinder.

Für die Horoskopdeutung und Selbstanalyse ist bei der postnatalen Prägung folgendes festzustellen:
Neptun steht im Horoskop meist an der Stelle, wo etwas vertuscht, verschwiegen oder verdrängt wurde oder wo die Umwelt den Betreffenden zu täuschen versucht oder ihm einen Schein vorgegaukelt hat. Aber auch Planeten (Anlagen), die mit Neptun aspektiert sind, werden verunsichert. So ist es häufig, dass

Venus (Waage) — Neptun — Verbindungen im Horoskop «einprogrammiert» wurden, weil der gesamte erotische Bereich im Elternhaus verschwiegen wurde (Motto: Über Liebe spricht man nicht!) oder Jupiter-Neptun-Aspekte, weil die Sinnfrage im Elternhaus weder gestellt noch beantwortet wurde...

Bei Planeten hingegen, die mit Saturn aspektiert sind, wurde oft im Elternhaus die entsprechende Anlage oder Energie gemassregelt, unter Strafe gestellt, verboten oder tabuisiert wie z. B. wenn bei Merkur (Jungfrau) — Saturn — Aspekte die Wahrnehmung von Gefühlen nicht zugelassen wird.

Bei Plutoaspekten werden die entsprechenden Anlagen von den Eltern nicht verschwiegen oder verboten, sondern es werden hierbei nur bestimmte Teilausschnitte oder Programme (Pluto) zugelassen. Andere Erlebnis- oder Symbolebenen werden dadurch zwangsläufig unterdrückt (Pluto).

So erfolgt z. B. bei einer Merkur (Jungfrau) — Pluto — Konstellation die Wahrnehmung und Beobachtung nach einem spezifischen Programm. Familiäre Wahrnehmungsmuster liegen vor, wenn z. B. der kleine Olaf zu seinen Eltern sagt: «Nicht wahr, Schulze's sind doof!» Solche Eltern sind meist dann sogar noch stolz auf ihr Kind, weil es bereits in frühen Jahren schon «richtig» wahrnehmen kann.

Ein Sonne—Pluto-Aspekt kann erwirkt werden, wenn die Eltern ein Muster vorgeben, innerhalb dessen das Kind dann selbständig handeln soll. Andere Sonnenbereiche wie z. B. Entwicklung von emotionalen oder schöpferischen Fähigkeiten werden unterdrückt oder werden — was häufig geschieht — einfach ignoriert. Da der Planet innerhalb eines engumgrenzten Bereichs ja ausgelebt werden kann, besteht dadurch oft gar kein Bedürfnis, andere Ebenen des Planeten kennenzulernen. Insofern disponieren Defizite innerhalb eines Prinzips für schmerzhafte Ausgleichsversuche, die das Schicksal ersatzweise bewerkstelligen muss.

Ausgleich innerhalb eines Prinzips

Jedes kosmische Prinzip ist nach der psychologischen Astrologie in 5 Ebenen aufgeteilt:

Mars, Widder, Haus 1:	Triebleben
	Durchsetzung
	Ego
	Körper
	Aktivität
Venus, Stier, Haus 2:	Besitz
	Finanzen
	Abgrenzung
	Genuss
	Lebensstil

Merkur, Zwilling, Haus 3:	Naturwissenschaften
	Sprechen
	Schreiben
	Mimik und Gestik
	eig. Aktionsradius
Mond, Krebs, Haus 4:	Wohnung
	Familie
	Weiblichkeit
	Nahrung
	Gefühl
Sonne, Löwe, Haus 5:	Sexualität
	Pädagogik
	Unternehmung
	Handlungsfähigkeit
	schöpferische Fähigkeiten
Merkur, Jungfrau, Haus 6:	Analyse
	Diagnose
	Arbeit
	Zeigen der Gefühle
	Kritikfähigkeit
Venus, Waage, Haus 7:	Schönheit
	Erotik
	Partnerschaft
	Gedanken
	Geschmack
Pluto, Skorpion, Haus 8:	Bindung
	Vorstellung
	Transformation
	Macht über sich selbst
	eig. Meinung
Jupiter, Schütze, Haus 9:	Wissen
	Weltanschauung
	Weiterentwicklung der Partnerschaft
	Bildung
	Interesse
Saturn, Steinbock, Haus 10:	Recht
	Verantwortung
	Ziel
	Beruf
	Norm
Uranus, Wassermann, Haus 11:	Freiheit
	Unabhängigkeit
	Progressivität
	Individuation
	Emanzipation

Neptun, Fische, Haus 12:	Zeigen der Verantwortung u. der
	Rechte
	Hintergründe
	Transzendenz
	Alternative
	Phantasie

Am günstigsten konstelliert sich die Situation, wenn alle 5 Ebenen eines be-stimmten kosmischen Prinzips in einem ausgewogenen Verhältnis zueinander stehen. Wird keine der 5 Ebenen überdimensioniert oder defizitär erlebt, so ist dies vergleichbar mit einer Frucht, die alle Vitamine, Mineralstoffe, Spurenele-ment, Fruchtzucker etc. in wohldosierter Form beinhaltet.

Wird jedoch nur eine Ebene innerhalb eines Prinzips ausgelebt, so ist dies ähnlich ungünstig wie der isolierte weisse Zucker (vgl. Dr. Bruker: Krank durch Zucker) oder das weisse Mehl (vgl. Dr. Kollath) in der Ernährung. Die Ganzheit und Wohlausgewogenheit ist verlorengegangen.

Dies wäre z. B. der Fall, wenn jemand seine Hemmung im Triebleben (Mars, Widder, Haus 1) mit Hyperaktivität oder übermässigem Sport kompensieren würde. (Kompensation innerhalb eines kosmischen Prinzips).

Ähnlich ist der Fall von Claude S.:

Claude S.

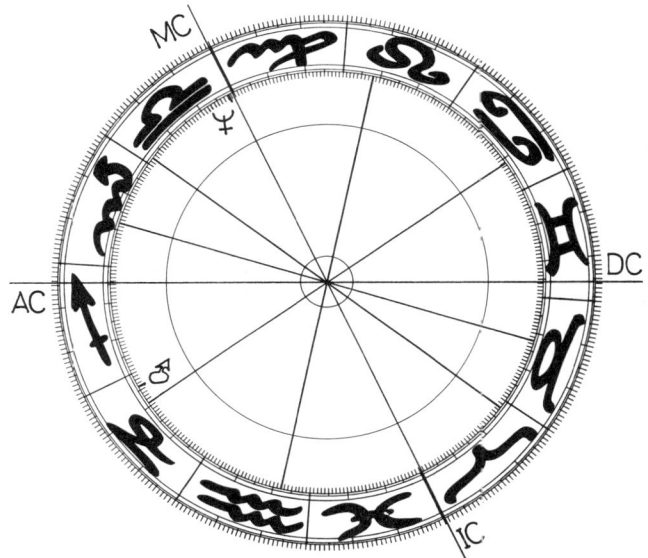

Claude S. weist in seinem Horoskop eine Mars-Neptun-Quadratur von Haus 1 zu Haus 10 auf. Diese Problematik zeigte sich insbesondere in Form einer Durchsetzungs(Mars)schwäche (Neptun), mit der er besonders im Berufsleben (Haus 10) sehr viel Misserfolg (Neptun) erwirkte. Hinzu kam, dass diese Durchsetzungsschwäche sich auch in seinem Aussehen manifestierte (psychosomatische Programmierung). Da der Neptun seinen Mars verunsicherte, wirkte er nicht besonders männlich (Mars), was wiederum seine Chancen beim anderen Geschlecht minderte. Dies war für ihn besonders schmerzhaft, da er seine Durchsetzungsschwäche (= Minuspol des Neptun) mit einer starken Triebhaftigkeit – sein Sexualtrieb war süchtig entgleist – kompensiert hatte. Hinzu kam, dass die Sexgier die Seele der Frauen (Haus 10 = Haus 4 der anderen) verunsicherte. Und die wenigen Frauen, die für Claude Interesse zeigten, hatten entweder wenig Bedürfnis nach Sex oder waren sexuell gehemmt (Anziehung des Gegenpols nach dem Gesetz des Ausgleichs). Einige Jahre später bekam Claude beruflich eine Chance: Er nahm einen Nebenjob an, den er zunächst gegenüber dem bisherigen Arbeitgeber verheimlichen musste (Neptun in Haus 10). In diesem Job lernte Claude, sich durchzusetzen und hatte bald darin so grossen Erfolg, dass er bei seiner bisherigen Arbeitsstelle kündigen konnte. Durch diese neue Kompensationsmöglichkeit, die ihm auch ein männlicheres Aussehen verlieh, ergab sich in seinem Energiehaushalt eine Verschiebung. Die Triebebene, mit der er bisher kompensiert hatte, wurde entlastet. Die Folge war, dass mit dem Nachlassen seiner Sexgier paradoxerweise nicht nur seine Chancen bei Frauen stiegen, sondern, dass die Frauen, die mit ihm eine festere Beziehung eingingen, auch an der Sexualität Spass und Freude hatten.

Oder als Beispiel das Merkur, Zwilling, Haus 3-Prinzip:
Es gibt Menschen, die hervorragend sprechen können, aber grosse Schwierigkeiten haben, ihre Gedanken zu Papier zu bringen. Umgekehrt entwickeln manche grosse Talente im Schreiben und kompensieren damit ihre Hemmung im Sprechen. Diese beiden Beispiele machen deutlich, wie entscheidend es ist, auf welchen Ebenen eine Anlage ausgelebt wird und welche Ebene als Kompensation für ein Defizit auf einer anderen benutzt wird. Vielleicht kann dies am Mond, Krebs, Haus 4-Prinzip noch etwas mehr erhellt werden:

August K. plädiert für eine biologische Ernährungsweise (Mond), für Kleidung aus Naturmaterialien (Mond) und für Baubiologie (Mond). Auf diesen 3 Gebieten versucht er jeden zu überzeugen, der mit ihm in Kontakt tritt. Andererseits aber hat August K. nur wenig Zugang zu den immateriellen Aspekten seines Mond-Prinzips: Zärtlichkeit (Mond) und Gefühle (Mond) zeigen, sieht er als «Frauensache» und die eigene Identität (Mond) glaubt er längst gefunden zu haben. Diese Ausklammerung von bestimmten Bereichen eines Prinzips bleibt jedoch auf Dauer nicht «ungestraft». August K. hatte grosse Schwierigkeiten mit Frauen, fiel aufgrund seiner mangelnden Menschenkenntnis Betrügern in die Hände und litt in bestimmten Intervallen trotz gesunder Ernährungsweise immer wieder an Magen(Mond)geschwüren. Je mehr ihn Frauen, Umwelt und Krankheit frustrierten, umso fanatischer vertrat er die biologische Vollwerternährung, die gesunde Kleidung und die baubiologische Wohnung.

Die Kompensation innerhalb eines Prinzips kann auch beim Venus, Waage, Haus 7-Prinzip anhand der Mode (Venus) aufgezeigt werden. So kompensieren viele, indem sie sich ausschliesslich nach der Haute Couture kleiden, Defizite auf anderen Venus-Ebenen. So kann die überdimensionierte Beschäftigung mit Mode z. B. Hemmungen in der Begegnungsfähigkeit (Venus), Schwierigkeiten in

Ehe und Partnerschaft (Venus), mangelnden eigenen Geschmack (Venus), mangelnde Fähigkeit zu Strategie und Taktik (Venus), Hemmungen in der Erotik (Venus), mangelnde eigene Ideen und Gedanken (Venus) übertünchen.

Die Mode wird damit zum einen zum Selbstzweck und zum anderen zu einer Ersatzbefriedigung und verliert ihren ursprünglichen Sinn. Dadurch, dass die Mode im Verhältnis zu anderen Venus-Ebenen überbetont wird und den realen Stellenwert verliert, wird sie verzerrt, verfälscht, pervertiert.

Gehen wir noch einen Schritt weiter: Jede der 5 Hauptanlagen (Ebenen) eines Prinzips beinhaltet eine Fülle von Symbolen, die unter dem entsprechenden Oberbegriff zu subsumieren sind. Z. B. kann man zu der Ebene Schönheit (Venus) verschiedene andere Fähigkeiten bzw. Symbole assoziieren:

Harmonie, Ästhetik, Ausgewogenheit, Kosmetik, Schmuck, Verwöhnung, Liebe, Wohlleben, Vergnügen. Je mehr jemand liebt und dem Wohlleben frönt, desto grösser die Wahrscheinlichkeit, dass sein Aussehen schöner wird. Aufgrund seiner Schönheit und Ausgeglichenheit wiederum wird er mehr begehrt und hat mehr Chancen geliebt und verwöhnt zu werden. Hinzu kommt, dass zusätzlich aufgrund des Gesetzes der Affinität äussere Verstärker aufgesucht werden: Schöne Umgebung, Sonne, Wind und Meer, paradiesische Gärten, schöne Häuser etc. Man spricht hier von einer gegenseitigen Verstärkung der Energien innerhalb einer Ebene eines Prinzips: Die Ebene bekommt dadurch mehr «Power». Sie wird zu einem immer stärkeren Sender. Gleichzeitig werden dadurch natürlich auch andere Ebenen des Prinzips beeinflusst (Korrespondenz der Ebenen innerhalb eines Prinzips) z. B. im vorliegenden Fall etwa die Ebene der Gedanken (Venus) und die Ebene des eigenen Geschmacks (Venus).

Es ist deshalb für die Selbstanalyse sehr wichtig von allen 12 Prinzipien die verschiedenen Symbolebenen bzw. die Symbolketten aufzuschreiben (siehe «Astrologie und Psychologie — eine neue Synthese»), um dann festzustellen, was von einem Prinzip gelebt wird, was nur schwach ausgebildet ist und welche Ebene total ausgeklammert wurde.

Bei obigem Mond, Krebs, Haus 4-Prinzip könnte eine solche Symbolkette lauten: Geben von Zärtlichkeit, Empfangen von Zärtlichkeit, Leben der seelischen Eigenart, Instinkt, Hören auf die Stimme des Lebens, Geborgenheit in der eig. Wohnung schaffen (innenarchitektonische Fähigkeiten), Geborgenheit schenken, Geborgenheit annehmen und finden, Beziehung zur lebendigen Natur (Beziehung zu Pflanzen und Tieren), Beziehung zur eigenen menschlichen Natur und zur menschlichen Natur des anderen, Mütterlichkeit, Hingabefähigkeit, Empathie, Empfindungsfähigkeit, Zugang zu den eigenen Gefühlen, Regenerationsfähigkeit, Fähigkeit, Vertrautheit und Intimität zu entwickeln, soziale Fähigkeiten, familiäre Fähigkeiten, psychologische Fähigkeiten, Kochkünste. . .

Führt man sich solche Symbolketten vor Augen, so wird deutlich, dass selbst ein Merkur (Zwilling) am AC, der nur mit Trigonen verbunden ist, zunächst wenig aussagt. Man kann aufgrund dieser Konstellation nicht erkennen, auf welcher Ebene der Betreffende seinen Merkur auslebt! Ist er rhetorisch gewandt? Spricht er mehrere Sprachen? Kann er glänzend schreiben? Ist er ein brillanter Techniker oder ist er ein Mathematikgenie?

Abschliessend sei noch der Ausgleich *ausserhalb* eines Prinzips erwähnt:

Ein Ausgleich durch ein anderes kosmisches Prinzip erfolgt z. B. wenn — wie Horst Eberhard Richter schreibt — die Frauen in einer Art Naturschutzpark all die Wärme (Mond), seelische Liebe (Mond) und Geborgenheit (Mond) usw. kompensatorisch produzieren müssen, die bei dem fortschreitenden Technisierungsprozess immer mehr in den Hintergrund geraten sind. Insofern haben viele Energien in der patriarchalen Gesellschaft gar kein *Eigenleben*. So können sie z. B. dazu verwendet werden, Ärger und Misserfolg im Berufsleben auszugleichen, ohne um ihrer Selbst willen leben zu können. Ihre Lebenskraft wird verbraucht, um Hemmungen und Blockaden auf anderen Lebensgebieten zu kompensieren.

Im Grunde kann jedes Defizit und jede Hemmung auf einem bestimmten Lebensgebiet durch ein anderes kosmisches Prinzip kompensiert werden — wie z. B. die Hemmung im Eigenwert (Venus) durch starken Ehrgeiz im Tischtennisspiel (Merkur) oder Hemmungen bezüglich der familiären Herkunft (Mond) mit dem Besuch von möglichst vielen Bildungsveranstaltungen (Jupiter).

Grundsätzlich gilt die Regel: Je mehr Kompensationsmöglichkeiten jemand besitzt, umso «stabiler» *) die Persönlichkeit. Es besteht dann eine grössere Resistenz gegenüber Schicksalsschlägen.

Das psychische Gleichgewicht kann besser aufrechterhalten werden.

Hingegen besteht eine ernsthafte Gefahr des Zusammenbruchs des inneren Ökosystems, wenn jemand die einzige Kompensationsmöglichkeit verliert, die bisher seine Defizite und Frustrationen ausgeglichen hatte. Hat jemand z. B. bisher sein Defizit an Bildung (Jupiter), seine Redehemmung (Merkur), seine Hemmung in bezug auf Aussehen (Venus) etc. allein durch fleissiges, unermüdliches Arbeiten (Merkur [Jungfrau]) wettgemacht und wird schliesslich von seinem Arbeitgeber aufgrund von Rationalisierungsmassnahmen entlassen, dann kann dies einer Katastrophe gleichkommen.

Identitätsfindung

Erich Fromm schreibt in seinem Werk «Das Christusdogma»: «Würde man jemanden statt: «Wie geht es Ihnen», fragen: «Wer sind Sie», so wäre er ziemlich überrascht. Welche Antwort würde er zuerst geben? Zunächst würde er wohl seinen Namen nennen, aber der Name hat wenig mit der Person zu tun. Dann würde er sagen «Ich bin Arzt. Ich bin verheiratet. Ich bin Vater von 2 Kindern. Das sind alles Eigenschaften. Was der Mensch als Beschreibung seiner selbst anbietet ist in Wirklichkeit die Aufzählung der Qualitäten eines Objekts. Fragen Sie ihn, fragen Sie sich selbst: Wer bist Du, wer ist dieses «Ich»? Was ist gemeint, wenn man sagt: «Ich fühle»? Fühle ich wirklich, oder fühlt es in mir? Fühlen wir uns wirklich als Mittelpunkt unserer Welt, nicht als egozentrischen Mittelpunkt, sondern so, dass wir *«original»* sind, womit ich meine, dass unsere Gedanken und Gefühle in uns ihren *Ursprung* haben?»

---

*) freilich handelt es sich hier nicht um eine *echte* Stabilität, doch es ist immer noch besser mit Krücken als gar nicht gehen zu können!

Doch wie soll jemand wissen, ob er «original» ist oder fremdbestimmt?

Wie soll er sich selbst finden, wenn all seine Energien und Persönlichkeitsanteile in tausend Richtungen verstreut sind, wenn fast all seine Anlagen aufgrund des alten Saturn nicht ausgebildet werden konnten und statt dessen sich ein Ersatzpersönlichkeitssystem gebildet hat?

Doch wie soll jemand seine eigene Identität entdecken, wenn all seine Energien aufgrund der Anpassungs- und Abwehrmechanismen in verschiedene Kanäle geleitet sind und wenn die Anpassungs- und Abwehrmechanismen automatisch nach einer bestimmten Programmierung, also unbewusst, ablaufen.

Wie soll jemand wissen, wer er ist, wenn seine Energien projiziert, verschoben, regrediert, somatisiert etc. sind? Wer denkt denn schon daran, dass die Entzündung, unter der man schon seit einigen Monaten leidet, ein eigener verzauberter Persönlichkeitsanteil ist? Wer denkt denn schon daran, dass eigene Energien in materiellen Symbolen gebunden sein können, ja mehr noch, dass u. U. sogar die verhasste hypermodern eingerichtete Wohnung des Partners ein eigener verdrängter Persönlichkeitsanteil oder dessen Ergänzung sein kann? Ein Klient erlebte z. B. seinen Jupiter im Krebs in Haus 8 als Porzellankatze des Partners, die jener auf seinem Wohnzimmerschrank stehen hatte.

Wie soll jemand sich erkennen, wenn er seine Merkur-Uranus-Quadratur als Sprachstörungen seines Partners erlebt, seine Mond-Uranus-Konjunktion als häufige Umzüge, seine Mond-Saturn-Quadratur als Depression des Partners und seinen Neptun als Aquarium im Wohnzimmer? Oder wer denkt denn daran, dass der Asthmaanfall des Partners die eigene unerlöste Anlage ist, die in der Projektion erlebt wird. Sein Selbst ist in tausend Winde verstreut — er muss es erst mühselig zusammensuchen und braucht eine Anleitung, um das richtige Mosaik, sein Mosaik wieder zusammensetzen zu können. Viele glauben auch, sie würden ihre Identität in bestimmten Tätigkeiten finden: So meinen z. B. viele, in deren Horoskop eine starke Besetzung des 12. Hauses oder des Tierkreiszeichens Fisch vorhanden ist, dass ihre wahre Identität im Helfen liegen würde.

Doch dabei erliegen sie einer erneuten Illusion, denn Helfen hat, abgesehen von der Hilfe zur Selbsthilfe, fast nur negative Auswirkungen!

1. Der Helfer ist im Grunde selbst schwach und unsicher. Indem er anderen hilft, kompensiert er seine eigenen Schwächen und Ängste. Er stabilisiert sich am Hilflosen. Es geht ihm besser, weil es dem anderen so schlecht geht. In der Tätigkeit als Helfer, die «beruflich» oder ideell (ehrenamtlich) ausgeübt wird, kommt der Betreffende nicht an sein wahres Selbst heran. Er erschöpft sich im steten Akt des Helfens, ohne in der Entwicklung voranzukommen. Er bleibt in der komplementären Verflochtenheit zwischen Hilflosem und Helfer gefangen. Er kommt nicht an seinen wirklichen Neptun heran. Er bleibt in der Neurose.

2. Der Helfer schafft im anderen Schuldgefühle, sowie Gefühle der Verpflichtung und der Dankbarkeit. Über die Hilfe gelingt es, Macht über den anderen zu bekommen. Viele Helfer helfen (unbewusst), um den Hilflosen zu verpflichten, z. B. später seinerseits zu helfen oder z. B. ein Geschäft abzuschliessen, etwa, wenn ein Immobilienmakler seinem Kunden hilft, im fremden Land zurechtzukommen und dadurch im anderen die moralische Verpflichtung schafft, nur bei ihm zu kaufen.

Manche Menschen schleichen sich über die Hilfen, die sie leisten, systematisch in die Seele des anderen ein. Der Hilflose wird dadurch erneut und verstärkt zum Opfer, dem geholfen werden muss. Dabei kann es passieren, dass mehrere Helfer auftauchen, die sich gegenseitig die «Beute» streitig machen.

3. Der Hilflose kommt ebenfalls nicht an sein wahres Selbst heran. Er wird durch die Hilfe daran gehindert, gerade die Anlagen und Fähigkeiten auszubilden, die ihm fehlen und die die Hilfeleistung des anderen immer wieder auf's neu erfordern.

So wird z. B. seine Initiative gelähmt, seine Fähigkeit zur Selbständigkeit blockiert und seine Phantasie, die ihm Wege aus seiner misslichen Lage zeigen könnte, bleibt ungeübt. Kurzum: Der Helfer bestätigt und verstärkt die Defizite des Hilflosen.

4. Die Hilfe erfolgt meist nur im Rahmen der patriarchalen Ideologie und kann daher nicht die positiven Wirkungen zeitgen, die der Helfer sich erhofft und für die er eigentlich tätig wird. So ist z. B. eine Krankenschwester in einer psychiatrischen Klinik im guten Glauben, den Patienten zu helfen, wenn sie jenen permanent Psychopharmaka verabreicht, ohne zu sehen, dass sie damit nur einer fragwürdigen Medizinideologie dient.

5. Helfen lenkt vom *Wesentlichen* ab. Indem man hilft, glaubt man etwas gegen die Missstände, gegen Armut, Elend und Leid getan zu haben. Es verhindert daher zum einen die Infragestellung dessen, was die Symptome erzeugt (z. B. lebensfeindliche Normen) und zum anderen die Entwicklung von Alternativen. Deshalb sollte man die Devise ausgeben: Nicht nur helfen (Neptun in der Kompensation), sondern auch eine neue alternative Welt (realer Neptun) aufbauen. Dann ist jedem «geholfen».

6. Ferner ist die herkömmliche Art zu helfen für die kollektive Entwicklung ungünstig, weil dadurch das Elend kaum ins öffentliche Bewusstsein dringt. Ein Bewusstseinswandel wird dadurch hinausgezögert. Der Helfer hilft das Elend, das im patriarchalen System immer wieder auf's neue entsteht, zu beseitigen. Damit wird der Helfer — wenn er es bei der blossen Hilfe belässt — zum Systemstabilisator par excellence. Er retuschiert ständig die Symptome, die aufgrund der falschen Ursachen produziert wurden.

Um Missverständnissen vorzubeugen: Selbstverständlich muss Verletzten, Kranken, alten oder gebrechlichen Menschen geholfen werden. Dies ist ein Akt der Nächstenliebe und ein Gebot der Menschlichkeit. Jede Hilfe bleibt aber nur Symptombekämpfung, wenn nicht die Ursachen, die diese Hilfe erforderlich machen, abgestellt werden. Es gilt also neben der Hilfe, die derzeit aufgrund der negativen Umstände (Selbstentfremdung des Menschen durch unser Bildungssystem, lebensfeindliche Arbeitswelt, Hunderttausende von Verletzten aufgrund der Priorität des Automobils gegenüber öffentlichen Verkehrsmitteln u. a.) noch notwendig ist, das patriarchale System in seiner Destruktivität zu entlarven und Alternativen (Neptun) zu entwickeln. Je mehr dies getan wird, desto weniger muss geholfen werden.

Der Helfer kann also nur solange (ausschliesslich) helfen, (ohne zu entlarven und Alternativen zu entwickeln) und sein Tun sinnvoll finden, solange er sich noch mit dem patriarchalen System identifiziert, solange er noch nicht die wirklichen Motive erkannt hat, die ihn bewogen haben zu helfen, solange er die Wechselwirkung zwischen Neptun-Gehemmtem und Neptun-Kompensator nicht durchschaut, solange er noch nicht die Tretmühle des Karma gegen das Rad des Lebens eingetauscht hat.

Eine weitere Schwierigkeit zu seiner wahren Identität zu finden liegt in der Rollenteilung zwischen Mann und Frau begründet.

Der Mann kann in der patriarchalen Kultur seine Identität nicht finden, weil er seine innerseelischen Persönlichkeitsanteile Mond und Venus auf die Frau projiziert hat, weil die Frau die einzige Quelle der Geborgenheit und der seelischen Wärme ist, weil sie Schönheit und Ästhetik stellvertretend für ihn auslebt, und die Frau kann nicht zu ihrer wahren Eigenart vorstossen, weil sie ihre «männlichen» Anlagen (Durchsetzungsfähigkeit, Initiative, Wagemut, Fähigkeit zu Selbständigkeit etc.) auf den Mann projiziert hat, weil ihre Identität auf eine Rolle reduziert wurde, die mit ihrem wirklichen Wesen kaum etwas zu tun hat.

Dies hat zur Folge, dass kein Geschlecht effektiv weiss, was seiner wahren Natur entspricht; denn das Wesen der Frau würde sich anders darstellen, wenn sie ihre «maskulinen» Anteile ausgebildet hätte und die Eigenart des Mannes würde sich ändern, wenn er auch seine «femininen» Anteile zum Leben erwekken würde.

Das bedeutet, dass die wirkliche Identität eines jeden Mannes und einer jeden Frau jenseits aller Rollenklischees verborgen liegt.

Diese Tatsache ist sicher für jeden leicht verständlich, bereitet aber in der Praxis grosse Schwierigkeiten.

So glauben viele Frauen, denen das patriarchale System bereits suspekt ist, dass ihre wahre Identität z. B. im Tanzen liegen würde, ohne zu sehen, dass diese Fähigkeit wiederum ein Resultat der Rollenzuweisung ist. In der patriarchalen Gesellschaft kann eine Frau insbesondere nur mit Mond oder Venus-Anlagen kompensieren. Sie wird anerkannt und ist «oben», wenn sie gut kochen kann, wenn sie schön stricken kann, wenn sie ihren Haushalt sauber hält, wenn sie treusorgende Mutter ihrer Kinder ist, wenn sie dem Manne ein braves Eheweib ist, wenn sie den Garten pflegt, wenn sie attraktiv ist, wenn sie modisch und schick gekleidet ist, wenn sie durch Kosmetik das Beste aus ihrem Typ machen kann — und last not least, wenn sie tanzen kann.

Deshalb beantwortet so manche Frau, die von den wahren Anlagen gehört hat und die sich die Devise des neuen Zeitalters, nämlich seine Sehnsüchte zu leben, zu Herzen nimmt, die Frage, wo sie glaubt mehr Lebenssinn und Erfüllung zu finden als im Haushalt, am Bankschalter, am Fliessband oder im Büro mit dem spontanen Ausruf: Ich möchte tanzen, tanzen und wieder tanzen.

In der neuen Kultur gäbe es, wenn alle Frauen ihre Sehnsüchte realisieren würden, Millionen Tänzerinnen! Doch die neue Kultur lässt sich nicht ertanzen! Um sie aufzubauen, sind mannigfaltige Anlagen von Männern und Frauen erforderlich. Diese Feststellung stellt die Anmut und Schönheit des Tanzes nicht in Abrede. Tanzen kann erfreuen, entspannen, befreien, glücklich machen; doch der Tanz ist nur *eine* Ausdrucksform des Körpers unter vielen. Man kann seinen Körper in Sport, Spiel, Arbeit und Sexualität etc. ausdrücken.

Wenn der Tanz als Ausdrucksform überbetont ist, so ist anzunehmen dass andere Ausdrucksformen vernachlässigt wurden, weil sie nicht der Rollenzuweisung entsprachen. Wenn Frauen durchschnittlich weniger Sport treiben als Männer und sich sexuell weniger ausdrücken, ist es logisch, dass Tanzen bei ihnen einen höheren Stellenwert einnimmt.

Hinzu kommt, dass Tanzen u. a. als symbolische Verführungskunst angesehen werden kann, weil eine reale offene Verführung und Reizung für die patriarchale Frau nicht zur Diskussion steht. Tanz ist die gesellschaftlich erlaubte Form der «Anmache», der Werbung, der Verführung und stellt ferner die erlaubte Form des «Betrugs» am Partner dar; denn beim Tanzen darf man den Partner wechseln.

Insofern ist der Tanz Ersatz für polygame Bestrebungen, die aufgrund des inneren Massstabs auf das heftigste abgewehrt werden. Das Unbewusste weiss sich aber zu helfen — es verschiebt das Bedürfnis nach Abwechslung auf ein gesellschaftlich anerkanntes Feld — auf die Tanzfläche.

Ferner ist der Tanz für viele Frauen ein Medium, um Anerkennung und Bestätigung für ihre Weiblichkeit und Schönheit zu erhalten — und eine Kompensationsmöglichkeit für langweilige Routinearbeiten im Haus, im Büro oder am Fliessband. Aus all dem eben Gesagten folgt, dass Tanzen solange bei Frauen einen überdimensionierten Stellenwert einnimmt, solange die Sexualität der Mädchen stärker tabuisiert wird als die der Jungen, solange sich den Frauen keine anderen Kompensationsmöglichkeiten eröffnen, solange die Frauen in der patriarchalen Gesellschaft untergeordnete Rollen spielen müssen, solange sie ihre wahren Anlagen nicht entfalten dürfen.

Der Faktor der Rollenzuweisung kann bei der Behinderung, seine eigene Identität zu finden, nicht hoch genug eingeschätzt werden. Die wahre Natur von Millionen Männern und Frauen ist von den herkömmlichen Rollen so stark überlagert, dass sie kaum eine Chance besitzen, sie jemals kennenzulernen. Wie sollen auch Männer, die den ganzen Tag in entfremdeten Berufen tätig sind oder Frauen, deren Aufgabenbereich sich in den berühmten 3 K-s (Kinder, Küche, Kirche) erschöpft, an ihr wahres Selbst herankommen?

So hat manche Hausfrau *), die gemäss Ihrer Rollenzuweisung lebt, noch gar kein Bedürfnis nach Freiheit und Unabhängigkeit. Sie erlebt ihren Uranus nur als Sonderangebot (Uranus) im Warenhaus, als spannenden (Uranus) Krimi, als starke Nervosität (Uranus), als «böse» Terroristen (Uranus), oder als Explosion (Uranus) im Haushalt (Gasexplosion, Fernseher explodiert etc.).

Da sie ihre Freiheit und Unabhängigkeit noch nicht kennengelernt hat, vermisst sie diesen Persönlichkeitsanteil auch nicht. Die Situation kann sich jedoch ändern, wenn ihr Uranus sich bereits als Schicksalsschlag z. B. als Scheidung (Uranus) bemerkbar gemacht hat. Nachdem sie nach der Scheidung ein paar Jahre allein gelebt und dadurch mehr Freiheitsspielraum gewonnen hat, kann sie sich oft nicht mehr vorstellen, wie sie vorher in der totalen Abhängigkeit so lange verharren konnte.

*) Damit ist keine Entwertung des Hausfrauenberufes verbunden. Es ist sehr wohl möglich, innerhalb dieses Aufgabenbereiches kreativ tätig zu sein. Eine Hausfrau hat viele Berufe: Köchin, Erzieherin, Lehrerin, Innenarchitektin, Gärtnerin, Managerin. . . Daher kann dieser Beruf — sofern sich die Frau mit den entsprechenden Wissensgebieten auseinandersetzt — weniger eintönig sein als z. B. Büroarbeit oder gar Arbeit in einer Fabrik.

In diesem Stadium gibt es meist kein Zurück mehr.

Kehrt sie aus irgendwelchen Gründen (z. B. weil sie einen neuen Mann liebgewonnen hat) dennoch in ihre alte Rolle zurück, dann beginnt sie bald zu leiden. Plötzlich vermisst sie ihre Freiheit und Unabhängigkeit und sie wird dafür zu kämpfen beginnen. So ist es mit jeder Anlage: Wenn jemand schon einmal die Möglichkeit gehabt hat, eine Anlage zu entwickeln und auszuleben, will er nicht mehr darauf verzichten. Die Anlage ist zu einem festen Bestandteil seines Persönlichkeitssystems geworden. Wer schon einmal die Chance hatte, ein besseres Leben zu schmecken, wird sich gegen jede Beschneidung seiner Freiheit und Möglichkeiten wehren. Viele Menschen ertragen jedoch Bedingungen, die mit Freiheit und Würde des Menschen wenig gemein haben, weil sie es nicht anders wissen, ja es oft nicht einmal ahnen, dass sie anders und besser leben könnten. Die herkömmliche «Vernunft», die aussen von den Autoritäten verkörpert wird und innen in den Seelen der Individuen ihr Unwesen treibt, hat ihre Sehnsüchte totgetrampelt.

Unglücklicherweise muss derjenige, der seine Anlagen nicht entwickeln und leben kann, und dadurch ohnehin schon genug bestraft ist, auch noch seine eigenen verdrängten Energien über den Weg von unangenehmen Schicksalsschlägen *erleiden*. (Siehe Gesetz der Wiederkehr des Verdrängten).

Die grosse Schwierigkeit liegt nun darin, dass es sich bei der Identifikation mit der Rolle als Frau oder als Mann (Rollenidentifikation) um einen Abwehr- und Anpassungsmechanismus handelt und so die realen Anlagen abgewehrt werden.

So ruft so manche Frau, die unter der (vermeintlichen) Eintönigkeit ihrer Hausarbeit leidet, wenn man auf ihren Wunsch hin ihr Horoskop in der erlösten realen Form deutet: So möchte ich ja gar nicht sein! Da bleibe ich lieber so wie ich jetzt bin! Die Identität, die Sie mir schildern und die ich angeblich sein könnte, die will ich auf keinen Fall haben!

Hier kommt das zum Tragen, was vorher am Beispiel des Bedürfnisses nach Freiheit und Unabhängigkeit zum Ausdruck kam. Von ihrer Rollenreduzierung und ihrer Hemmung aus will sie z. B. keine freie, unabhängige Frau sein und entwickelt sie kein Interesse auf den verschiedensten Lebensgebieten. Ferner kann die erlöste Form erst angenommen und angestrebt werden, wenn die alten Ideale und Normen, die komplementär zur Hemmung stehen und die die Ausbildung der Anlagen unterbinden, hinterfragt und in Zweifel gezogen wurden.

Solange dies nicht geschieht, will die Betreffende eine *andere* Identität. Sie will eine «edlere», «positivere» Identität — ohne Verwirklichung von Freiheit, Sex, Wohlleben und von anderen «bösen» Anlagen wie Kritikfähigkeit, der Veränderung von Weltanschauung und Religion etc. Sie will nicht so sein, weil sie ein Idealbild von sich entworfen hat, das im Gegensatz zu ihrem wahren Angelegtsein bzw. zu ihren in der Zukunft entwickelten Anlagen steht. Sie will eine Identität von ihrem jetzigen Bewusstsein aus, von ihren jetzigen Defiziten, Einstellungen, Massstäben und Normen aus. Sie will nur ihr Ichideal verwirklichen, nicht aber ihre wirklichen Fähigkeiten. Dieses Ichideal ist der Gegenpol zu ihrer Hemmung, die von den jeweiligen Massstäben ihres Milieus, ihrer Kultur, ihrer Zeitepoche und ihrer Bewusstseinsstufe begründet wurde.

Das Ichideal wechselt also von Bewusstseinsstufe zu Bewusstseinsstufe. Die verschiedenen Ichideale, die in der patriarchalen Kultur angestrebt werden, sind *Vorstufen* zur Verwirklichung des wahren Angelegtseins, des wahren Selbst.

Solange man die patriarchale Szenerie noch nicht durchschaut hat, möchte man halt so gerne einmal Schönheitskönigin oder Generaldirektor sein, möchte man einmal in der 1. Klasse eines Luxusschiffes eine Suite beziehen oder von den «Grossen» dieser Welt empfangen werden. . . — oder ganz einfach «nur» der «beste» Vater oder die «beste» Mutter dieser Welt sein.

Das wirkliche Selbst wird also erst sichtbar, wenn die alten Ideale gestorben sind, wenn die Polarität zwischen Gut und Böse aufgelöst ist.

Das Selbst ist die *Endstufe* der verschiedenen Ichideale, ist aber selbst erst der Beginn einer neuen Entwicklung, der Beginn des Selbstrealisationsprozesses. Vorher konnte man also nicht von einer Selbstverwirklichung sprechen, sondern nur von einer Ichidealverwirklichung.

Die Ichidealverwirklicher werden von den Gehemmten beneidet, weil letztere nicht erkennen, dass jene nicht ihre *wahre Natur,* sondern nur den *Ersatz* realisiert haben — Macht, Ansehen, Geld und materielle Symbole. Ansonsten sind die Ichidealverwirklicher genauso blockiert in der Entwicklung der Anlagen wie die Gehemmten. Selbstrealisation hingegen bedeutet, dass alle Bestandteile (Anlagen) des Selbst entdeckt, weiterentwickelt, differenziert und verwirklicht werden — alle Anlagen von Widder bis Fische oder Mars bis Neptun, von der Durchsetzungsfähigkeit bis zur Entwicklung von eigener Phantasie etc.

Entwickelt jemand in allen Anlagen seine Identität, so ergeben die vielen Eigenarten eine Gesamtidentität: das eigene Selbst. Dies ist der Weg der Selbstverwirklichung. Aufgrund dieser einfachen Tatsache, gibt es unseres Erachtens auch keine «Erleuchteten». Letztere haben sich meist selbst dazu ernannt oder sind von einer verblendeten Masse in eine solche Rolle gedrängt worden. Man denke nur an die vielen «Erleuchteten», deren sportliche und sexuelle Anlagen tabuisiert oder verkümmert sind, an die Erleuchteten, die ihren Neptun nicht ausgebildet haben, weil sie die alten Überlieferungen und Rituale nie infragegestellt haben, an die Erleuchteten, die an chronischen körperlichen Beschwerden leiden und sich selbst nicht helfen können, aber kompensatorisch behaupten, sie würden damit Karma von anderen Menschen abtragen, oder an die Erleuchteten, die edle Worte hauchen, aber vom Unbewussten keine Ahnung haben, die beim Thema «Seele» mitreden wollen, aber nicht einmal um die Anpassungs- und Abwehrmechanismen wissen. . .

Geborgenheit

Eine Frau konnte in ihrem Elternhaus keine Geborgenheit erleben. Weder der Vater noch die Mutter hatten einen Zugang zu den eigenen Gefühlen, zur Stimme des Lebens bzw. zu der eigenen Natur. Ihre Eltern konnten ihr daher nicht vorleben, wie man eine intime, angenehme Atmosphäre schafft, wie man sich selbst und anderen Geborgenheit schenkt, wie man seelische Wärme und Liebe erwirkt.

Dieses Mond-Defizit lässt nun vor dem geistigen Auge ein Idealbild in bezug auf Geborgenheit entstehen: eine glückliche Familie, ein netter Mann, liebe

Kinder, ein schönes Haus, eine gemütliche Wohnungseinrichtung. Dieses Ideal möchte die Frau nun unter allen Umständen erreichen. Sie hat eine grosse Sehnsucht danach. Sie möchte endlich einmal ein richtiges Zuhause erleben.

Mit diesem Ideal und mit dem dazu komplementär stehenden Geborgenheits-defizit geht sie nun in die Begegnungssituation und wird aufgrund dessen zu einem ganz spezifischen Partner getrieben. Unbewusst projiziert sie auf einen Mann, von dem sie annehmen kann, dass er imstande ist, ihr Ideal erfüllen zu können. Sie zieht einen Mond-Kompensator an, einen, der von seinem Zuhause erzählt, von seinen Eltern, von seiner Heimat, der erzählt, wie alle in seiner Familie zusammenhalten usw., oder sie zieht einen Mann an, der seine eigene Ungeborgenheit dergestalt kompensiert, dass er ständig den starken Mann spielt, an dessen Schulter man sich anlehnen kann, der einem Halt und Sicher-heit gewährt, kurzum einen Mann, mit dem man es als Frau wagen kann, eine Familie zu gründen, etwas aufzubauen, die Zukunft zu meistern. Nach einigen Jahren beginnt es jedoch in der Partnerschaft zu kriseln, die Frau hat das Kompensationsgebäude ihres Partners entlarvt. Sie fühlt sich enttäuscht, ihr Traum und ihr Ideal ist nicht in Erfüllung gegangen, jedenfalls nicht so wie sie es sich vorgestellt hatte. Es kommt zu einem schmerzhaften Erwachen. Meist glaubt sie in diesem Stadium, ganz einfach den falschen Partner gewählt zu haben, sucht sich daraufhin einen anderen und dasselbe Spiel beginnt auf's neue. Der einzige Unterschied liegt darin, dass die neue Partnerschaft weniger lange währt als die alte, weil aufgrund des Misstrauens, das durch das Ehe-Trauma entstand, die gegenseitigen Projektionen weniger lang aufrechterhalten werden können. Zugleich kommt hier zusätzlich das Gesetz der Bestätigung zum Tra-gen, so dass die Gefühle des Misstrauens schliesslich Situationen anziehen, die sie dann auch schneller misstrauisch werden lassen.

Als Reaktion darauf zieht sich diese Frau zurück, will von den Männern nichts mehr wissen. Sie hadert mit dem Schicksal. Erklärt immer und überall: Ich bin ja so verletzt worden (real gesehen: ausgeglichen worden → Gesetz des Ausgleichs!), stösst auf Bedauern und Mitleid. Vielleicht kommt noch einmal ein Mann, der den Ehrgeiz besitzt und sich sagt: Bei mir wird sie kein Trauma erleben. Ich bin gut zu ihr. Doch es ist ein aussichtsloses Unterfangen — nach einem psychologischen Gesetz wird er, wie auch immer er versucht sich vorbild-lich zu verhalten, sie verletzen. Ganz einfach, weil sie die Verletzung schon projiziert, oder konkreter, weil sie unbewusst projiziert, dass er sie verletzen wird.

Eine tiefe Tragik liegt in all diesen Schicksalen. Es erscheint alles so sadistisch und so aussichtslos — und dennoch gibt es eine Lösung.

Die Betreffende muss zugeben, dass sie selbst ein Geborgenheits-Defizit hat. Doch gerade ein solches Eingeständnis ist für eine Frau, die in dieser Beziehung gehemmt ist, besonders schwer. Gerade sie, so ist sie felsenfest überzeugt, hätte diese Anlage besonders gut zur Verfügung. Es ist daher meist ein schweres Stück Arbeit, die Betreffende soweit zu bringen, dass sie einsieht, dass sie nie gelernt hat, Anlagen zu entwickeln, die ihr Geborgenheit schenken würden und keine Fähigkeit zur Verfügung hat, reale Geborgenheit und seelische Wärme in ihrer Umgebung zu schaffen. Woher soll sie diese Anlage auch nehmen? Sie hat diesbezüglich nichts im Elternhaus gelernt und in den Schulen dieser Welt —

einschliesslich der meisten der sog. Alternativschulen — stehen die Anlagen der wirklichen menschlichen Natur nicht auf dem Lehrplan.

Solange sie diese Anlagen in sich nicht entwickelt hat, geht sie immer wieder mit ihren Mängeln auf Partnersuche und muss zwangsläufig scheitern.

Sie wird immer wieder einen ungeborgenen Mann anziehen. Und wenn zwei Ungeborgene zusammenkommen wird deren Ungeborgenheit nur *verstärkt*. (Gesetz der negativen Verstärkung)

Sicher taucht nun die Frage auf, wie eine solche Frau dennoch eine echte Geborgenheit erreichen kann. Und dabei ist wiederum zu fragen: Ist nur die Haus 4 - Anlage als solche nicht ausgebildet oder ist dieses Defizit bereits die Folge der nicht ausgebildeten Herrscher von Haus 1, 2 u. 3 und der Planeten in den ersten drei Häusern?

Hierzu der Fall von Petra S.

Petra S.
geb. 2.9.40 7³⁰ Uhr
Köln

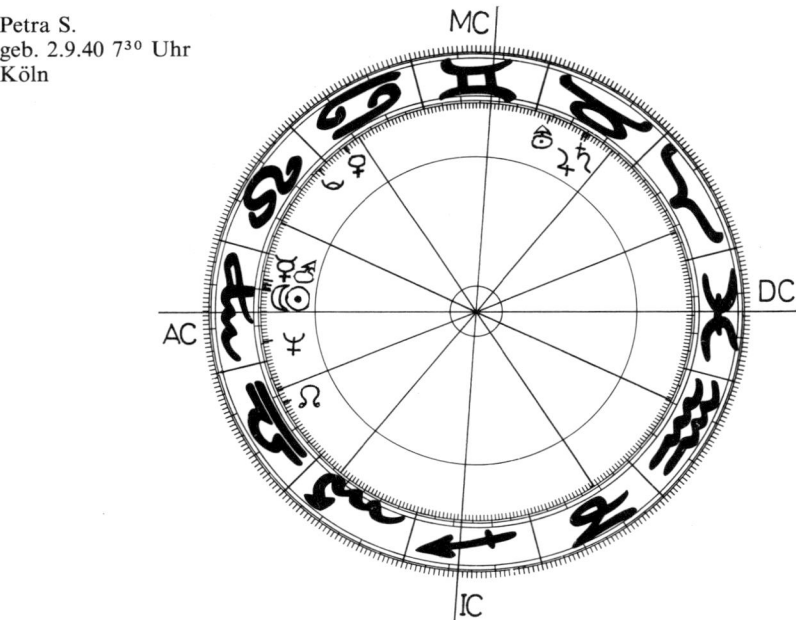

Da die Spitze des 1. Feldes das Tierkreiszeichen Jungfrau anschneidet und der Jungfrau der Planet Merkur zugeordnet ist, befindet sich der Herrscher von Haus 1 (Merkur) in Haus 12 (in der Jungfrau). Diese Anlage erlebte Petra S. bisher als starke Kritiksucht (Merkur in 12) oder als Arbeitsscheu des Partners (Merkur in 12) und als Krankheit (Merkur in 12) der anderen.

Ihr Ehemann war Sportlehrer und wollte ausserhalb dieser Tätigkeit — obwohl Petra ganztägig berufstätig war — keine Arbeit verrichten — er half nicht beim Einkaufen, mähte nicht den Rasen, reparierte nichts, half nicht beim Abwasch, ja er fuhr nicht einmal den Wagen zur Inspektion. Seine Hauptbe-

98

schäftigung war, Petra zu kritisieren u. a. auch bei Arbeiten, die eigentlich ihm zugedacht gewesen wären.

Und tatsächlich gaben auch viele Arbeiten, die Petra verrichtete zu Kritik Anlass. Petra hat in ihrem Horoskop den Neptun als Herrscher von Haus 7 in Haus 1. Infolgedessen hat der Merkur als Herrscher von Haus 1 den Neptun als Inhalt bzw. als «Untermieter». Diese Neptun-Inhalte verunsicherten ihre Arbeiten sehr. Petra arbeitete plan- und konzeptlos (Neptun), vergass (Neptun) vieles, verzettelte (Neptun) sich. Sie war chaotisch (Neptun) und uferte aus (Neptun).

Daher musste sie enorm viel Zeit investieren, um über die Runden zu kommen. Einige Dinge wurden doppelt und dreifach erledigt usw. Petra dachte zuwenig nach (Neptun H. v. 7 in 1), sondern arbeitete einfach wie wild drauflos.

Diese chaotische Situation spiegelte sich auch in ihrem eigenen Haus wider (Venus H. v. 2 in 11), das sie von ihrer Mutter geerbt (Venus Konjunktion Pluto) hatte. Das Haus schien ohne Konzept erbaut und war durch radioaktives Baumaterial, durch Wasseradern, durch toxische Farben, mit denen die Wände und Decken gestrichen worden waren, «verseucht». Den Pluto in H 11 im Löwen als Herrscher von Haus 3 erlebte sie, indem sie sich emotional (Löwe) und machtvoll (Pluto) darstellte (H. v. 3) und dabei ein Überlegenheitsgebaren (H 11) an den Tag legte. Dies reizte wiederum erneut ihre Umwelt, um sie zu kritisieren und sie ins 12. Feld zu hieven.

Petra erlebte also ihre Anlagen Merkur, Neptun, Venus und Pluto in der verzauberten Form. Aus diesem Grunde konnte sie weder Geborgenheit in sich selbst, noch beim Partner, noch in der sonstigen personalen u. materiellen Umwelt empfinden.

Astropsychologisch ergibt sich folgendes Bild:
Petra kann erst dann echte gewachsene Geborgenheit erreichen, wenn sie ihre Planeten erlöst. Wie soll sie geborgen sein können, wenn sie den Herrscher von Haus 1, ihre Hauptanlage, nicht zur Verfügung hat? Die Erlösung dieses Planeten ist die Grundvoraussetzung für alles andere; denn ständig seine eigene Anlage als Kritiksucht und Arbeitsscheu des anderen zu erleben oder als eigene konfuse, konzeptlose Arbeit trägt sicher nicht zu einer geborgenen seelischen Atmosphäre bei.
Merkur; Herrscher von Haus 1 in Haus 12 in der Jungfrau bedeutet real ausgelebt:

1. Wahrnehmung (Merkur) und Analyse (Merkur) der Hintergründe, des Unbewussten, des Verdrängten (H 12)

2. Analyse (Merkur) der seelischen Reaktionen der anderen (H 12 = H 6 der anderen)

3. Analyse (Merkur) und Diagnose (Merkur) der Krankheiten der anderen (H 12 = H 6 der anderen)

4. Fähigkeit zur Kritik (Merkur) jenseits (Haus 12) des Massstabs von Gut und Böse, was bedeutet, dass die Kritik in diesem Fall nicht mehr nur von einem

Pol aus erfolgen darf, sondern dass beide Pole berücksichtigt werden müssen, also eine Kritik, die ausserhalb der Norm steht und daher nicht nach der Norm wertet (konstruktive Kritikfähigkeit).

5. Wahrnehmung (Merkur) der alternativen Bestrebungen (H 12) in der patriarchalen Gesellschaft

6. Wahrnehmung (Merkur) von eigenen Alternativen und Möglichkeiten (Haus 12)

7. Differenzierung (Merkur) der eigenen Phantasie (H 12)

8. Sofern die Arbeit nicht bereits in der Analyse und Diagnose (siehe Punkt 1 – 3) liegt, können Arbeiten durch alternatives Denken eingespart werden, oder kann die Fähigkeit zu arbeiten (Merkur) für alternative Projekte (Haus 12) eingesetzt werden.

Um also diese Merkur-Anlage ausbilden zu können, wäre ein Studium der Psychoanalyse, der Astrologie, der Medizin, der Naturheilkunde und der Psychosomatik angezeigt. Es geht nicht darum, jedes dieser Gebiete vollends auszuloten, sondern sich einen Grundstock an Wissen anzueignen, der einem neue Welten eröffnet und die bisherige Kleinkariertheit (Merkur) transzendiert (H 12). Ferner würde ein Aufenthalt in verschiedenen alternativen Gruppen, Rand- und Splittergruppen bewusstseinserweiternd (Haus 12) wirken.

Ist dieser erste Schritt vollzogen, so sind die folgenden Anlagen leichter zu erlösen.

Der Neptun als Herrscher von Haus 7 in Haus 1 wirkt nun als Verstärker der Anlage H. v. 1 in Haus 12.

Lebte Petra bisher die Anlage als falsche Partnerwahl (Neptun, H. v. 7), als konfuses, unsystematisches Denken aus, aufgrund dessen sie sich selbst viel Arbeit verschaffte, so kann sie jetzt ein alternatives (Neptun) Denken (H. v. 7) an den Tag legen, das ihr auch ein anderes Partnerangebot eröffnet.

Die Venus als Herrscher von H 2 in H 11 gibt hierzu entscheidende Hinweise. Petra braucht eine unabhängige und freie Partnerschaft; sie zieht, nach Ausbildung ihrer Venus-Anlage einen Partner an, von dem sie nicht mehr abhängig ist, weil er stellvertretend für sie nicht mehr ihre verdrängten Anlagen ausleben bzw. nicht mehr sie als Gegenpol (z. B. Faulheit als Gegenpol zu uferlosem Arbeiten) ausgleichen muss.

Nach der Ausbildung und dem Einsatz der soeben beschriebenen Merkur-Anlage und des Neptun, war es für Petra möglich, sich von dem alten Besitz zu befreien. Sie verkaufte ihr Haus und baute sich von dem Erlös einen modernen (H 11), schönen (Venus) Bungalow (H. v. H 2) nach den eigenen Vorstellungen (Pluto). Der nächste Schritt war, dass Petra sich von all den neuen Erfahrungen ein Konzept (Pluto) machte und sich damit unabhängig und frei (Haus 11) darstellte (Herrscher von Haus 3).

Die ausgebildete Merkur-Anlage, die unabhängige Partnerschaft, der schöne Bungalow mit einem tollen individuellen Grundriss und die Fähigkeit, sich mit einem Konzept, also mit Inhalt darzustellen, verliehen schliesslich Petra eine Geborgenheit in sich selbst, die sie bisher nicht kannte. Dadurch konnte auch die Jupiter-Anlage als Herrscher von Haus 4 auf einer anderen Frequenz erlebt werden. Petra fühlte sich glücklich (Jupiter) fühlte sich gebildet (Jupiter) und reich (Jupiter), reich an Wissen und an Erfahrung. Zugleich fand sie ihre Identität auf Weiterbildungsveranstaltungen (Herrscher von Haus 4 in Haus 9) und war dort auch selbst als Dozentin tätig.

Der Fall von Petra S. kann auf jedes Horoskop übertragen werden. Die Frage: Wann ist man in sich geborgen? muss daher von jedem Menschen *anders* beantwortet werden. Da jeder Mensch einen anderen Herrscher von Haus 1, 2 und 3 im Horoskop verzeichnet hat, sowie bei jedem andere Planeten im 1. Quadranten vorzufinden sind und jeder eine andere Symbolebene aufsucht, ist auch die Art der Geborgenheit verschieden. Jeder Mensch hat eine andere Geborgenheit (Haus 4), ganz einfach, weil jeder eine andere Identität (Haus 4) hat.

Vielleicht kann die Frage nach der Geborgenheit anhand von 2 kurzen Beispielen noch besser beantwortet werden.

Siegfried K.

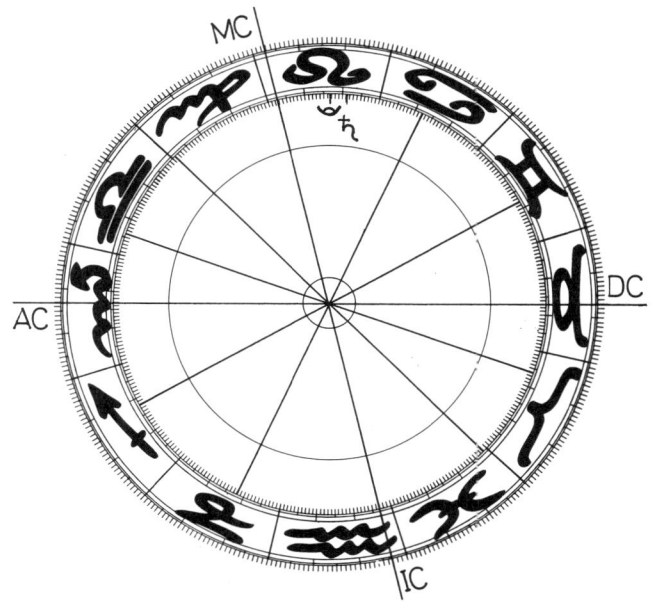

Siegfried K. hatte den Pluto als Herrscher von Haus 1 in Haus 9 in Konjunktion mit Saturn. Diese Konstellation erlebte er vorwiegend in der passiven Form als Leidens(Saturn)- und Realitäts(Saturn)druck (Pluto). Der Sinn (Haus 9) des Lebens bestand für ihn anscheinend nur aus Elend und Leid.

Solange er die wertvollen Anlagen Pluto und Saturn nicht auf einer anderen Frequenz aktiv zur Verfügung hatte, konnte er niemals in sich geborgen sein. Erst als seine alten Massstäbe (Saturn) und Normen (Saturn) in bezug auf Haus

101

9 (Bildung, Philosophie, Religion, Weltanschauung) sich wandelten (Pluto), war der Grundstein zu einer neuen Art von Geborgenheit gelegt.

Bill A.

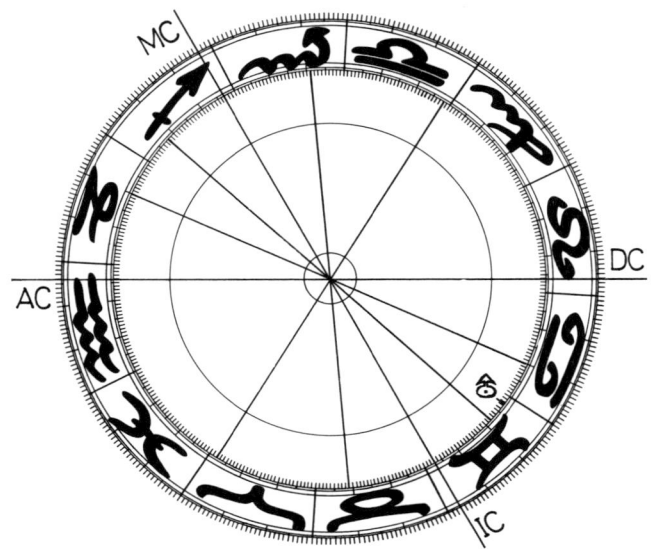

Bill A. war Wassermann-Ascendent und hatte den Herrscher von Haus 1 in Haus 5 im Zwilling. Er lebte diese Anlage vorwiegend nur im Flipperspiel aus. Es ist logisch, dass sich aufgrund dieser unerlösten Frequenz des Uranus als Folge keine echte Geborgenheit herauskristallisieren konnte. Bill war innerlich sehr heimatlos und einsam. Die Ebene einer freien, abwechslungsreichen Sexualität, eines freien Unternehmertums, einer freien Kreativität (Erfinder etc.) usw. würde jedoch seinen Prozess der Identitätsfindung fördern.

Wir können also konstatieren: Wenn der Herrscher von Haus 1, 2 und 3 verzaubert erlebt wird, muss zwangsläufig auch die Geborgenheit noch verwunschen sein. Eine verwunschene Geborgenheit bedeutet nicht, keine Geborgenheit zu haben. Vielmehr haben die meisten Menschen eine *symbolische* Geborgenheit, die sie daran hindert, nach einer echten zu suchen. Meist erkennt der Betreffende erst nach vielen negativen Schicksalsschlägen den Schein, den er sich jahrelang vorgemacht hat und ist erst dann bereit, den Weg zu seiner wirklichen Identität zu beschreiten.

102

B. Abwehr- und Anpassungsmechanismen

Projektion

Unter Projektion versteht man das unbewusste Hinausverlagern von eigenen Vorstellungen, Wünschen und Gefühlen in die Aussenwelt. Einer anderen Person oder einem Gegenstand werden somit Eigenschaften verliehen, welche der Betreffende bei sich selbst verkennt. Das Phänomen der Projektion kann als Prozess gesehen werden, der den subjektiven Vorstellungen den Charakter objektiver Vorgänge verleiht. Psychoanalytisch gesehen handelt es sich um einen Abwehrmechanismus, der das normale Denken vielfach beherrscht und besondere Bedeutung im Wahn besitzt. Der Abwehrmechanismus der Projektion schafft den Ausgleich für das Urtrauma, für die Hemmung in der patriarchalen Gesellschaft, die eigenen lebendigen Anlagen zu entfalten und zu leben.

Bei der psychologischen Astrologie unterscheidet man zwischen einer Projektion des Elternrollenspielers und einer Projektion, die ein Kindrollenspieler vornimmt.

Die Projektion des Elternrollenspielers bzw. Kompensators

Der Elternrollenspieler projiziert unbewusste, moralisch nicht anerkannte eigene Motive auf den Gegner.

Sigmund Freud hat die Tatsache der Projektion als eine besonders häufige Form der *seelischen Entlastung* bezeichnet.

So projiziert der Elternrollenspieler die eigenen «Fehler» auf andere Personen, richtet und verdammt sie an jenen und kann auf diese Art und Weise seine reine Weste behalten. Den anderen wird Aggressivität, Kriegstreiberei, Mord- und Totschlaggelüste, Profitgier, Manipulation, Erpressung, Machtstreben, Lüge, Betrug, Hinterlist etc. unterstellt, um selber im purpurnen Kleid der Integrität, der Güte und des Edelmutes weiter einhergehen zu können.

Aufgrund dieser Vorgehensweise wird evident, warum so viele Elternrollenspieler, obwohl sie das Gute wollen, das Böse schaffen. Sie wollen den Frieden und erwirken den Krieg, sie reden von Liebe und streuen Hass.

Doch woher kommt dieses destruktive Potential im Unbewussten des Elternrollenspielers, woher kommen seine Aggressionen, Hassgefühle, Mordgelüste etc.?

Der Elternrollenspieler identifiziert sich mit den Normen und Idealen der patriarchalen Kultur. Er will ihnen entsprechen. Da er die Norm und das Ideal verkörpern will, die beide meist gegen das Leben gerichtet sind, muss er seine lebendigen Energien, sowie seine persönliche Eigenart verdrängen. Diese Lebensenergien werden durch den Akt der Verdrängung pervertiert — aus realer Durchsetzung, Aktivität, Eigeninitiative wird Aggression, aus Liebe wird Hass, usw.

Hinzu kommt, dass der Elternrollenspieler aufgrund der Opferung seiner Lebensenergien und seiner persönlichen Eigenart zugunsten der Norm oder des Ideals eine Entschädigung, eine Belohnung erwartet: Anerkennung, Bewunderung und Macht. Deshalb muss ihm jeder andere Elternrollenspieler als Gegner erscheinen, der ihm die Belohnung streitig macht oder mit dem er sie teilen muss. Der andere ist der Feind, der Nebenbuhler, der Konkurrent, der ihm die Objekte bzw. den «Markt», die Kindrollenspieler, streitig macht.

Deshalb versucht er alles, um den anderen moralisch zu entwerten — er unterstellt ihm alle Schlechtigkeiten, um sich selbst vor den Kindrollenspielern aufzuwerten und zugleich, um den Besitz des Objekts (Kindrollenspieler) nicht zu verlieren. Das Unheil, dass Letzterer in das Lager des oder der anderen überwechselt, muss auf alle Fälle verhindert werden! Der Kindrollenspieler soll sehen, wie gut er es bei ihm hat, er soll ihm dankbar sein, ihn lobpreisen.

Der Elternrollenspieler identifiziert sich unbewusst mit Gott. Und um diesen Status der Vollkommenheit und Unfehlbarkeit aufrechterhalten zu können und um den Kindrollenspielern bzw. seinen Anhängern, Untergebenen oder Angestellten ein gutes Vorbild abgeben zu können, muss er erneut Leben, Eigenart und Menschlichkeit verdrängen — und aufgrund der Verdrängung entsteht neues destruktives Potential in seinem Unbewussten, das er wieder projizieren muss und es entsteht erneut und verstärkt der Wunsch nach Anerkennung. Ein Teufelskreis also.

Durch die Projektion verschiebt also der Elternrollenspieler auf das Unbewusste der anderen die Aufmerksamkeit, die er dem eigenen Unbewussten entzieht. Das Anstreben der unumschränkten Weltherrschaft wurde von den Nazis dem «Weltjudentum» unterstellt und damit — vor der Öffentlichkeit und vor ihrem eigenen Bewusstsein — das eigene Herrschaftsstreben versteckt. Das «Weltjudentum» diente in Wirklichkeit nur als «projektives Subjekt» eigener Weltherrschaftsträume (Iring Fetscher). Die Projektion unbewusster eigener Motive auf den «Gegner», den anderen, verhindert aber dessen reale Wahrnehmung und damit den fruchtbaren Dialog. An die Stelle des berechtigten Misstrauens gegen die eigenen (unbewussten) Motive tritt das «Misstrauen gegen den anderen». Durch solche Projektion wird gesteigerte Angst hervorgerufen, die zu entsprechenden aggressiv wirkenden (defensiv gemeinten) Reaktionen führt (z. B. Kompensation der Angst durch Aufrüstung). Dadurch *bestätigt* der Gegner durch sein kompensatorisches Verhalten, bzw. durch die «Wirklichkeit» (er rüstet ja tatsächlich auf) die eigene Projektion (Gesetz der Bestätigung — die eigene Wahnwelt wird damit scheinbar zur Wirklichkeit).

Ferner wird Angst (vor dem Gegner) bei den eigenen Kindrollenspielern bzw. Anhängern erzeugt, was bei jenen verstärkte Anlehnung an die Macht ihres Führers und verstärkte Abhängigkeit bewirkt.

Angehörige von Naturvölkern projizieren die eigenen bösen Regungen in Dämonen, in der vereinfachenden Sprache zeitgenössischer Demagogen wird der Gegner dämonisiert und damit noch unheimlicher gemacht. Mit Dämonen aber kann man nicht in einen Dialog treten.

Die Projektion von der einen Seite wird darüber hinaus in der Regel durch eine analoge Projektion von der anderen *ergänzt*. Auf diese Art und Weise schaukeln sich Angst, Hass und Aggression hoch — sie eskalieren.

Ausser der Projektion der eigenen Fehler und unbewussten Motivationen auf den anderen Elternrollenspieler, auf den Feind und der Projektion der Erwartung, dass der Kindrollenspieler ihm huldigt und nicht abtrünnig wird, gibt es beim Elternrollenspieler noch eine andere Form der Projektion.

Es ist die unbewusste Projektion der eigenen Hilflosigkeit, Unwissenheit, Schwäche, Unsicherheit, Unselbständigkeit, Hemmung, Angst, Ohnmacht, etc. auf den Kindrollenspieler. All diese Defizite, die er sich selbst nicht eingesteht, muss der Elternrollenspieler ständig mit der Norm (auf den betreffenden Lebensgebieten) kompensieren, damit er den Eindruck erwecken kann, er hätte immer alles im Griff, er sei so souverän und sicher, er sei so stark, dass er Ohnmacht und Angst nicht kennen würde.

Er verleugnet also einen Pol seiner Persönlichkeit und ist deshalb gezwungen, diesen Pol in der Projektion zu erfahren.

Freilich sagt kein Elternrollenspieler z. B. bei der Partnersuche: Ich möchte eine hilflose, schwache Frau oder ich sehne mich nach einem armen Partner, den ich unterstützen muss. Und dennoch zieht er fast magisch solche Partner an, ja mehr noch, er braucht solche Partner, um sich an den Defiziten und Schwächen derselben stabilisieren zu können, um seine innerseelische Homöostase aufrechtzuerhalten. Der Gegenpol gleicht ihn aus, zusammen bilden sie eine Einheit, sie sind komplementär miteinander verflochten.

Nun werden viele sagen: Ja, aber der Elternrollenspieler zeichnet sich doch gerade aus durch Stärke, Sicherheit, Wissen, Macht, Selbständigkeit etc. — wie kann er da in seinem Unbewussten schwach, unsicher, unwissend, machtlos oder unselbständig sein? Wie kann er da zugleich den anderen Pol in sich tragen und diesen projizieren?

Nehmen wir als Beispiel einen Elternrollenspieler, der ein mittleres Unternehmen zu führen versteht, z. B. eine KFZ-Vertretung mit 50 Angestellten. Dieser Mann erscheint zunächst auf den ersten Blick als sehr selbständige Persönlichkeit, steckt aber bei näherer Betrachtung dennoch in Abhängigkeitsverhältnissen: Er ist abhängig von der KFZ-Firma, ist abhängig von den Kunden, ist abhängig von der Marktlage usw.

Ferner heisst es zu beachten, dass dieser Mann ja nur auf *einem* Gebiet innerhalb der patriarchalen Gesellschaft selbständig ist; er kann z. B. in einer anderen Branche, wo ein anderes Wissen und andere Fertigkeiten erforderlich sind, völlig unselbständig sein. Hinzu kommt, dass diese partielle Selbständigkeit meist darauf aufgebaut ist, dass Angestellte die Arbeiten übernehmen, die der Elternrollenspieler nicht ausführen könnte.

So basiert häufig die Selbständigkeit des Elternrollenspielers auf den verschiedenen Fähigkeiten der Angestellten. Ohne diese Anlagen der anderen würde die Selbständigkeit so manchen Unternehmers wie ein Kartenhaus zusammenfallen.

Es ist also ein Unterschied, ob man die Fähigkeit zur Selbständigkeit innerhalb der Norm ausbildet oder ob man Selbständigkeit in dem Sinne versteht, dass man auf seinem wirklichen Selbst stehen kann, was allerdings eine vorhergehende Identitäts- bzw. Selbstfindung voraussetzt. Die erste Form von Selbständigkeit ist also die stete Kompensation der eigenen verdeckten Unselbständigkeit (oft auch die Angst vor Abhängigkeit und Unterordnung) und die

Kompensation der Abhängigkeit bzw. Unselbständigkeit, die in der Vergangenheit erlebt wurde (z. B. als Kind). In diesem Fall agiert der Elternrollenspieler ständig gegen ein Manko, das er früher einmal hatte und lebt daher in der Vergangenheit. Er trägt im Unbewussten das Bild des Pols, den er früher verkörpert hat und projiziert diesen Pol auf die Kindrollenspieler, bei denen er kompensieren kann.

Die Projektion des Kindrollenspielers bzw. Gehemmten

Wenn der Kindrollenspieler auf bestimmten Lebensgebieten die patriarchale Norm nicht erfüllen kann, so empfindet er dies als Manko und als Defizit. Aufgrund dieses Defizits projiziert er auf den Elternrollenspieler, dass jener dieses Manko ausgleichen möge. Der Kindrollenspieler projiziert also das Komplementärbild zu seinem jeweiligen Defizit bzw. projiziert den Gegenpol dazu. Gleichzeitig verdrängt er durch den Akt der Projektion die Ausbildung seiner *eigenen* Anlage. Am meisten imponiert ihm deswegen derjenige Elternrollenspieler, der mit seiner Anlage bzw. mit seinem Verhalten auf dem entsprechenden Lebensgebiet diesem Komplementärbild am besten entsprechen kann bzw. der dem am nächsten kommt, wie er seine eigene Anlage — wenn er nicht verhindert wäre — ausleben würde.

Es handelt sich also hier um eine *bewusste* Projektion im Gegensatz zu einer *unbewussten* Projektion, die dann beim Kindrollenspieler zu verzeichnen ist, wenn sein Defizit so gross ist, dass es nur durch das andere Extrem ausgeglichen werden kann — wie das z. B. bei einer durchsetzungsschwachen Frau der Fall ist, die einen Aggressor anzieht. Die verdrängte Marsenergie wird unbewusst auf den Aggressor projiziert. Ebenso unbewusst ist eine Projektion, wenn der Elternrollenspieler den Betreffenden zwar ausgleicht, aber nicht auf der Ebene, auf der der Kindrollenspieler dies wünscht. Die Art der Kompensation stimmt dann nicht mit der Erwartung des Kindrollenspielers überein. Leidet z. B. ein Kindrollenspieler am Mangel an geistigem Austausch (Jupiter), so kann es sein, dass er Partner anzieht, die auf den verschiedensten Jupiterebenen kompensieren, nur nicht dort, wo der Kindrollenspieler dies braucht. Wenn er sich geistig austauschen möchte, ist ihm mit einem Partner wenig gedient, der seine Jupiterhemmung z. B. über den Reitsport (Jupiter) kompensiert. Dem Kindrollenspieler passt nun diese Art der Kompensation nicht, er ist verärgert darüber, dass er anders ausgeglichen wird als es seiner Vorstellung entspricht. In vielen Fällen kämpft dann der Kindrollenspieler gegen die Kompensation des anderen, ohne zu erkennen, dass er dadurch zugleich gegen den eigenen Ausgleich agiert. Manchmal löst der Kindrollenspieler die bisherige Beziehung auf, weil er die Art der Kompensation des anderen nicht mehr ertragen kann. Übertragen auf obigen Fall könnte er sich z. B. schwören, nie mehr sich mit einem Reitsportfanatiker zu liieren. Der nächste Partner frönt dann tatsächlich nicht mehr diesem Sport, ist aber vielleicht dafür ständig auf Reisen (Jupiterkompensation). Die Welt der Reiter wurde nun von der Reisewelt abgelöst.

In solchen Fällen projiziert der Kindrollenspieler also die Kompensation seines Defizits unbewusst auf «falsche» Welten (innerhalb des betreffenden kosmischen Prinzips), um weiter in seiner Hemmung bleiben und weiter leiden zu können.

Eine weitere Schwierigkeit liegt darin, wenn der Kindrollenspieler zwar auf die «richtige» Welt projiziert, aber innerhalb dieser wiederum nicht auf den «Level» den er zur Kompensation braucht. Das wäre z. B. der Fall, wenn eine Frau mit Saturn im Löwen in Haus 8 sich einen selbständigen Rechtsanwalt wünscht, aber «nur» einen Rechtspfleger, der in der Verwaltung tätig ist, anzieht. Diese verschiedenen Ebenen innerhalb der «Welten» eines Prinzips sind in der patriarchalen Gesellschaft hierarchisch gegliedert. Das Komplementärbild bzw. die Ebene, auf die man projiziert, ist dabei abhängig von dem Stellenwert, den man selbst innerhalb der Gesellschaft einnimmt oder einzunehmen glaubt, ist also abhängig von der eigenen Schulbildung, von dem Milieu, in dem man aufwuchs und in dem man sich im Status quo aufhält, abhängig davon, ob man sich schön oder hässlich findet. . .

Für eine Frau mit abgeschlossenem Hochschulstudium bedeutet ein Partner, der von Beruf Rechtspfleger ist, sicher keine Kompensationsmöglichkeit, wohl aber vielleicht für eine Frau, die aus dem Arbeitermilieu kommt und keine höhere Schulbildung aufweisen kann.

Im Falle der Akademikerin muss jedoch in diesem Zusammenhang erwähnt werden, dass jene umgekehrt nämlich als Elternrollenspielerin beim Rechtspfleger kompensieren könnte. Durch ihre übergeordnete soziale Stellung kann sie z. B. ihren mangelnden Eigenwert ausgleichen. Diese Frau mag zwar oberbewusst einen gleichrangigen oder höhergestellten Partner begehren, ihr Unbewusstes weiss es aber besser, welcher Partner letztendlich für ihr Persönlichkeitssystem stabilisierend wirken kann bzw. welcher Partner für ihren derzeitigen Entwicklungsstand geeignet ist.

Doch zurück zum Kindrollenspieler!

Trägheit, Faulheit, Unvermögen, Unsicherheit und Angst (verursacht durch die rollen-, zeitepochen- und milieuspezifischen Normen) treiben die Kindrollenspieler zur Projektion. Den Kindrollenspielern ist einfach die Anstrengung zu gross, die Wegstrecke zu lang, sie wollen den Wunsch oder das Ziel möglichst *sofort* und auf der Stelle realisiert haben.

Und über den Prozess der Projektion können, — so erscheint es den Kindrollenspielern — bestimmte Ziele, Wünsche und Ideale müheloser und schneller erreicht werden.

Die Schwierigkeit liegt jedoch darin, dass diese Wünsche, Ziele und Ideale gänzlich nur Komplementärbilder zu dem Defizit des Kindrollenspielers sind und daher irrealen Charakter haben, d. h. wenn sie erfüllt werden, ist meist nur kurz Befriedigung möglich und oft sehr bald stellen sich die Gefühle der Enttäuschung und der Frustration ein.

Der Kindrollenspieler ist einer Illusion erlegen, weil er effektive Erfüllung nur erlangen kann, wenn er seine *persönlichen Eigenarten* auf den verschiedenen Lebensgebieten entwickelt. Auch die Zeitersparnis, die durch die Projektion erfolgt, ist ein Trugschluss, denn im Endeffekt braucht er, um sein *wahres* Ziel

107

zu erreichen, länger, da er stets im Akt der Projektion gerade die Ausbildung seiner *eigenen* Anlage immer wieder auf's neu *abwehrt* (Abwehrmechanismus). In diesem Zusammenhang schreibt Erich Fromm in «Das Christusdogma»: «Der Mensch in unserer Kultur erfährt sich nicht mehr als handelndes Subjekt, nicht als Mittelpunkt der Welt, sondern als machtloses Ding. Er ist auch als Erwachsener noch ziemlich hilflos und versucht auf mancherlei Art, Autoritäten und Mächte zu finden, die ihm Schutz und Sicherheit geben. Der Preis, den er für diese Hilfe zahlt, besteht darin, dass er sich von ihnen *abhängig* macht, seine Freiheit aufgibt und seinen Wachstumsprozess verlangsamt. Er borgt von ihnen seine Denkweise, seine Gefühle, seine Ziele, seine Werte, obgleich er in der Illusion lebt, dass er es sei, der denkt, fühlt und seine Wahl trifft.»

Der Kindrollenspieler gibt also all seine Planeten ab, also Persönlichkeitsanteile, die ihm gehören, die er entfalten dürfte und müsste, die sein Leben, sein Schicksal und sein Glück bedeuten.

Insbesondere projiziert der Kindrollenspieler seine Saturnanlage und überlässt damit die Steuerung des eigenen Lebensschiffes anderen.

Er projiziert die Verantwortung (Saturn) für seine Gesundheit auf den Arzt, für seine Sicherheit (Venus — Stier) auf die Versicherungen, für sein Seelenleben (Mond) auf den Priester oder Psychotherapeuten, für seine Rechte als Mensch auf den Rechtsanwalt usw.

Symptomatisch ist ferner für ihn, dass er einen Vorteil oder einen Nutzen aus der Verbindung mit dem Elternrollenspieler ziehen will. Er projiziert die Erwartung, dass der Elternrollenspieler ihm hilft, dass er durch ihn innerhalb der Hierarchie aufsteigt, dass er durch ihn Karriere macht oder befördert wird, eine finanzielle Verbesserung erfährt, mehr Ansehen gewinnt. . .

Es ist für den Kindrollenspieler ein erhebendes Gefühl, mit einer Arztfamilie befreundet oder gar mit dem Stadtrat per Du zu sein. Aus diesem Grunde haben viele Elternrollenspieler häufig das Gefühl, dass sie nur der gebende Teil sind und dass die anderen nur «nehmen» wollen, dass die anderen nur zu ihnen kommen und in Kontakt treten, wenn sie was wollen. Der Kindrollenspieler aber hat ähnliche Gefühle. Auch er fühlt sich oft benutzt und ausgebeutet. Er muss funktionieren, sich unterordnen, gehorsam sein, für den Elternrollenspieler arbeiten, damit er die Chance hat, etwas von ihm zu bekommen. Wenn beide — sowohl der Elternrollenspieler, als auch der Kindrollenspieler — davon sprechen, dass jeweils der andere undankbar ist, sind sie einer Projektion erlegen.

Projektion auf «Stars»

Eine weitere typische Reaktion des Kindrollenspielers ist die Projektion auf sogenannte Stars, auf berühmte Persönlichkeiten z. B. in der Sport-, Film-, Theater-, Television- und Musikszene.

Von der psychologischen Astrologie aus betrachtet, werden die Stars Stars genannt, weil sie die Sterne für andere Menschen darstellen, weil sie stellvertretend die Planeten (Sterne) für andere ausleben. Ein Star ist ein Mensch, der eine Anlage (in seltenen Fällen auch zwei oder drei Anlagen) kompensatorisch ausgebildet hat, der also mit einer Anlage ein Ideal der Kultur- und Zeitepoche erfüllt. (z. B. ein Rennfahrer, der als Projektionsfläche für Millionen im Rennfahren Gehemmte bzw. Möchtegernrennfahrer fungiert).

Eine gehemmte Anlage leuchtet nicht! Die Gehemmten, das sind die, die in der Anonymität der Masse untergehen, das sind die, die im Dunkeln sind, während die Stars sich vorwiegend im Licht aufhalten, was symbolisch durch das Blitzlichtgewitter, dem sie ausgesetzt sind und durch das Rampenlicht, in dem sie stehen, ausgedrückt ist.

Jeder Gedanke, jede Bewegung, jede Handlung, jeder Aufenthaltsort, jede Liebschaft des Stars erscheint derart wichtig, dass darüber ständig in allen Zeitungen und Zeitschriften berichtet wird. Der Star darf seine «Individualität» ausdrücken, ja er muss dies sogar tun, um weiter eine Projektionsfläche abgeben zu können.

So leiden z. B. viele Fans mit, wenn ihr Idol erkrankt oder wenn eine seiner Liebschaften zerbricht, aber das Schicksal des Mitmenschen von nebenan berührt sie nicht. Letzteres ist für sie uninteressant, weil sie sich mit dem Gehemmten nicht identifizieren. Gehemmt sind sie ja selber. Da sie kein eigenes Leben haben, projizieren sie auf den anderen Pol, auf den Star, weil sie durch ihn ausgeglichen werden.

Wenn der Star nur den anderen Pol einer bestimmten Anlage verkörpert, liegt der Schluss nahe, dass der Gehemmte *dieselbe* Anlage in sich trägt, sonst würde er sich mit seinem Leitbild nicht identifizieren. Jeder Gehemmte könnte also dasselbe Genie sein, könnte also genau so glänzen wie sein Idol!

Nun wird mancher den Einwand bringen, dass der Fan z. B. eines Sprinter-Stars, der die 100 Meter in 9,9 Sekunden läuft, u. U. gar nicht die anatomischen Voraussetzungen dazu hat, ähnliche Zeiten zu erzielen. Insofern würde die oben aufgestellte Behauptung also nicht zutreffend sein.

Da jedoch der Körper Ausdruck der Persönlichkeit ist, manifestierte sich die unentwickelte (gehemmte) Anlage auch auf der somatischen Ebene. Der Betreffende hätte also die Anlage gehabt, wenn sie prä- und postnatal zugelassen und entwickelt worden wäre. Jetzt, nachdem der Körper sich der inneren Hemmung gemäss ausformte, besteht keine Möglichkeit mehr.

Insofern kann man sagen: Die Vergangenheit, die seine Persönlichkeit und seinen Körper geprägt hat, bestimmt je nach der jeweiligen defizitären Situation das Vorbild der Gegenwart.

So könnte z. B. ein Mars im Fisch auf dem Fussballfeld als unberechenbarer (Fisch) Mittelstürmer (Mars) ausgelebt werden. Und im Minuspol könnte diese Anlage bedeuten, dass der Betreffende sich zu schwach fühlt (oder Angst hat) Sport zu treiben (oder er keine Mitspieler findet).

Der sich im Minuspol Befindliche kann nun z. B. Gerd Müller, der aufgrund seiner kuriosen Tore weltberühmt wurde, als Leitbild haben.

Aus dem bisher Gesagten geht hervor, dass wir zwischen drei Gruppen, die jeweils auf Stars projizieren, unterscheiden müssen:

1. Gruppe: Das sind diejenigen, die in der Ausbildung der Anlage behindert wurden oder darin steckengeblieben sind.

2. Gruppe: Hier handelt es sich um Personen, die die körperlichen, schöpferischen oder geistigen Voraussetzungen hätten, aber nicht anwenden bzw. die die Mühe scheuen, diese Anlagen auszubauen und zu differenzieren.

3. Gruppe: Diese Gruppe — übrigens die kleinste — setzt sich aus Menschen zusammen, die die Anlage in sich fühlen und den entsprechenden Entwicklungsweg gehen wollen.

Während ansonsten, wenn die eigene Identität durch die eines anderen ersetzt wird, das Wachstum der Anlage blockiert wird, ist in diesem Fall die Identifikation mit einem Star entwicklungsfördernd, da sie motivierenden Charakter hat. Auf diese Art und Weise kann es sein, dass der einzelne hier selbst eines Tages zum Star wird.

Abschliessend sei noch angeführt, dass die meisten Stars nur deshalb kometenhaft aufsteigen können, weil sie jeweils eine bestimmte Plattform benutzen, die gesellschaftlich bedingt ist. Mit anderen Worten: Stars haben vorwiegend die Funktion, das Volk (bzw. die Kindrollenspieler) bei Laune zu halten, es zu unterhalten und es von eigenem Denken (vom Wesentlichen) abzulenken. Insofern haben sie systemstabilisierenden Charakter. Sie lassen all den Frust, den z. B. eine entfremdete Arbeit oder eine «gescheiterte» Ehe hinterlässt, vergessen.

Sie bringen den Ausgleich für den Frust. Die Frustration der Menschen, nicht ein eigenes Leben leben zu können, ist also die Basis ihrer Existenz. Die Frustration lässt verschiedene Formen von Ausgleich entstehen.

Die Popularität eines Stars hängt also davon ab, auf welche Form von Ausgleich (z. B. Fussball- oder Schlagerbranche) er gesetzt hat. So fungiert ein Bundesligaspieler zum Beispiel als Plattform für mannigfaltige Gefühle und Emotionen, die im Arbeitsleben nicht ausgelebt werden können.

Mit hochrotem Gesicht sitzt so mancher Zuschauer vor dem Bildschirm und wird da plötzlich lebendig. Er lebt auf! Das Fussballspiel wird für ihn Ersatz für die mangelnde Spannung in seinem Leben, Ersatz für die mangelnden Erfolgserlebnisse im Berufsleben, Ersatz für mangelnde Freude und Glück. Der Fussballstar ist dabei nur ein Rädchen in dieser Ausgleichsmaschinerie — und austauschbar.

Bildprojektionen und die daraus resultierenden Reaktionen der anderen

Wie an anderer Stelle bereits festgestellt wurde, projiziert der Kindrollenspieler das Komplementärbild zu seinem jeweiligen Defizit und erwartet dabei, dass der andere dieser Projektion entspricht.

Umgekehrt hat aber nun auch der Elternrollenspieler Bedürfnisse, die nicht gestillt werden und daher mit den entsprechenden Bildern gekoppelt sind.

Kind- und Elternrollenspieler unterscheiden sich nur durch die Art und Weise, durch die Form, wie sie den anderen dazu bewegen, diesem Bild zu entsprechen.

110

Während der Kindrollenspieler sich mehr in der Rolle des Bittenden und Flehenden befindet oder ein besonders freundliches und liebevolles Verhalten an den Tag legt, versucht der Elternrollenspieler mit Lob und Tadel, mit Geschenken und Strafen, mit Liebesentzug, mit Kritik, mit Massregelung oder gar mit Macht und Gewalt den Partner zu manipulieren, um sein Ziel zu erreichen. Oft wird eine Person erst durch das Komplementärbild zum Elternrollenspieler. Der einzelne leitet, wenn der andere sein Bild nicht erfüllt, die Berechtigung ab, den anderen unter Druck setzen, massregeln, strafen etc. zu können.

So basiert die autoritäre Erziehung auf solch irrealen Komplementärbildern.

Leben die Eltern eines Kindes nach den Massstäben von Konvention und Moral, müssen sie die lebendigen Anlagen in sich unterdrücken, knebeln, hemmen, abblocken.

Die Unterdrückung dieser lebendigen Anlagen bedingt entsprechende Bilder, die dazu angetan sind, diese Defizite auszugleichen. Diese Bilder werden dann auf das Kind projiziert. Das Kind wird unbewusst zum Ausgleich im eigenen Persönlichkeitssystem gebraucht. Erziehung ist in diesem Fall nichts anderes als die Formung eines Menschen nach irrealen Komplementärbildern, nach Bildern, die genauso krankhaft sind wie die zugrundeliegenden Komplexe, Hemmungen und Defizite der Eltern, und das Lebensprogramm der Kinder ist meist nur eine Mixtur aus Anpassung an und Reaktion auf diese irrealen Vorstellungsbilder.

Hierzu ein Fall aus der Praxis:

Michaela K.

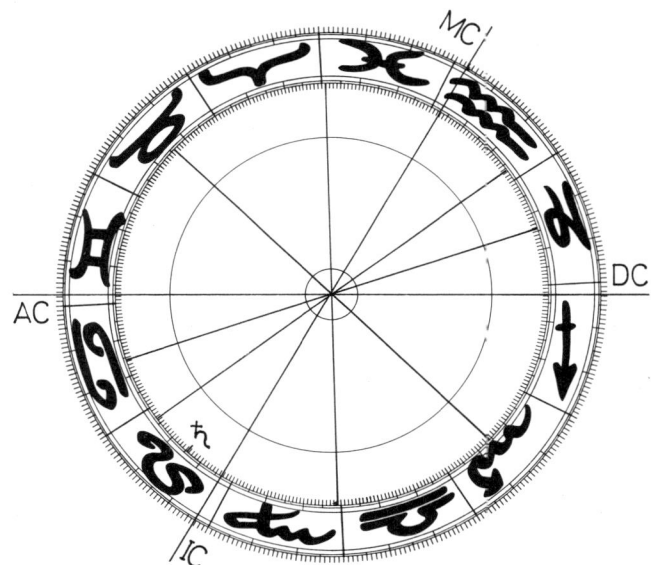

Michaela K. (35) hat in ihrer Partnerbeziehung (H 8) sehr viel Frustration und Leid (Saturn, Herrscher v. H 8) erfahren. Diese Hemmung versucht sie in Haus

3 zu kompensieren, indem sie unbewusst ihren Saturn auf ihren Sohn Holger (13) projiziert. Jener soll den Ehrgeiz (Saturn) in H 3-Belangen an den Tag legen, den sie bei sich selbst nicht aktivieren will. Ja mehr noch: Michaela K. kam gar nicht auf den Gedanken, dass sie selbst in ihrem Saturn-Prinzip einen Ausgleich zu ihrer Hemmung schaffen könnte, weil für sie — wie sie argumentierte — als Hausfrau und Mutter «der Zug bereits abgefahren sei». Sie hatte lediglich den Ehrgeiz (= Saturn-Kompensation) ihren Sohn zum Ehrgeiz bzw. zu schulischen Leistungen anzutreiben. Doch Holger war verspielt und verträumt und in der Schule ein «Versager». Auf diese Art und Weise hatte Michaela K. einen doppelten Schmerz — in ihrer Ehe klappte es nicht und ihr Kind wollte nicht lernen. (Saturn, H. v. 8 in H 3 in der Hemmung). Weder mit ihrer Ehe noch mit den schulischen Leistungen ihres Sohnes konnte sie Anerkennung (Saturn) in der Umwelt ernten.

Holger's Flucht in den Traum und sein schulisches Versagen waren eine unbewusste Auflehnung gegenüber der starken Erwartungshaltung bzw. gegenüber dem Vorstellungsbild der Mutter. Würde sich Michaela K. selbst *eigene* Lernziele (Saturn in H 3) stecken und zu verwirklichen versuchen, könnte sie mehr loslassen. Ihr Sohn würde dann nicht mehr so sehr unter Erwartungsdruck stehen und braucht daher auf diesen «krankhaften» Einfluss nicht mehr «krankhaft» durch Leistungsverweigerung zu reagieren.

Es war ein Teufelskreis: Je grösser der Druck der Mutter war, desto stärker beim Sohn die Tendenz zu versagen und je mehr der Sohn in der Schule versagte, desto stärker der mütterliche Druck.

Freilich kann die oben vorgeschlagene Lösungsmöglichkeit das Grundübel nicht beseitigen. Hierzu wäre erforderlich, dass Michaela K. ihre Massstäbe (Saturn) und Ideale (Saturn) in bezug auf Ehe (Saturn H. v. H 8) und in bezug auf intellektuelle Leistungen (Saturn in H 3) (u. damit das konventionelle Schulsystem) infragestellt. Dennoch wäre der circulus vitiosus bereits durchbrochen, wenn sie dazu übergehen würde, ihre Hemmungen selbst zu kompensieren, anstatt dies von ihrem Sohn zu verlangen. Die Bewusstwerdung ihrer Problematik (es ist primär *ihre* Problematik und erst in zweiter Linie die ihres Sohnes) wird allerdings durch den festen Glauben abgewehrt, dass sie deshalb so sehr auf Lösung dränge, weil ihr die Zukunft ihres Sohnes so sehr am Herzen liegen würde. Erschwerend kommt hinzu, dass sie von der Umwelt und vom Kollektiv in diesem Vorstellungsbild auch noch *bestätigt* wird.

So wie viele Eltern also ihre Kinder «erziehen», so wird dann die Erziehung nach Komplementärbildern im Erwachsenenalter in der Partnerschaft fortgesetzt.

Die grosse Frage ist nun: Wie reagiert der andere auf diese Bildprojektion? Projiziert z. B. ein Mann auf seine jeweilige Partnerin ein Bild, wie sie sich in der Öffentlichkeit zu verhalten hat, so sind je nach Persönlichkeitstypus bzw. je nach psychischer Struktur verschiedene Reaktionsformen möglich: Die Partnerin kann auf diese Projektion

mit Widerstand
mit Trotzverhalten
mit Hass

mit Wut
mit Ärger
mit Tränen
mit Aggression
mit Rebellion
mit Depression
mit Rückzug
mit Flucht
mit Sucht
mit Seitensprung
mit Krankheit
oder mit Anpassung

reagieren. Solche Reaktionen sind nur dann nicht zu verzeichnen, wenn sich die Projektion des Kindrollenspielers und die Projektion des Elternrollenspielers ergänzen (z. B. Hilfloser — Helfer etc. — siehe entsprechende Ausführungen).

Fallstudie:

Peter R. wollte jede Frau nach seinem inneren Bild formen. Er hatte nicht nur eine genaue Vorstellung davon, welche Haarfarbe sie haben, wie sie sich schminken und kleiden, welche Sportart sie ausüben und welche Hobbies sie pflegen soll, sondern auch davon, was sie in bestimmten Situationen z. B. in einer Diskussionsrunde zum Ausdruck bringen, auf welche Art und Weise sie Zärtlichkeiten und seelische Liebe schenken und wie sie sich im Bett verhalten soll. War ihr Verhalten nicht diesem Bild entsprechend, massregelte Peter seine jeweilige Partnerin.
    Auf Peters Bildprojektion (= Fremdbestimmung) reagierte Sylvia N. mit Kopfschmerzen, Angelika M. mit chronisch rezidivierendem Fluor albus (Ausfluss), Renate J. mit einer chronischen Nephritis.
    Jede Frau reagierte entsprechend ihrer psychischen Struktur bzw. entsprechend ihrer Planetenkonstellation im Horoskop. Je nach Disposition somatisierte jede an einem anderen Organ, wobei die körperliche «Schwachstelle» jeweils mit einer seelisch-geistigen Fehlhaltung bzw. mit einem Defizit in bezug auf eine Fähigkeit oder Anlage gekoppelt war;
Sylvia N. erlebte bei Peter R. ihre Mars — Saturn-Problematik. Sie konnte sich ihm gegenüber nicht durchsetzen (Mars). Die durch die Verdrängung der Mars-Energie entstandene Aggression wagte sie nicht zu äussern, sondern leitete sie über Kopfschmerzen ab.
    Angelika M. wurde durch Peters Bildprojektion in ihrer Weiblichkeit verunsichert. Sie fühlte sich bei Peter als Frau nicht angenommen. Diese Situation wurde in ihrem Horoskop durch eine Mond/Neptun Quadratur ausgedrückt. Da sie sich als Frau nicht sicher fühlte, liess sie sich verunsichern bzw. suchte sie unbewusst nach einem Mann, der ihre innere Problematik noch bestätigte und verstärkte (Gesetz der neg. Verstärkung).
    Peter R. war nun aber kein Bösewicht, dem es nur darauf ankam, Angelika ständig in ihrem Frausein zu entwerten, sondern sein Bild entstand ja aus einem

tiefen Bedürfnis. Er brauchte dringend die Erfüllung dieses Bildes, um in seinem Persönlichkeitssystem ausgeglichen zu werden. Er wollte sie also nicht bewusst in ihrer Weiblichkeit schmälern, sondern hat dies nur bei ihr unbewusst erwirkt. Diese Wirkung konnte er nur erzielen, weil Angelika mit ihrer individuellen «Schwachstelle», mit ihrem Gefühlsraster, mit ihrem Reaktionsmuster reagierte. Diese Problematik wurde gerade an der Stelle somatisiert, die der Weiblichkeit entspricht, nämlich im gynäkologischen Bereich. Bei Renate J. wurde durch Peter's Bildprojektion eine andere Problematik angesprochen. Sie war ständig verunsichert (Neptun), ob sie die Partnerschaft (Venus) unter den gegebenen Umständen fortsetzen solle oder nicht. (Renate's Horoskop wies eine Venus/Neptun-Opposition auf). Auf diese Stimmungslage reagierte sie mit einer chronischen Nephritis.

Aufgrund dieser Erfahrungen, bildete sich bei Peter R. die Meinung, Frauen wären einfach ständig kränkelnde Wesen.

Auch er war permanent frustriert und litt seelische Schmerzen, da sein Bild nicht erfüllt wurde. Peter R. hatte in seinem Horoskop eine Mond/Pluto Quadratur. Die Kompensation der inneren Unterdrückung (Pluto) seiner Mond-Anlage ist die Fixierung auf ein bestimmtes Bild (Pluto-Kompensation).

Peter R. möchte also eine Frau, die das Komplementärbild zu seiner inneren Unterdrückung verkörpert, zieht aber jeweils nur eine Frau an, die seiner inneren Unterdrückung bzw. die dem derzeitigen Entwicklungsstand entspricht, den er mit seiner Pluto-Anlage erreicht hat.

Solange er diese innere Anlage nicht aus ihrem verwunschenen Zustand erlöst, wird er unter der Diskrepanz zwischen Vorstellungsbild und Wirklichkeit leiden und — bei seinen Partnerinnen Leiden verursachen, welche wiederum seinen seelischen Schmerz verstärken, da er ja nicht Krankheiten sehen will, sondern die Erfüllung seines Bildes.

Peter R. lässt sich auf einen aussichtslosen Kampf ein. Er kämpft und engagiert sich aussen und will die Frau nach seinem Bild formen, ohne zu sehen, dass sein Bild bereits irreal ist, d. h. eine Reaktion ist auf eigene Defizite in den Häusern von 1 bis 6.

Auf diese irreale Bildprojektion reagiert nun die jeweilige Partnerin ebenso irreal bzw. ebenso neurotisch. Diese irreale Reaktion wiederum ruft neue irreale Reaktionen bei Peter hervor. Ein circulus vitiosus also. Beide verstricken sich in eine Welt, die nicht existent ist, sie leben aneinander vorbei. Sofern man ein solches Leben als Leben bezeichnen kann. Es ist nur Ein-so-tun-als-würde-man-leben. Es ist eine Täuschung.

Es ist für die Betreffenden nicht mehr festzustellen, wo die eigentliche Ursache liegt. Sie liegt nicht — wie es zunächst scheinen mag — in Peter's Bildprojektion; denn diese Bildprojektion ist bereits Folge eines Defizits und das Defizit ist wiederum Folge einer nicht ausgebildeten Anlage, die komplementär zu einer nicht ausgebildeten Anlage seiner jeweiligen Partnerin steht.

Aus diesem Grunde hat auch die Suche nach der Ursache der Problematik im Vorleben — wie es in manchen Esoterikerkreisen Usus ist — wenig Effizienz. Eine solche Suche ist unseres Erachtens — nur eine *Flucht* vor der schmerzhaften Einsicht des eigenen Mangels und — damit verbunden — nur die *Abwehr,* die Anlage im Hier und Jetzt auszubilden.

Wenn auch Peters Partnerinnen Defizite im eigenen Persönlichkeitssystem aufweisen, kann man auch nicht — wie es häufig geschieht — die Problematik einfach dergestalt vereinfachen, indem man sagt, die Frauen müssten eben *lernen,* sich gegenüber den Bildprojektionen *abzugrenzen.*

Dies ist sicher ein wichtiger Schritt, aber führt, wenn nicht weitergegangen wird, letztendlich nur dazu, dass die Betreffenden oft bis an ihr Lebensende immer wieder Situationen aufsuchen, wo sie gezwungen sind, sich gegenüber den Projektionen der anderen abzugrenzen. Sie kommen nicht voran. Es wird nichts besser.

Es muss also hier zusätzlich die Frage aufgeworfen werden, warum man ständig mit solchen Bildprojektionen konfrontiert wird, warum man überhaupt Partner anzieht, die solche Erwartungshaltungen an einen stellen. Ein Grund liegt darin, dass viele Menschen ihre Kindheitssituation wiederholen, in der die Eltern Erwartungen an sie hegten.

Es wurde kein eigener Pluto — weder kompensatorisch noch real — ausgebildet. Eine andere Ursache mag darin begründet sein, dass der einzelne auf bestimmten Lebensgebieten keine Fähigkeiten oder Anlagen im Elternhaus gelernt hat und daher dem Partner zu wenig anbieten kann.

Bei manchen Menschen ist das Verhältnis zwischen Geben und Empfangen so gestört, dass kein realer Austausch der Energien stattfinden kann.

So kann es passieren, dass der Partner des Betreffenden ständig auf einem oder mehreren Lebensgebieten in seinem Energiehaushalt in ein Defizit abrutscht und aufgrund dessen Erwartungshaltungen an den Partner stellt. Hat z. B. ein Mann nicht gelernt, Zärtlichkeit zu *geben,* so wird seine Partnerin in Mondbelangen in eine Minussituation getrieben und erwartet ständig seelische Wärme und Liebe ohne diese zu bekommen. (Allerdings muss natürlich vorher abgeklärt werden, ob nicht die Partnerin selbst in ihrer Mondanlage so grosse Defizite hat, dass ihr Anspruch auf Zärtlichkeit damit überdimensioniert wurde und somit das Angebot nur zwangsläufig als immer zu wenig erscheinen muss!) Wir haben immer wieder gesehen, dass manche Menschen aufgrund von Nichtausbildung von Anlagen im Elternhaus oder aufgrund von neurotischem Fehlverhalten ihrem Partner die Befriedigung von realen Bedürfnissen versagen. Es gehört zu den Selbstverständlichkeiten in einer Partnerschaft die Triebe (Mars) des anderen zu befriedigen, dem Partner körperlichen Genuss zu verschaffen und ihm Sicherheit zu vermitteln (Venus), mit ihm zu kommunizieren (Merkur), ihm Geborgenheit zu schenken, ihn öfter zu umarmen, zu küssen und ihm zu sagen, dass man ihn gern hat, ihn in seiner seelischen Eigenart anzunehmen (Mond), usw.

Solche Geschenke kosten nichts und bringen viel Freude und Glück. Es handelt sich also hier um *reale* im Gegensatz zu irrealen Erwartungen. Irreale Erwartungen liegen z. B. vor, wenn der Partner zur Befriedigung von eigenen Machtbestrebungen, zum Aufoktroyieren von bestimmten Vorstellungen, zur Erfüllung von eigenen Zielen etc. benutzt wird, kurzum, wenn es nicht um den Austausch von realen Energien geht.

Irrealen Erwartungen auf einem bestimmten Lebensgebiet ist nur derjenige ausgesetzt, der dort selbst nicht wirklichkeitsadäquat seine Anlagen lebt oder sie nur undifferenziert zur Verfügung hat.

Lebt jemand z. B. seine Mond-Anlage mit depressiven Gefühlen aus, so kann dieses depressive Programm durch die ebenso krankhafte Erwartenshaltung des anderen, er solle doch mehr lachen und freundlicher sein, ausgeglichen werden. Der Depressive aber erklärt, er wolle sich an die Vorstellungen des anderen nicht anpassen; er könne nicht lachen und fröhlich sein, wenn ihm nicht danach zumute sei. Würde er es tun, dann wäre das aufgesetzt, künstlich, unecht. Er übersieht jedoch dabei, dass seine Gefühlswelt auch nicht der Wirklichkeit entspricht und dass er deshalb zwangsläufig durch den Gegenpol ausgeglichen werden muss.

Dieses Beispiel lässt sich auf sämtliche Anlagen bzw. Persönlichkeitsanteile übertragen.

Irreale Erwartungshaltungen der Partner und Mitmenschen sind also nichts anderes als Korrekturen des eigenen irrealen Programms oder *Ersatz* für ein nicht vorhandenes eigenes Programm. Im letzteren Fall wäre die Projektion des anderen eine eigene unbewusste Projektion des Pluto; der einzelne erfährt seinen Persönlichkeitsanteil Pluto nur in der Projektion. Da er mit seinem Pluto nur den Pol Ohnmacht lebt, muss er den anderen Pol projizieren und über den Mitmenschen dann erfahren und erleiden.

Peters Frauen werden also erst dann nicht mehr mit Bildprojektionen torpediert, wenn sie 1. sich Gedanken gemacht und eine Vorstellung ausgebildet haben, 2. ein neues Programm zusammengestellt haben, und 3. dieses ureigene Programm (ureigene Fähigkeiten) auf den verschiedensten Lebensgebieten in die Tat umgesetzt haben und damit dem Partner *anbieten* können. Sie ziehen dann solche Partner an, die diesem neuen Programm gemäss sind. Allerdings zeigen auch hier die entsprechenden Feedbacks, inwieweit es sich dabei wirklich um reale Programme handelte oder ob sich nicht doch wieder die Neurose über eine Hintertür eingeschlichen hat.

Projektion, um alte Gefühle aus der Vergangenheit reproduzieren zu können

Laura's Leben war dadurch gekennzeichnet, dass sie ständig von einer misslichen Situation in die andere schlitterte. Dabei fühlte sie sich mies, litt an Minderwertigkeitskomplexen und haderte mit der Welt.

In solchen Situationen jammert sie ständig ihrem Partner vor, bis in jenem der Drang entsteht, ihr zu helfen. Wenn der Partner ihr dann verschiedene Vorschläge unterbreitet, auf welche Art und Weise sie ihre Lage verbessern könnte, ist sie zunächst voller Hoffnung.

Nach kurzer Zeit aber melden sich bei ihr Zweifel an den Konzepten des Partners. Sie nimmt an, dass er ihr diese Vorschläge nur unterbreitet hätte
— aus selbstsüchtigen Bestrebungen,
— um sie auszunutzen
— um — wenn sie damit etwas erreichen würde — mit ihr vor Freunden prahlen zu können
— um Macht über sie zu gewinnen
oder sie widersetzt sich, indem sie zum Ausdruck bringt, dass sie seinen Erwar-

tungsdruck, sie solle aktiv werden und endlich was tun, nicht mehr ertragen könne.

Durch die Projektion, der Partner würde sie unter Druck setzen, kann sie erneut ihre alten Gefühle von Traurigkeit, Missmut und Depression reproduzieren.

Wie auch immer die Situation aussehen mag, Laura findet einen Grund, um sich wieder mies fühlen zu können.

Hinzu kommt, dass beim Partner ebenfalls nur fade Gefühle übrig bleiben: Das Gefühl, der andere sei undankbar oder gar Schuldgefühle, weil er eine Erwartungshaltung an den Tag gelegt hat.

Astrologisch gesehen: Laura hat den Mars in Konjunktion mit dem Pluto in Haus 7. Ihr Verhalten lässt darauf schliessen, dass Laura ihre Plutoanlage nicht zur Verfügung hat. Sie hat nicht gelernt, sich selber ein Konzept (Pluto) zu erarbeiten, das — wenn es realisiert wird — günstigere Lebensbedingungen schafft. Dieses Defizit treibt Laura zur Projektion ihres Pluto. Sie setzt unbewusst ihren Partner unter Druck (Pluto), ihren Mangel auszugleichen. Der Partner beisst tatsächlich an diesen Köder «Hilf mir» an und unterbreitet Vorschläge (Pluto-Kompensation). Daraufhin fühlt sich Laura unter Druck (Pluto), was einesteils verständlich ist, da das Konzept des Partners nur dessen Vorgehensweise beschreibt, nur beschreibt wie *er* sich aus der misslichen Situation herausmanövrieren würde, nicht aber ihrem eigenen Wesen entspricht, andererseits ist der Druck aber nicht wirklich existent, er besteht nur in ihrer Vorstellung. Sie filtriert mit ihrem Pluto in Haus 7 aus der Begegnungssituation nur das ihrem Muster Entsprechende heraus — und erlebt dies als Wirklichkeit.

Dieser Fall macht besonders deutlich, dass eine Abgrenzung gegenüber der Erwartungsprojektion des «Patriarchen» — ansonsten ein wohlgemeinter Ratschlag — wenig Sinn hat, wenn es Laura's eigene Projektion ist.

Laura projiziert, dass der Partner auf sie projiziert. Durch die Projektion des Pluto als Erwartungsdruck, der erduldet werden muss, kann Laura dann mit dem Mars den Partner angreifen (Mars) und wird damit ihren Ärger (Mars) über ihre missliche Lage, die sie unbewusst immer wieder selbst erzeugt, los. Nun ist der Partner schuld an den eigenen schlechten Gefühlen.

Auf diese Art und Weise werden zwei so wertvolle Energien wie Mars und Pluto unnütz verschleudert.

Sie sind in einem eingefahrenen Muster erstarrt und bringen so weder der Person selbst noch den Mitmenschen etwas ein. Die Lebenszeit könnte konstruktiver genutzt werden als mit solchen Spielchen.

Und dennoch ziehen sich die Partner magisch an, um gerade diese Spiele austragen zu können.

Ja mehr noch! Meist ist die komplementäre Verflochtenheit zwischen Spieler und Mitspieler die (neurotische) *Basis* der Beziehung.

Weigert sich einer der Beteiligten, mitzuspielen, droht die Partnerschaft auseinander zu brechen. Es kommt zu einer Krise. Laura ist also kein Einzelfall.

Viele Menschen projizieren auf andere etwas Negatives, um ihren alten Gefühlsraster wieder ziehen zu können. Bezeichnend ist, dass dabei die anderen nicht gefragt werden, ob es wirklich so ist, sondern es wird eine Sachlage oder Situation angenommen und es ist oft ein aussichtsloses Unterfangen, den Betreffenden vom Gegenteil zu überzeugen oder zu einer realen Sichtweite zu bringen.

In solchen Fällen hat es oft den Anschein, als ob die Projizierenden um jeden Preis *leiden wollen*. Sie wollen gar keine Berichtigung ihrer falschen Annahme hören, sondern wollen partout in ihren Depressionen und in ihrem Leid verharren. So unterstellte Richarda K. ihrem Partner, dass er nie an sie denken würde, damit sie sich wieder im Sumpf ihrer Minderwertigkeitsgefühle suhlen konnte, unterstellte Horst A. seiner Freundin, dass sie ihn am Sonntag mit einem anderen Mann betrogen hätte, um seine Eifersuchtsgefühle wiederholen zu können. Und Dietmar L., von Beruf Schriftsteller, projizierte auf seine «Konkurrenten», dass jene Tag und Nacht nur darauf aus seien, ihn zu plagiieren, damit er wieder seine alten Gefühle der Ausgestossenheit erleben konnte.

Wieder andere bauen einen Popanz auf, um dagegen angehen zu können oder projizieren auf politische Führer, dass jene bald einen Krieg beginnen würden, um ihre alten Ängste wieder zu erleben. Hier wird deutlich, dass die Menschen sich ihre Gefühle selbst machen, dass die Gefühle abhängig sind vom III. Quadranten im Horoskop, dass die Projektion, Vorstellung oder Glaubenshaltung die entsprechenden Gefühle hervorruft. Fatalerweise sind es jedoch gerade die Defizite im I. u. II. Quadranten, die die Projektionen und Vorstellungsbilder entstehen lassen.

Ein circulus vitiosus also, aus dem es nur ein Entrinnen gibt, wenn der Betreffende imstande ist, die Szenerie und die damit verbundenen Mechanismen zu durchschauen, wenn er unterscheiden lernt, was real und was irreal ist, wenn er schliesslich neu zu denken und zu leben lernt.

Andere Bildprojektionen

Ausser der Bildprojektion auf den Partner, die bei Erfüllung für den Projizierenden ausgleichende Funktion hat, und der Projektion von Feindbildern, die katharische Wirkungen zeitigen, gibt es noch andere Bildprojektionen, die Bestandteil des individuellen Lebensfilms sind.

Der einzelne braucht in diesem Fall die Mitmenschen für seinen persönlichen Film, den er unaufhörlich abspult, um nicht mit der Wirklichkeit konfrontiert zu werden.

Er projiziert auf den Mitmenschen die Bilder, um seine alten Gefühle, Vorurteile und Massstäbe wiederholen und so im alten Raster bleiben zu können.

So verdächtigt ein Mann einen Verkäufer, er hätte ihn beschwindelt, obwohl dies objektiv nicht zutreffend war, oder eine Frau nimmt an, ihr Arbeitskollege sei ein «Luftikus», obwohl jener keinerlei Playboytendenzen aufweist. Einer muss eben in ihrem Film den Luftikus spielen. Die Rolle musste vergeben werden! Es ist oft sehr schwierig, den «Projizierenden» zu überzeugen, dass es sich hier einzig und allein um seine subjektiven Bilder handelt, die mit der Wirklichkeit überhaupt nichts zu tun haben. Ebenso sind Projektionen zu beurteilen, bei denen der einzelne sich von einer Sache ein ganz bestimmtes Bild macht, ohne sich näher darüber zu informieren. So greifen z. B. viele, nicht die Astrologie, die Psychologie, die vegetarische Ernährung oder die Baubiologie an, sondern nur das Bild, das sie sich hierüber gemacht haben.

Es ist natürlich sehr viel einfacher, z. B. die Astrologie als Scharlatanerie abzukanzeln, als sich jahrelang damit zu beschäftigen.

Das Bild resultiert aus der eigenen Abwehr, die das alte Lebensprogramm schützt.

In die Kategorie der Bildprojektionen können letztendlich auch die sog. Stimmungsprojektionen eingereiht werden. Je nach eigener Stimmungslage werden auf den anderen Gutmütigkeit, Herzlichkeit, Frohsinn etc. projiziert oder man empfindet den Mitmenschen als hart, herzlos, griesgrämig etc. — oder man befindet sich im Zustand des Verliebtseins und sieht alles durch die «rosarote Brille».

Man sieht den Partner so wie man ihn sehen möchte und nicht wie er wirklich ist.

Hier wird auch deutlich, dass der Liebesschmerz (die Enttäuschung) nichts anderes ist, als die offensichtliche Diskrepanz zwischen dem Vorstellungsbild und dem wirklichen Partner.

In diesem Zusammenhang heisst es sich auch vor Augen zu führen, dass die Gefühle von Zärtlichkeit und Liebe, die man für einen Partner empfindet, meist von der jeweiligen Projektion abhängig sind.

Insofern fliesst eigentlich nicht die Liebe zum Partner über, sondern zum Vorstellungsbild, zur eigenen Projektion.

Auch werden die wohligen Gefühle, die man z. B. bei einer Umarmung mit dem geliebten Partner empfindet, vorwiegend *selbst produziert*. (Bei einer Umarmung mit einer anderen Person bleibt man «kalt»). Die wohligen, angenehmen Gefühle entstehen also meist aufgrund der eigenen Projektionen und nicht wie Liebende im Glauben sind aufgrund von gegenseitig überströmender «Liebe».

Wenn die Liebe, d.h. die gegenseitige Projektion erloschen ist, sind auch meist die wohligen Gefühle passé oder zumindest weitgehend reduziert. Man «empfindet» nichts mehr bei eben demselben Partner, der vorher als Quelle aller Lust und Liebe erschien.

Projektion, Rollenfixierung und Externalisation

Seit 3 Jahren trafen einmal wöchentlich in einem psychosomatischen Forschungskreis Ärzte und Psychotherapeuten zusammen, um Erfahrungen auszutauschen, um Supervision zu machen, um neue Ideen entwickeln zu können.

Diese Intention konnte jedoch von dem Zeitpunkt an nicht mehr oder zumindest nicht mehr in dem Umfange realisiert werden, in dem Ulf P. zu der Gruppe stiess. Ulf P. betrachtete den Forschungskreis als Podium für seine Selbstdarstellung und fiel insbesondere durch Arroganz, die mit Engstirnigkeit gekoppelt war, auf. Grundsätzlich widersetzte er sich allen neuen Ideen und kanzelte sie als Humbug oder als Hirngespinste ab. Gleichzeitig langweilte er seine Kollegen mit der rituellen Wiederholung einer offensichtlich undifferenzierten, engen Sichtweise auf dem weiten Feld der Psychosomatik.

Um den Forschungskreis weiter aufrechterhalten zu können, wurde schliesslich Ulf P. ausgeschlossen.

Nachdem ihm dies eröffnet wurde, erklärte Ulf P., er habe ohnehin selbst bereits in Erwägung gezogen, die Gruppe zu verlassen, weil er vor so viel Dummheit einfach kapitulieren müsse.

Ulf P.: Mein Ansatz in Psychosomatik ist komplexer und differenzierter. Schade, dass eure geistige Kapazität nicht ausreicht, um hier effektiv mitreden zu können.

Sprach's und verliess dabei in überheblicher Manier den Raum.
Die übrigen Mitglieder schauten daraufhin betroffen in die Runde.
Was lief hier ab?

Christina S.
geb. 31.10.47 13.^{00} Uhr
Paderborn

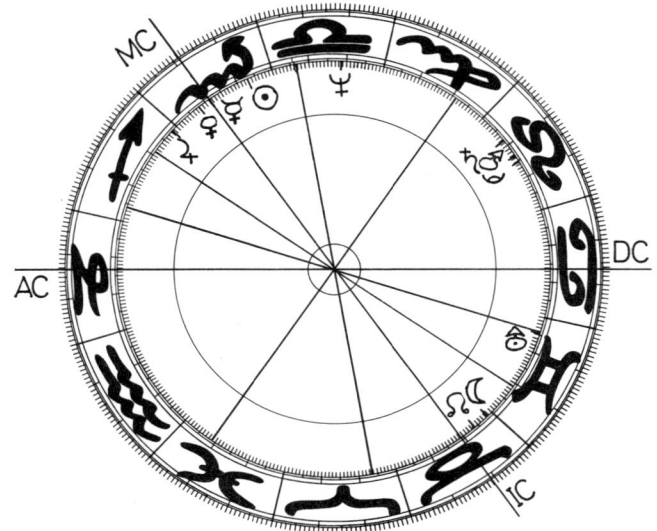

Hier ein weiteres Beispiel:
Christina S. wuchs unter 5 Brüdern auf und wurde als einzige Tochter von ihren Eltern sehr verwöhnt.

Wenn sie sich als Kind schlecht fühlte, wurde ihr sofort Widmung zuteil und wenn sie sich gut fühlte und lachte, strahlte die ganze Umwelt.

Bereits in der frühen Kindheit trat bei ihr ein hysterisches Verhalten hervor, vor allem als übersteigerter Geltungsanspruch in der Auseinandersetzung mit Eltern und Geschwistern. Dieser übersteigerte Geltungsanspruch wurde auch später zu einem bestimmenden Faktor in ihrem Leben. Christina S., von Natur aus mit überdurchschnittlicher Schönheit ausgestattet, wollte ohne entsprechenden Einsatz und ohne Anstrengung im Mittelpunkt des Geschehens stehen, und zwar um jeden Preis, und sei es mit Hilfe eines abnormen Verhaltens.

Dabei kamen ihr lebhafte Phantasie und ausgeprägte Begabung zu effektvoller Darstellung zustatten:
exaltiertes Auftreten, Renommieren, Kokettieren, demonstratives Leiden und jede andere Möglichkeit, die Aufmerksamkeit der Umwelt zu erregen, Bewunderung oder Mitleid auf sich zu ziehen.

Christina S. wollte stets oben sein, grösser, höher, besser, weiter als die anderen sein — hatte aber die für hysterische Persönlichkeiten*) typische Leistungsscheu.

Christina S. tat einfach so als ob sie die Weisheit, den Erfolg und den Ruhm (Jupiter in Haus 10) bereits erreicht hätte und erwartete dabei von der Umwelt Bewunderung und Beifall. Wenn sie aufgrund dieses Verhaltens aber von den Mitmenschen abgelehnt wurde, war sie stets beleidigt und suchte die Schuld ständig nur bei den anderen.

Ein besonderer Hemmschuh, selbstkritisch die Situation zu beurteilen, war dabei ihre fast überirdische Schönheit (Venus in Haus 10 in der Kompensation). Letztere unterband bei ihr nicht nur die Ausbildung von Anlagen, sondern verhinderte auch eine negative Verstärkung ihres Leidens, da sie rasch und leicht oberflächliche Kontakte knüpfen konnte. Dadurch fühlte sie sich wieder akzeptiert und in der Meinung bestätigt, dass das Problem nur bei ihren bisherigen Bekannten liegen würde.

Verstärkt wurde Christina's Symptomatik schliesslich durch die Psychowelle.

Geschickt verstand sie es dabei deren Terminologie aufzugreifen und für ihre Darstellung zu verwenden.

Insbesondere kam ihr dabei das Motto «Gefühle nicht zu verdrängen, sondern auszudrücken» gelegen, hatte sie doch nun sogar «offiziell» die Berechtigung, ihre alte Platte immer wieder aufzulegen. So langweilte sie ihre Umwelt mit stundenlangen Berichten, wie sie sich fühlte (Mond, Herrscher von H 7 in H 4). Wenn sie sich schlecht fühlte, sollten alle sie bedauern, gleichzeitig aber versuchte sie damit anderen Schuldgefühle aufzuoktroyieren, sie zu strafen, Macht auszuüben, zu erpressen. Wenn sie sich gut fühlte, sollten alle sie bewundern und toll finden, sie sollten sogar ihre eigene Schwäche gegenüber ihrer Grösse erkennen. Da sie ihre Gefühle auszudrücken vermochte, war Christina S. der Überzeugung, sich auf dem neuesten Stand der Psychotherapie zu befinden, progressiv zu sein, während es sich bei den anderen um Rückständige handeln würde, die das alles erst noch zu lernen hätten.

Wenn die Mitmenschen sich aufgrund dieses Verhaltens zurückziehen wollten, pochte sie auf eine andere Maxime der Psychotherapie, nämlich, sich *auseinandersetzen* zu müssen.

So kam es, dass Christina S. trotz immenser Chancen beim anderen Geschlecht zu einer tiefen und tragfähigen Beziehung nicht fähig war.

Dies sollte sich ändern, als sie auf einem Kongress den Therapeuten Karl R. kennenlernte.

Karl R. war ein äusserst ehrgeiziger junger Therapeut, der sich bereits durch zahlreiche Veröffentlichungen in Fachzeitschriften einen Namen gemacht hatte. Da er in seinem Horoskop eine Venus—Saturn Problematik aufwies (Venus Konjunktion Saturn in Haus 9), war er sofort von der schönen Christina fasziniert. Seine Hemmung in Venus-Belangen konnte über sie hervorragend

---

*) Wenn hier von einer hysterischen Persönlichkeit gesprochen wird, so darf nicht ausser acht gelassen werden, dass es problematisch ist, eine Person in eine bestimmte Gruppe einzuordnen. Die Mannigfaltigkeit psychischer Strukturen widerspricht einer solchen Typologie.

Dennoch ist die Typologie zur wissenschaftlichen Verständigung notwendig. Sie ist statthaft, wenn man über einer solchen Einordnung nach bestimmten Merkmalen nicht die Gesamtpersönlichkeit und ihr individuelles Lebensschicksal aus dem Auge verliert (R. Tölle).

121

kompensiert werden. In seinen Träumen sah er, wie er mit Christina, die sich bei ihm eingehakt hatte und sich lieb an ihn schmiegte, auf den nächsten Tagungen und Kongressen erschien und — wie dabei ein Raunen durch die Menge ging.

Aufgrund dieser Verblendung bzw. aufgrund seiner Bedürftigkeit nach Ausgleich seiner Hemmung, nahm Karl R., ansonsten ein hervorragender Therapeut, Christina's hysterisches Krankheitsbild nicht wahr und wurde dadurch zu einem Spielball ihrer Macht und ihrer Launen.

Karl R. unterstützte Christina wo er nur konnte — er lieh ihr Geld, da sie hoch verschuldet war (Neptun Herrscher von H 2 in H 8), finanzierte ihr eine Ausbildung, eröffnete ihr berufliche Chancen. Er hörte ihr Gejammere an, deutete ihre Träume, zollte ihr Bewunderung bei ihren grossen Auftritten, widmete sich ihr stundenlang — bis er eines Tages merkte, dass er selbst als Mensch auf der Strecke blieb. Da Christina ihn zu einem Zuschauer ihrer Gefühlsonanie degradierte, musste er immer wieder auf's neue seine Bedürfnisse unterdrücken, konnte sich selber kaum einbringen, wurde in seiner seelischen Eigenart gar nicht wahrgenommen.

Auch merkte Karl R., dass im Gegensatz zu seinen früheren Beziehungen sich in der Partnerschaft einfach keine gemeinsame Intimität und Vertrautheit entwickelte, ferner, dass mit Christina eine Kommunikation auf einer erwachsenen Ebene nicht möglich war, da sie sich ausser für ihre Gefühle für kaum etwas anderes interessierte und in Problembereichen sofort ablenkte. Nach einem der vielen Streits, die Christina immer dann zu inszenieren pflegte (Mars in H 7), wenn der Partner sich nicht ihr total widmete, beendete Karl R. die Beziehung.

Daraufhin schrie ihm Christina S. entgegen:
— Du bist zu keiner tiefen und tragfähigen Beziehung fähig
— Du machst immer dieselben Fehler und lernst nichts daraus
— Du bist nicht fähig, einen Konflikt auf bessere Art und Weise zu lösen
— Du bist nicht bereit, dich auseinanderzusetzen
— Du bist total zu
— Du blockst nur ab
— ich konnte ohnehin bei dir meine Bedürfnisse nicht ausleben
— Du hast mich nur benutzt
— Sieh zu, wie weit du es mit diesem Verhalten bringst
— Du bist geistig einfach zu eng für mich
— ich fühlte mich ohnehin bei dir nicht richtig in meinem So-sein angenommen
— ich habe mich zu sehr an dich angepasst
— es fehlt dir ganz einfach an Menschlichkeit
— Du bist psychisch schwer krank
— ich hab nur Mitleid mit dir

Karl R. war von diesen «Argumenten» wie erschlagen, waren doch das all die Punkte, die er bei ihr wahrnahm und die ihn zu einer Trennung bewogen hatten.

In diesem Beispiel verlangt Christina S. nicht nur, dass der Partner sie in ihrem psychopathologischen Verhalten belässt und annimmt, sondern, dass er auch ihrem dazu komplementär stehenden Bild entspricht. Nur wenn er die Rolle, die sie ihm zuweist, einnimmt, ist er zu einer «echten» Partnerschaft fähig.

Sie braucht einen Partner, der sie bemitleidet, bewundert und sich ihr ständig wie einem Kleinkind widmet.

Von dieser Rollenfixierung aus beurteilt sie den Partner: Er hat nichts dazugelernt, weil er nicht weiter die ihm zugedachte Rolle spielen wollte.

«Hinzulernen» würde er nur, wenn er Christina's Bild erfüllen oder sich immer mehr in Richtung des Bildes entwickeln würde. Er ist geistig so eng, weil für Christina nur ihr enges Bild die Weite darstellt.

Sie projiziert ihre eigene geistige Enge auf den anderen, um selbst als geistig weit erscheinen zu können. Auf diese Art und Weise ist sie wieder «oben» und kann sich daran stabilisieren, dass er «unten» ist.

Denn es wäre für ihr Persönlichkeitssystem nicht vereinbar, sich eingestehen zu müssen, dass der andere ihr geistig überlegen ist.

Eine solche Verlagerung von inkompatiblen Erlebnisinhalten von der eigenen Person in die Aussenwelt *(Externalisierung)* läuft immer mit einer *Realitätsbezugsstörung* synchron. Sowohl Christina S. als auch Ulf P. (Fall 1) sind zu sehr in ihrer eigenen Welt und ihrer Vergangenheit verstrickt und können aufgrund dessen die Wirklichkeit nicht mehr wahrnehmen. Da bei beiden das Erwachsenenich verkümmert ist, besteht keine Krankheitseinsicht und daher keine Korrekturmöglichkeit.

Bleiben wir noch etwas bei dem Fall von Christina S.: Christina S. hat den Saturn als Herrscher von Haus 1 in Haus 7 und kompensiert daher die Hemmung in der Durchsetzung mit Streben nach Anerkennung in der Begegnungssituation. Indem sie so tat, als ob sie Diskussionsfähigkeit (Merkur), die Fähigkeit Gefühle zu zeigen und zu analysieren (Merkur), Auseinandersetzungs- und Partnerfähigkeit (Venus) und Weisheit (Jupiter) bereits erreicht hätte, blockierte (Saturn) sie gerade die Entwicklung eben dieser Anlagen (Merkur, Venus und Jupiter in Haus 10) und erwirkte in der Umwelt (H 7) nur Aggression (Mars), Machtkämpfe (Pluto) und Rückzugstendenzen (Saturn).

Da ihr Ideal nur das Komplementärbild zu ihrer Hemmung war, war dieses Ideal genauso pathologisch wie der andere Pol, die Hemmung. Daher wirkte Christina's kompensatorisches Verhalten auf die Mitmenschen unsympathisch (Venus Quadrat Saturn).

Es blieb der Umwelt nicht verborgen, dass nur eine Rolle gespielt wird und nichts oder nur wenig echt *gewachsen* ist; denn würde Christina S. statt das Ziel in das Jetzt zu transplantieren, die Bereitschaft aufbringen, all diese Anlagen auszubilden und sich so Inhalte anzueignen, wäre nach dem Beschreiten dieses mühevollen, aber erfüllenden Weges ihr Verhalten anders. Sie hätte dann gerade diese Überheblichkeit, die den anderen in seinem Eigenwert so sehr schmälert (Neptun in Haus 8 = Neptun in Haus 2 des anderen) nicht mehr nötig. Sie könnte dann ihr Agieren und ihre Symptomatik aufgeben.

Nun noch kurz zur Problematik von Karl R.:
Karl R. wurde Opfer seiner eigenen Bildprojektion. Während Christina S. aufgrund ihrer Rollenfixierung als seelische «Sadistin» kaum Menschlichkeit (Einfühlungsnahme in den Partner, Berücksichtigung der Interessen, Rechte und Belange des anderen, Einstellung auf den Partner, Anteilnahme an einem fremden Schicksal etc.) entgegenbringen konnte, entwickelte Karl R. als seeli-

scher Masochist jene Eigenschaften nur aufgrund seiner Bildprojektion, die ihn in die Beziehung zu Christina S. schlittern liess. Er spielte das Spiel mit, solange er die Hoffnung auf Ausgleich seiner Venus-Hemmung in H 9 aufrechterhalten konnte. Ferner wurde er Opfer seiner eigenen therapeutischen Ideologie. Christina S. hat ihn mit seinen eigenen Leitbildern (sich auseinanderzusetzen, Gefühle zeigen etc.) schachmatt gesetzt. Es musste ihm klarwerden, dass selbst solch reale Leitbilder zu einer Farce werden können, wenn sie nur zur Rechtfertigung von pathologischem Verhalten oder nur als Aufhänger für die stete Wiederholung der Vergangenheit benutzt werden. Als Karl R. schliesslich Christina's hysterisches Krankheitsbild erkannte und sich dagegen abgrenzte, projizierte Christina auf ihn, dass er nur ein Fluchtverhalten an den Tag legen würde. Für ihn war es Abgrenzung, für sie Flucht.

Projektion oder objektive Feststellung?

Manchmal geht ein Elternrollenspieler auch sehr subtil vor. Er erspürt instinktiv die Schwächen des Gegners und fügt sie so geschickt zu einem Bild zusammen, dass sowohl für ihn selbst als auch für die Mitmenschen der Eindruck entsteht, der andere wäre wirklich so. Indem er die positiven Aspekte des anderen ausklammert oder verleugnet, ist dieses negative Bild überzeichnet. Dieses verzerrte Bild projiziert er nun auf den anderen, um dagegen angehen zu können und um — quasi als Nebeneffekt — damit den Kindrollenspieler so zu manipulieren, dass jener sich seine Sichtweise aneignet. Er will dem Kindrollenspieler die Augen öffnen, ihm zu einem «klaren» Durchblick verhelfen.

Hinzu kommt, dass der Elternrollenspieler seine eigenen Stärken als Wertmassstab nimmt, der den Konkurrenten oder Feind dagegen zwangsläufig ins Hintertreffen geraten lässt.

So kann z.B. ein praktisch veranlagter Ehemann seinen Nebenbuhler, dessen Begabungen mehr auf musischem Gebiet liegen, als weltfremden Träumer abqualifizieren.

Solche und ähnliche Projektionen können natürlich auch von einem Kindrollenspieler zum anderen ablaufen. Auch hier gilt der Grundsatz, den Konkurrenten, der die Gunst des Elternrollenspielers erlangen will, in einem schlechten Licht erscheinen zu lassen. Der Elternrollenspieler soll sich ihm allein zuwenden und sich vom anderen Kindrollenspieler distanzieren.

Lässt man all das, was bisher über das Phänomen der Projektion gesagt wurde, Revue passieren, so taucht sicher die Frage auf, ob es überhaupt reale Feststellungen gibt, und wenn ja, welche Möglichkeiten bestehen, diese von Projektionen zu unterscheiden. Es müssen doch auch objektive Feststellungen möglich sein, etwa, wenn jemand wirklich egoistisch, weltfremd, scheinheilig, überheblich, schizophren oder paranoid ist! Wenn mehrere Personen dieselbe Feststellung treffen, kann es sich da noch um eine Projektion handeln? Hierzu sei festgestellt, dass gerade Projektionen, die von vielen Menschen vorgenommen werden, zunächst aufgrund von gegenseitiger Bestätigung nicht als solche erkannt werden. Bei obigem Beispiel, bei dem der Nebenbuhler als weltfremd apostrophiert wurde, war offensichtlich, dass Projektion mit im Spiele war.

Nicht so eindeutig wäre es für manchen aber zu beurteilen, wenn auch andere Menschen oder gar das ganze Umfeld den Betreffenden als weltfremd bezeichnen würde.

Hier heisst es sich vor Augen zu führen, dass die Welt derer, die dieses Urteil fällen, nicht die Welt schlechthin ist. Da die Welt aus vielen Welten besteht, kann derjenige, der in der Welt einer bestimmten Schicht oder Gruppe als Fremdkörper erscheint, in einer anderen Umgebung (Welt) geachtet und akzeptiert sein.

Wie entscheidend der jeweilige Standpunkt bei Projektionen ist, zeigt auch folgender Fall:

Liselotte V. hat sich einer religiösen Bewegung angeschlossen, die, wie sie immer wieder betonte, nun schon fast eine Million Mitglieder zählt. Um die Heilslehre auch ihrem Freund Rüdiger N. nahezubringen, lud sie ihn ein, mit ihr einen «unverbindlichen» Informationsabend zu besuchen.

Der Referent des Abends war ein junger Mann von etwa 30 Jahren, der sich rhetorisch glänzend in Szene zu setzen wusste und mehrmals den spontanen Beifall des Auditoriums erwirkte. Rüdiger hingegen — obwohl zunächst den Ausführungen aufgeschlossen folgend — konnte sich des Eindruckes nicht erwehren, dass hier Manipulation im Spiele war. Vollends bestätigt wurde er in seiner Annahme, als der Referent am Ende seines Vortrages, die Leute aufforderte, sich zu umarmen und zu lieben und zugleich Beitrittsformulare austeilen liess. Wer auch glücklich werden wollte, brauchte also nur zu unterschreiben und innerhalb von 14 Tagen einen bestimmten Geldbetrag zu überweisen.

Liselotte V. fragte nun Rüdiger, ob nun nicht auch er — wie eine Million anderer Menschen — glücklich werden wolle. Rüdiger hingegen sprach von den Manipulationstechniken und von der Geldgier der Führer dieser Sekte. Daraufhin warf Liselotte V. Rüdiger vor, er hätte nur Vorurteile und würde dem Referenten seinen Erfolg nicht gönnen. Aufgrund ihrer Enttäuschung, dass Rüdiger nicht in die Sekte eintrat, zeichnete Lieselotte V. von Rüdiger eine negatives Bild. Sie interpretierte seine Ablehnung als Vorurteilshaltung, ohne zu sehen, dass Rüdiger die Mechanismen der Manipulation erkannte und gerade die Kritikfähigkeit an den Tag legte, die ihr und anscheinend noch einer Million Menschen fehlte. Es handelte also bei Liselottes Interpretation, die vom Standpunkt ihrer religiösen Ideologie erfolgte, nicht um eine reale Feststellung, sondern um eine Projektion.

Aber wenn jemand krankhaft egoistisch ist?

Auch hier gilt es zuerst abzuklären, ob nicht der Standpunkt des Betreffenden, der diese Feststellung trifft, selbst pathologisch ist, etwa wenn jener seine Bedürfnisse nicht zu zeigen wagt oder sich in totaler Abhängigkeit befindet. So bezeichnen z.B. viele Männer die Emanzipationsbestrebungen ihrer Frauen als egoistisch, obwohl letztere — objektiv gesehen — nur ihre Grundrechte durchzusetzen versuchen.

Der einzelne unterliegt also erst dann keiner Projektion mehr, wenn er dem anderen unabhängig und neutral gegenübersteht und — das ist das Entscheidende — die nötige Erfahrung und das entsprechende Wissen aufweist, um überhaupt objektiv richtige Feststellungen treffen zu können. So ist z.B. ein fundiertes Wissen in Psychiatrie notwendig, um das Krankheitsbild des Wahns vom normalen Erleben und von anderen psychopathologischen Erscheinungen abzugrenzen.

Projektion in die Zukunft

Hier handelt es sich um eine Projektion, der viele Gurus, Kartenleger, Astrologen, Handleser und Hellseher etc. anheimfallen, *wenn sie keine entsprechenden psychologischen Kenntnisse aufweisen.*

So deutet mancher Astrologe, der sich von der «prognostischen Astrologie» noch nicht gelöst hat (oder der sich gegenüber der Erwartungshaltung des Klienten, etwas über die Zukunft zu erfahren, nicht abgrenzen kann) die Zukunft seines Klienten so wie er sie erleben würde, wenn er dieses Horoskop hätte. Oder anders ausgedrückt: Die Reaktionen bzw. zukünftigen Ereignisse, die beim Klienten vermutet werden, wären in Wirklichkeit die Reaktionen des Deuters, bzw. die Art und Weise, wie der Deuter mit diesen Anlagen umgehen würde. Bevorzugt der Deuter selbst z.B. den Abwehr- und Anpassungsmechanismus der Somatisierung, so läuft er Gefahr, sein eigenes Reaktionsmuster auf den Klienten zu übertragen. Dissonante Konstellationen werden in solchen Fällen dann also häufig als künftige Krankheiten interpretiert, wodurch bei leichtgläubigen Menschen gefährliche Stigmata gesetzt werden können. Die Prophezeiung, die eigentlich eine Täuschung war, wird dann erfüllt, und der Astrologe wird paradoxerweise durch das eingetroffene Ereignis auch noch bestätigt (siehe auch Gesetz der Bestätigung). Noch gefährlicher jedoch ist es, wenn destruktives Potential im Unbewussten des Deuters schlummert. So kann z.B. die verdrängte Aggression oder der verdrängte Hass die Zukunftsdeutung mitbeeinflussen.

Besonders evident wird die eigene innere Destruktivität bei den Prognostikern, die immer wieder auf's neue (alle Jahre wieder!) den Weltuntergang prophezeien. Wer mit dieser Welt nicht zurecht kommt und sich hier nicht zu verwirklichen vermag, neigt dazu, den Hass, der daraus entsteht, (Hass = umgekehrte Lebensenergie) gegen die Welt selbst zu richten. Die Weltuntergangsprophezeiung ist also häufig nur der in die Zukunft projizierte, subjektive Zerstörungswunsch des Prognostikers.

Dass solche Prophezeiungen besonders von «edlen» und «integren» Personen erfolgen, verwundert nicht, da — wie an anderer Stelle aufgezeigt wurde — der «Edle» nur über den Verdrängungsprozess den Status seines edlen Seins aufrechterhalten kann.

Selbst wenn der Weltuntergangsprophet kein destruktives Potential im Unbewussten beherbergt, besteht die Gefahr, dass der psychische Mechanismus der Übertragung wirksam wird. Ist z.B. jemand in seiner biographischen Situation an einen Punkt gelangt, an dem er nicht mehr weiter weiss, an dem seine bisherige innere Welt zusammenzubrechen droht, so tendiert er dazu, diesen Zusammenbruch seiner inneren Welt (oder seines alten Weltbildes) auf die Aussenwelt zu übertragen. All diese Beispiele machen deutlich, wie wichtig es ist, dass ein Astrologe über ein umfangreiches psychologisches Wissen verfügt.

Sagen wir es noch deutlicher:

Astrologie, ohne Psychologie zu betreiben, ist unseres Erachtens unverant-wortlich.

Der Sinn einer verantwortungsbewussten, psychologisch orientierten Astro-logie besteht nicht darin, Voraussagen zu machen, sondern die psychischen Mechanismen, die bisher eine Heilung bzw. eine Selbstverwirklichung blockier-ten oder hemmten, zu eruieren und bewusstzumachen, sowie Wege aufzuzeigen, auf welche Art und Weise der Betreffende sein Horoskop, d.h. seine psychische Struktur konstruktiver leben kann. Dazu ist es erforderlich, dass der Klient zunächst seine Lebensgeschichte erzählt, damit der psych. Astrologe erkennen kann, wie die einzelnen Planetenkonstellationen bisher erfahren wurden. Indem bei der psych. Astrologie der Klient (mit seiner Biographie) und sein Horoskop im Mittelpunkt stehen, werden hier — umgekehrt wie in den oben angeführten Fällen — Projektionen verhindert. Hier wird nicht a priori eine Symbolebene oder ein bestimmter Abwehr- und Anpassungsmechanismus angenommen.

Ein psych. Astrologe beweist seine Kompetenz u.a. nicht durch hohe Treffer-quoten in der Metagnose und Prognose, sondern gerade durch seine Distanz von allen Ehrgeiz- und Profilierungsbestrebungen.

Nun gibt es noch eine Art der Projektion in die Zukunft, die bisher noch nicht besprochen wurde: Die vorstellungsmässige Vorwegnahme (Antizipation) eines bestimmten Denk- oder Verhaltensmusters des Mitmenschen oder Partners. Z.B. wenn eine Frau auf ihren Partner projiziert, dass jener ihr im Falle einer Krankheit nicht beistehen werde oder z.B. ein Mann projiziert, dass seine Freundin ihn verlassen würde, wenn er sie nicht mehr finanziell unterstützen könnte. In solchen Fällen wird ein zukünftiges Ereignis, bei dem sich der Partner nicht richtig verhält, in die Vorstellung eingeblendet, um ihn verurteilen zu können, oder zumindest, um ihm Schuldgefühle aufzuoktroyieren. Gleichzeitig werden auf diese Weise beim Projizierenden alte Gefühle aus der Vergangenheit wie das Gefühl der Ausgestossenheit, der Zurücksetzung, der Depression, der Wut, der Aggression etc. aktualisiert. Insofern kann durch die Projektion in die Zukunft die Szenerie der Vergangenheit wiederholt werden.

Ähnlich gelagert ist die Situation bei den sogenannten «Schwarzsehern» die zukünftige Entwicklungen in ihrem *persönlichen* Leben in den düstersten Farben darstellen.

Auch hier sind meist negative Programmierungen im Unbewussten zu ver-zeichnen, die immer wieder abgespult werden wollen. Davon jedoch ist wie-derum der Zweckpessimismus zu unterscheiden, bei dem der Betreffende ober-bewusst negative Entwicklungen in die Zukunft projiziert, aber im Innersten hofft, dass alles ein glückliches Ende nimmt. Der Zweckpessimismus wird sogar oft als taktisches Manöver eingesetzt, um andere irrezuführen, um den Ehrgeiz von Konkurrenten zu lähmen, um etwaige eigene Misserfolge abzuschwächen oder Erfolge spektakulärer erscheinen zu lassen. usw.

Projektion als Kompensation

Rainer K. zu seiner Frau: Wenn ich heute abend mit meinem neuen Auto heimkomme, werden unsere Nachbarn vor Neid erblassen. Hier wird der Übertragungsmechanismus besonders deutlich. Rainer K. selbst würde nämlich mit Neid reagieren, wenn einer seiner Nachbarn mit einem neuen Auto vorfahren würde.

Diese eigene Reaktion projiziert er nun auf die Umwelt und glaubt, jene würde dasselbe Reaktionsmuster aufweisen.

Jeder der Nachbarn hat aber eine andere psychische Struktur, hat ein anderes Empfinden, hat andere Motive und Ziele, hat andere Glaubenshaltungen und Bewertungsmassstäbe.

So kann z.B. für den einen Nachbarn, der gerne in die Berge geht, entscheidend sein, welche Gipfel bereits bezwungen worden sind oder für den anderen, der gerne im Garten arbeitet, welche Grösse die Melonen oder die Rettiche erreichen etc.

Dennoch:
Obwohl aufgrund des neuen Autos vielleicht bei keinem der Nachbarn Neid aufkeimt, ist Rainer's Projektion für sein Persönlichkeitssystem von grosser Bedeutung. Die Projektion gleicht ihn aus, kompensiert seine Hemmung im Eigenwert.

Es ist also ohne Belang, ob dieser Ausgleich wirklich erfolgt oder ob er nur in der Imago vollzogen wird. Seine Glaubenshaltung ist entscheidend und solange er annimmt, die anderen würden mit Neid reagieren (= Reaktion des Gehemmten) fühlt er sich in der Rolle des Kompensators wohl.

Oder anders ausgedrückt: Das seiner Kompensation entsprechende Komplementärbild, nämlich Neid der anderen, hält die Homöostase in seinem Stierprinzip aufrecht.

Projektion i.S. von Materialisation von Inhalten

Eine andere Projektionsart liegt vor, wenn man seine Inhalte nicht auf Partner und Mitmenschen projiziert, sondern auf materielle Gegenstände oder seinen Inhalten aussen Form verleiht. Hierbei ist besonders entscheidend, um welche Inhalte es sich handelt, um reale oder irreale (neurotische) Inhalte. Ist die Projektion eine äussere Widerspiegelung einer entwickelten Anlage oder fungiert sie nur als *Ersatz* für Inhalte?

So ist z.B. der Fernsehapparat meist *Ersatz* für die in der Entwicklung steckengebliebene Neptunanlage, nämlich für Bewusstseinserweiterung, Aufdecken von Hintergründen, Entwicklung von Alternativen und Phantasie usw. Um eine *unbewusste* Projektion handelt es sich auch, wenn jemand irreale, neurotische Inhalte in sich trägt und dadurch fast magisch äussere Manifestationen aufsucht (bzw. darauf aufgrund des Gesetzes der Affinität projiziert), die ihn körperlich und psychisch negativ beeinflussen (z.B. indem er an einer Hauptverkehrsstrasse wohnt, auf Wasseradern schläft oder im Urlaub unter einer Hochspannungsleitung sein Zelt aufschlägt). Die Wirkung verstärkt die Ursache. Die äussere Projektion wird verinnerlicht, sie bestätigt und verstärkt die innere Situation. Auf diese Art und Weise werden oft Krankheitsdispositionen erst geweckt. Unbewusste Projektionen sind auch z.B. die toxischen Stoffe, die an einem Arbeitsplatz eingeatmet werden — als materielle Widerspiegelung des Gifts, das der Betreffende in der Seele beherbergt.

Im Gegensatz hierzu handelt es sich um eine *bewusste* Projektion, wenn bestimmte seelische und geistige Inhalte in eine äussere Form gebracht werden, etwa, wenn jemand eine Firma oder eine Partei oder einen Verein gründet, ein Haus baut, ein Bild malt oder ein Lied komponiert. Da die Projektion zunächst Ausgleich schaffend ist, wird damit verhindert, dass auf den Partner (der Partner wird dadurch *entlastet,* es sei denn, man projiziert auf den Partner, dass er bei dem eigenen äusseren Projekt mitmachen soll) oder auf den eigenen Leib projiziert wird (= Krankheit).

Allerdings kann es sein, dass die äussere Projektion z.B. eine Firma dann den Betreffenden im Laufe der Zeit krank macht. Dies ist insbesondere dann der Fall, wenn es dem Firmengründer nicht gelang, für seine Inhalte die richtige äussere Form zu finden (Diskrepanz zwischen Inhalt und Form), wenn also die Funktion der Firma nicht seiner inneren Vorstellung entspricht oder wenn — was am häufigsten geschieht — die äussere Projektion, die Firma unbewusst dazu verwendet wird, die Gefühle der Angst (z.B. vor Geldverlusten etc.), des Stresses oder des Hasses (z.B. auf die Konkurrenz) zu aktualisieren bzw. zu reproduzieren.

Gelingt es jedoch dem Betreffenden Inhalt und Form in Einklang zu bringen, gibt er der Umwelt durch die äussere Manifestation die Möglichkeit, ihn wirklichkeitsadäquat wahrzunehmen. Die anderen können dadurch erkennen, wer er wirklich ist und wissen daher, ob sie mit ihm seelisch verwandt sind oder nicht. Auf diese Art und Weise wird falschen Projektionen aus der Umwelt vorgebeugt. So projizierte z.B. eine Frau auf einen Geschäftsfreund, der ihr sehr sympathisch war, dass jener ihre Vorliebe für Häuser im Jugendstil teilen würde. Eines Tages gelang es jedoch diesem Mann seinem Inhalt Form zu verleihen. Als die Frau ihn in seinem neuen Heim besuchte, fiel sie beinahe «aus den Wolken». Vor ihr stand ein weissglänzender Luxusbungalow, der in einem modernen, progressiven Stil gebaut war. Dadurch wurde evident, dass der Mann ein völlig anderer Mensch war, als sie es sich «gedacht» hatte. Wenn also eigenen Inhalten aussen Form verliehen wird, stösst man zu mehr Wahrhaftigkeit vor. Indem man eine neue Projektions- und Identifikationsfläche schafft, werden neue Menschen angezogen, werden neue Begegnungen und Kontakte möglich. Wer selbst seinen Inhalten aussen Form verleihen kann, wird plötzlich zum *Gesuchten,* während diejenigen, die die Fähigkeit nicht haben, ewig Suchende sind.

Wer selbst seine Inhalte nicht in Form bzw. nicht als Projekte in die Aussenwelt bringt, ist gezwungen auf andere oder auf deren Projekte zu projizieren oder muss seinen Leib als Projektionsfläche benutzen.

Je mehr jemand seine Projektionsfläche erweitert, um so gesuchter ist er.

Je mehr Angebote einer unterbreitet, um so höher die Wahrscheinlichkeit, dass er jemand trifft, der auf dem Gebiet ein Defizit aufweist und gerade danach sucht. Ja mehr noch! Eine grosse Projektionsfläche verschafft auch die Chance, unter den vielen Kontakten schliesslich auch diejenigen *auswählen* zu können, die einem angenehm erscheinen.

Ein Mann, der beruflich eine gute Stellung hat, ein schnelles Auto fährt, ein Motorboot besitzt und Antiquitäten sammelt, gibt in der materialistischen

Gesellschaft eine grössere Projektionsfläche für Frauen ab, als einer, der nur im Schachspiel besondere Fähigkeiten aufweist.

Es kann jemand aber auch mit einem Planeten als besonders starker *Sender* auftreten. Hat z.B. jemand einen schönen Körper, schöne Kleidung, ein schönes Haus, eine schöne Inneneinrichtung, so bietet er mit seiner Venus eine besonders breite Palette an. Je mehr Venus-Symbole desto grösser die Projektionsfläche für die Gehemmten, also für die, die in ihrem Persönlichkeitssystem starke Venus-Defizite aufweisen, die auch gerne so schön sein, sich schön kleiden, wohnen, einrichten etc. würden und desto grösser die Identifikationsfläche für die Kompensatoren und die Erwachsenen, je nach dem, ob die schönen Dinge aus kompensatorischen Gründen angeschafft wurden oder ob sie als Widerspiegelung und Ausdrucksform einer realen Venus-Anlage fungieren.

Oder verfügt jemand über grossen materiellen Reichtum, dann wird er für die im Stierprinzip Gehemmten zur Projektionsfläche und für diejenigen, die ebenfalls wohlhabend sind, wird er zur Identifikationsfläche bzw. zum Spiegel. Daher ziehen sich reiche Menschen gegenseitig an, bleiben unter sich, gründen entsprechende Clubs, verstärken gegenseitig noch ihren Status. Hat der Betreffende jedoch seine Anlage zu Reichtum und Wohlstand real ausgebildet, d.h. ohne neurotische Ziele wie Macht, Ausbeutung, Anerkennung und Prahlerei damit zu verfolgen, so zieht er Menschen an, die ebenfalls mit ihrer Stieranlage erwachsen geworden sind (siehe Schema Seite 135).

Übertragen auf die 4 Quadranten im Horoskop bedeutet dies, dass derjenige, der seine Planeten des 1. Quadranten in der Aussenwelt in Form bringt, Projektionsfläche für all die Menschen ist, die Planeten in ihrem 3. Quadranten unerlöst, also im Defizit haben und derjenige, der seine Planeten im 3. Quadranten materialisiert, wird zur Projektionsfläche für die Personen, die ihren 1. Quadranten vorwiegend in der Hemmung erleben (lt. Umkehr − siehe Kapitel Umkehr Seite 136 ist der 1. Quadrant der 3. Quadrant des anderen und der eigene 3. Quadrant der 1. Quadrant des anderen).

Besonders schwierig ist die Situation z.B. bei der Gründung einer politischen Partei, die von Elternrollenspielern (Gründungsmitgliedern) geführt wird. Auf diese Materialisation (I. Quadrant) projizieren nun sämtliche Mitglieder ihre Komplementärbilder (III. Quadrant). Jeder hat da bewusst und unbewusst andere Motivationen. Der eine sieht in der Partei eine Möglichkeit, Karriere zu machen, der andere kann dort seinen Helferdrang ausleben, der dritte verwendet die Partei als Plattform, um seine Interessen gegenüber seinem Grundstücksnachbar durchzusetzen, der vierte will über die Partei eine Veränderung des bisherigen Wohnungsbaugesetzes, das ihm so viel Kummer bereitet hatte, erreichen. . .

Gelingt es nicht, diese verschiedenen Motivationen auf einen gemeinsamen Nenner zu bringen, so redet man aneinander vorbei, weil jeder nur sein eigenes Zielbild sieht, das er über die Partei zu verwirklichen wünscht.

Gehen wir noch einen Schritt weiter: Wir haben gesehen, wer Projekte verwirklicht, wird Elternrollenspieler und kann sich dadurch in seinem Persönlichkeitssystem ausgleichen und gibt den Kindrollenspielern die Chance, sich dadurch ebenfalls ins Gleichgewicht zu bringen. Nun wirft sich die Frage auf, warum manche Menschen mit ihren Projekten so erfolgreich sind, während andere wiederum damit scheitern?

130

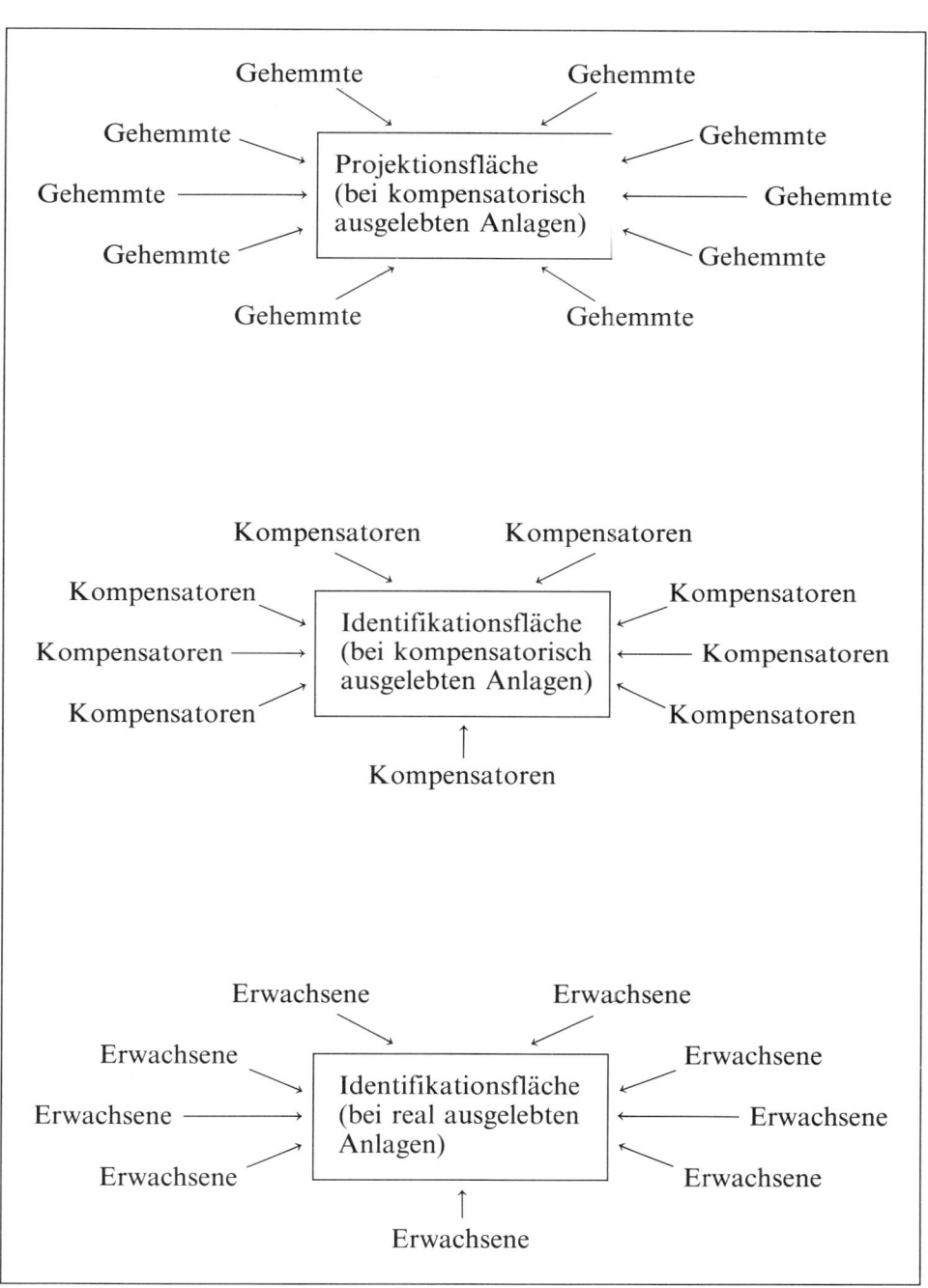

Nach unseren Beobachtungen haben letztere mit ihrem Unternehmen oft nicht deshalb Schiffbruch erlitten, weil sie nicht das nötige «Know how» hatten, oder zuwenig Engagement an den Tag gelegt haben, sondern weil ganz einfach die *Zeit noch nicht reif* war. Und die Zeit ist reif, wenn genügend Individuen das Bedürfnis haben bzw. den Wunsch verspüren, sich über ein solches Projekt auszugleichen.

So konnte bis dato z.B. kein Biozentrum verwirklicht werden. Ein solches Biozentrum wäre die Materialisation einer biologischen bzw. ökologischen Denkweise und würde einen Bioladen, ein Biorestaurant, ein Biocafe, eine Biomodeboutique (mit Kleidung, die gesund *und* schön ist), einen Biokosmetik-salon, ein baubiologisches Möbelhaus, einen biologisch orientierten Zahnarzt, einen Naturarzt usw. beinhalten.

Solange noch in der Masse der Wunsch nach Flucht vor der patriarchalen Gesellschaft grösser ist als der Wunsch nach konkreten Alternativen haben eben die geistigen Dealer (Gurus etc.) mit ihren Fluchtanleitungen mehr Erfolg. Doch die Mündigen mehren sich. Immer mehr Menschen erkennen, dass man mit wallenden moderigen Gewändern, Räucherstäbchen und anachronistischen religiösen Ritualen keine neue Welt aufbauen kann.

Deshalb nehmen die Chancen zur Verwirklichung von echten Alternativen immer mehr zu.

Wir stehen vor der Tür zu einem neuen glücklicheren Zeitalter.

Projektion und das Deutungsinstrument «Umkehr»*)

Bei der Horoskopdeutung ist besonders darauf zu achten, dass Planeten im III. und IV. Quadranten meist projiziert sind (es können aber auch Anlagen im I. und II. Quadranten nur in der Projektion erlebt werden!).

Im nachfolgenden Horoskop wollen wir nur die 2 projizierten Quadrate im 3. und 4. Quadranten analysieren (siehe folgende Seite).

Wir sehen die Sonne als Herrscher von Haus 10 in Haus 7 im Quadrat zu Pluto in Haus 10.

Gabi T., die Horoskopeignerin lernte Richard M., einen verheirateten (Pluto in 10) Manager (Sonne) kennen, den sie von Anfang an inniglich liebte. Dieser Mann hatte jedoch kaum Zeit für sie und entschuldigte dies mit seinem beruflichen Engagement (Sonne, Herrscher von H 10) und seinen vielen Verpflichtungen (Pluto in 10).

Gabi T., die in einem Industriekonzern (Pluto) beschäftigt ist, hat ihren Pluto als Herrscher von Haus 1 in Haus 10 in der Hemmung, und will aufgrund ihrer defizitären Situation die Seele des Partners (Haus 10 = H 4 des anderen) binden und verpflichten (Pluto in der Projektion und Kompensation) — und übte einen grossen Erwartungsdruck (Pluto in der Projektion) auf ihn aus. Und wenn ihr Partner sich dagegen wehren wollte, betonte sie immer wieder: Ich verlange

*) Das Verfahren, das 7. Haus als das 1. Haus des anderen, das 8. Haus als das 2. Haus des anderen, das 9. Haus als das 3. Haus des anderen usw. zu betrachten, wird Umkehr genannt. Dies zeigt dem Horoskopeigner seine subjektive Sicht und seine Reaktionsweise auf. [Siehe hierzu auch Hermann Meyer: «Partnerschaft, Gesundheit u. Glück» (Band II der psych. Astrologie)]

Gabi T.

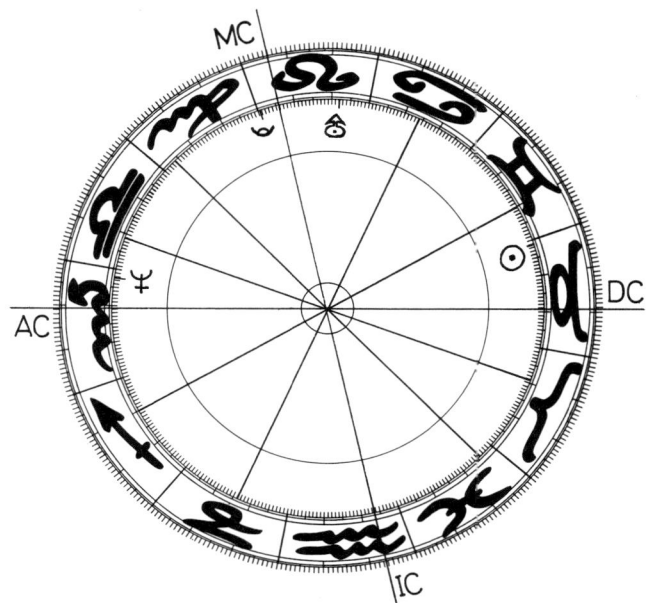

ohnehin nicht viel. Ich will ja nur eine ganz normale (H 10) Beziehung (Pluto) mit Dir haben; aber in dem Stil, dass Du nur anrufst und kommst, wann Du gerade Lust und Laune hast oder wann es Dir Deine Geschäfte erlauben — da mache ich nicht mehr mit. Du stellst Dich frei dar (Uranus in Haus 9 = H 3 des anderen) und passt Dich an mich überhaupt nicht an (Quadrat Neptun in Haus 12 = Haus 6 des anderen). Du bist so egoistisch! Du lässt mich allein und wie es mir seelisch geht, ist Dir egal. Ich sehe keinen Sinn mehr in unserer Beziehung. Ich mag nicht mehr. Gabi T. weist also Richard M. die Schuld zu, dass sie keine glückliche Partnerschaft führen kann. In Wirklichkeit handelt es sich hier um Projektionen.

Gabi T. erlebt ihre eigene psychische Struktur in Form von Situationen und Ereignissen in der Aussenwelt, unter denen sie leidet. Diese äussere Situation ist die Widerspiegelung ihrer innerseelischen Problematik. Insofern bestätigt sich der Satz: Schicksal ist nichts anderes als der in Funktion geratene Charakter.

Deshalb muss hier klar zum Ausdruck gebracht werden:
Gabi T. selbst ist es, die mit ihren innerseelischen Konflikten nicht fertig wird! Es sind ihre eigenen Probleme, die ihr in Form dieses Mannes und in Form der damit verbundenen Situationen entgegenkommen!

Sie kommt mit ihren eigenen projizierten Persönlichkeitsanteilen nicht zurecht und glaubt, der andere sei so wie sie ihn erlebt. Doch Gabi T. sieht nur Richards Reaktion auf ihre Einstellungen, auf ihr Verhalten, auf ihre Persönlichkeitsanteile, deren Hemmung sie über die Projektion auf den Partner zu kompensieren trachtete.

Erschwerend kommt hinzu, dass, da sie also nur die Reaktion auf sich selbst sieht, der Partner *durch seine Reaktion (bzw. sein Verhalten) sie auch noch in dem Glauben* **bestätigt,** *dass er so wäre, wie sie ihn sieht.*

133

Gabi T. ist daher der Auffassung, dass ihre Sicht richtig und real wäre (und das meint fast jeder, der sich noch nicht mit dieser Problematik auseinandergesetzt hat!)

In Wirklichkeit ist diese Sicht subjektiv und hat Scheuklappencharakter. Sie sieht den anderen nur mit der Brille ihrer psychischen Struktur, nur mit der Brille ihres Horoskops. Eine andere Frau empfindet diesen Mann ganz anders, eben weil jener wiederum auf ihr Wesen, auf ihr Verhalten und ihre Projektionen ganz anders reagiert. Aufgrund der Umkehr wird auch deutlich, dass man oft nur in einer ganz bestimmten Phase der persönlichen Lebensgeschichte zu einem Partner passt, nämlich in der, in der man eine ganz bestimmte Projektionsfläche für den Partner abgibt und selbst ganz bestimmte Projektionen hat. Zu einer anderen Zeit kann es sein, dass man nicht mehr in die Projektion des anderen passt und die eigene Projektion nicht mehr zur psychischen Struktur des Partners.

Z.B. ein Unternehmer erwartet von seiner Partnerin in den Anfängen seines beruflichen Aufstiegs, dass sie ihm sämtliche anfallenden Büroarbeiten erledigt. 5 Jahre später kann er es sich leisten, mehrere Büroangestellte einzustellen, die ihm diese Arbeit abnehmen. Er hat daher seine Projektion von seiner Partnerin zurückgenommen. Hat sie jedoch in der Zwischenzeit den entsprechenden Persönlichkeitsanteil nicht ausgebildet, kann die Partnerschaft daran zugrundegehen. Obwohl sie darunter litt, brauchte sie den Erwartungsdruck des Partners. Und weil dieser Erwartungsdruck ihr innerseelisch entsprach, passte sie zur psychischen Struktur des Partners. Nimmt jener die Projektion zurück oder findet andere Projektionsflächen, wird sie nicht mehr ausgeglichen, fällt sie auf ihren Minus-Pol zurück bzw. fällt aus der Harmonie, so dass damit auch die partnerschaftliche Harmonie gefährdet wird. Der Betreffende zieht dann eine Partnerin an, die den Erwarungsdruck bezüglich Büroarbeiten nicht mehr braucht.

Doch zurück zu Gabi T.:

Gabi T. hatte den Pluto als Herrscher von H 1 in das 4. Haus des anderen projiziert — aufgrund von einem defizitären Pluto, der über den anderen ausgeglichen werden wollte.

Da sie ihre eigenen Ziele (H 10) unterdrückte (Pluto), hatte sie eine Affinität mit dem Industriekonzern (Projektion ihres Pluto in der Aussenwelt) in der Aussenwelt, bei dem sie beschäftigt war. Über diese Arbeit musste sie immer wieder auf's neu ihre ureigenen Ziele (H 10) unterdrücken. Damit wurde ihre psychische Situation bestätigt und verstärkt (Projektionen wirken wieder auf die Psyche zurück) und die Disposition geweckt. Da dieser defizitäre Pluto jedoch nach Dienstschluss um 17 Uhr und an den Wochenenden ebenfalls ausgeglichen werden wollte, musste sie ihn in der Partnerschaft projizieren. Da sie ihren Pluto nicht zur Verfügung hatte, musste sie ihn im privaten Bereich ähnlich wie im Berufsleben erleben. Der Partner war schon seelisch gebunden (Pluto Herrscher von Haus 1 in Haus 4 des anderen). Insofern drückte ihre eigene (verzauberte) Anlage auf die Verwirklichung einer gesicherten Partnerschaft (Quadrat Sonne im Stier in Haus 7). Ferner war ihr dadurch die Kompensation versagt. Das «Ersatzziel» (weil sie ihre eigenen Ziele unterdrückte), nämlich den Partner seelisch zu binden und zu verpflichten — das sie in ihrer karmischen Verblendung als echtes Ziel sah — war nicht erreichbar.

Somit war sie Anwärter Nr. 1 für eine Somatisierung dieser Energie, also für eine Kompensation über den Leib.

Auch den Uranus in Haus 9 erlebte Gabi T. in der Projektion — als freie, unabhängige Darstellung des anderen (H 9 = H 3 des anderen) und als nur in bestimmten Intervallen sich vollziehende Partnerschaft, also als Partnerschaft, die keine Kontinuität aufwies, die immer wieder unterbrochen (Uranus) war. Nun sagt aber Uranus in H 9 aus, dass als Anlage eine freie, unabhängige Funktion der Partnerschaft vorhanden ist. Sie leidet daher auch hier unter ihrer eigenen Anlage. Sie kann mit einer freien Partnerschaft nichts anfangen, weil sie noch in der Vorstellung (Pluto) der Norm (H 10) verharrte und weil sie noch keine unabhängige und freie Weltanschauung (Haus 9) entwickelt hatte.

Entwicklungspsychologisch gesehen muss sie jedoch über die Erleidensform der freien Darstellung des Partners und der sporadischen Partnerschaft zu einer solchen geführt werden (Konditionierung des Schicksals zum Realen).

Da sie den Uranus nicht zur Verfügung hatte, musste sie zwangsläufig auch den Neptun in der Verzauberung erleben. Sie war im Zeigen der eigenen Verantwortung (Haus 12) geschwächt (Neptun), wollte die «Antworten», die Reaktionen nicht mit ihren Ursachen in Verbindung bringen.

Daher konnte sie nicht Hintergründe wahrnehmen (Neptun), konnte sie den Schleier ihres Karmas nicht lüften. Indem sie z.B. Richard als Egoisten bezeichnete, konnte sie ihren eigenen Egoismus verleugnen; denn egoistisch ist auch, wenn sie den Partner zum Auffüllen *ihrer* Defizite *braucht*. Sie will mit ihm Schluss machen, weil er ihre Erwartungen nicht erfüllt, *weil er sie nicht ausgleicht.**)

Diese schwierige Situation verschärft sich noch zusätzlich dadurch, dass sie auf die Reaktion des Partners mit ihrem alten Verhaltensmuster und mit ihren defizitären Planeten reagiert, was wiederum die entsprechende Reaktion des Partners auslöst. . .

Ein circulus vitiosus also, aus dem sie nur aussteigen kann, wenn sie bereit ist

a) Hintergründe wahrzunehmen und damit die Ursachen bei sich selbst aufzuspüren und

b) die entsprechenden Anlagen ausbildet und sie damit aus der Projektion zurückholt bzw. sie damit für sich verfügbar macht.

Unabhängig von Gabi T. wurde eine Astroanalyse von Richard M. durchgeführt: Bei der entsprechenden Unterredung erzählte Richard M. von seiner Freundin und erklärte dabei: Ich habe keine Lust bei ihr öfter als zwei- bis dreimal im Monat zu erscheinen; denn es ist mir bei ihr zu langweilig. Ausserdem kann ich ihre Erwartungen nicht erfüllen. Ich würde ja öfter bei ihr erscheinen, wenn mir mehr geboten werden würde — wenn es lustiger wäre, wenn mehr Freude und Glück sich eröffnen würden.

---

*) Das Groteske ist, dass er, wenn er sie wirklich ausgleichen würde, nicht mehr zu ihrer psychischen Struktur im derzeitigen Entwicklungsstadium passen würde. Die Partnerschaft war darauf aufgebaut, dass ihre Vorstellung *nicht* erfüllt wurde. Sie brauchte und suchte die Spannung (die sie schliesslich dann nicht mehr aushalten konnte). Mit einem Mann, der ihr diese Spannung nicht liefern kann, geht sie gar keine Partnerschaft ein. Der für sie vermeintlich Nichtgeeignete ist nur geeignet.

Bereits aus dieser kurzen Aussage werden die gegenseitigen falschen Reaktionen evident. Es wäre nun zu weitschweifig die Problematik von Richard detailliert darzustellen. Aber sehr schnell wurde hier ebenfalls deutlich: Auch sie war eine Widerspiegelung seiner innerseelischen Problematik in der Aussenwelt.

Planeten im III. und IV. Quadranten sind im Körper, in der Materie im Besitz, in der Form bzw. in der Seele, im Inhalt des anderen gebunden.

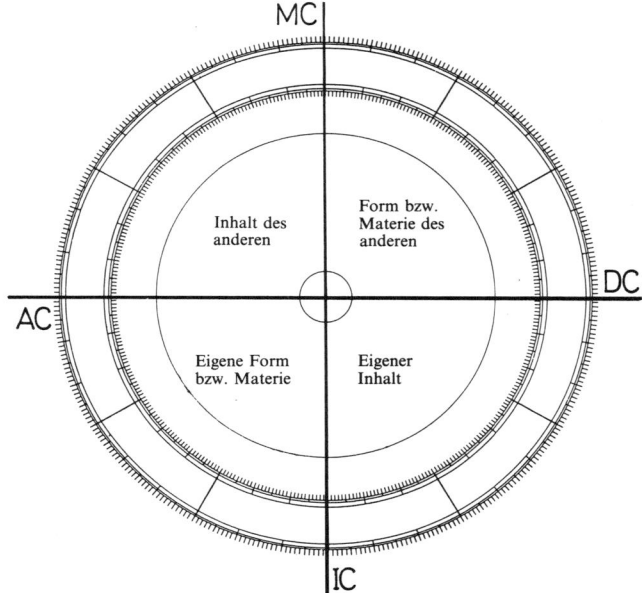

Die Anlagen sind damit verzaubert. Der einzelne hat dabei keinen Einfluss mehr auf sein Schicksal. Er ist abhängig vom andern.

So erleben z.B. 6 Angestellte mit 6 verschiedenen III. Quadranten im Horoskop ihren Vorgesetzten jeweils anders, aber dieser Chef fungiert symbolisch für seine Angestellten, er deckt die Planeten des III. Quadranten der 6 Angestellten ab.

Es heisst also solche Anlagen zurückzuholen; doch bevor ein solches Unterfangen gelingen kann, muss man zunächst einsehen, erkennen und wissen,

1) dass man solche Anlagen überhaupt selbst hat,

2) dass man diese Anlagen woanders deponiert hat und

3) *wo* man diese Anlagen zu suchen hat.

Dabei kann das Horoskop wertvolle Hilfe leisten. Über das Horoskop wird deutlich, welche Anlagen man hat, wohin sie gewandert sind und welche Möglichkeiten bestehen, um diese Anlagen aus ihrem verwunschenen Zustand zu erlösen.

136

Das Horoskop zeigt klar auf:
Es ist *mein eigener* Mars
Es ist *meine eigene* Venus
Es ist *mein eigener* Merkur usw.
Es ist wichtig für den einzelnen, dass er es sich immer wieder einschärft: Ich bin mein Schicksal.

Alle Anlagen in meinem Horoskop gehören mir selbst. Ich bin nur gut zu meiner Natur, zur Natur des anderen und zur Allnatur, wenn ich mich selbst real lebe. Und da ich die Anlage im Horoskop bzw. in meinem körperlichen, seelischen und geistigen Organismus habe, habe ich auch die Chance und die Potenz, diese Anlage zu realisieren und jeden realen Wunsch zu erfüllen, denn ich kann letztendlich nur das real wünschen, was ich ohnehin als Anlage habe.

Bei der Umkehr ist weiter folgendes festzustellen:
Aufgrund der Folgerichtigkeit innerhalb des Tierkreises bzw. des Häusersystems ist es logisch, dass sich Defizite im I. Quadranten auch auf die folgenden Quadranten auswirken, d.h. defizitäre Anlagen des 1. Quadranten bedingen eine andere Empfindung (II. Quadrant) und andere Ideen und Vorstellungen (III. Quadrant).

Insbesondere aber ist in diesem Zusammenhang wichtig, dass jeweils das gegenüberliegende Haus, also das Haus des anderen beeinflusst wird. Jemand, der z.B. in seinem Eigenwert geschwächt ist, ist damit auch im Gleichgewicht zwischen H 2 und H 8, also im Gleichgewicht zwischen dem eigenen Eigenwert und dem Eigenwert des anderen gestört.

Aufgrund des geschwächten Eigenwerts in Haus 2 steigert sich automatisch der Eigenwert des anderen (H 8) und es entsteht dadurch Macht (H 8). Macht ist daher ein überdimensionierter Eigenwert u. Besitz des anderen, der komplementär zum eigenen geschwächten Eigenwert steht. Das, was dem einen in Haus 2 fehlt, bekommt der andere in seinem Haus 2 (= Haus 8) dazu. Letzterer gleicht das defizitäre Haus 2 aus. In diesem Fall ist der 3. Quadrant bereits die *Reaktion* auf ein Defizit im 1. Quadranten. Eine andere Reaktion auf diese Schwäche in Haus 2 kann beim Horoskopeigner das Auftauchen eines Komplementärbildes bzw. einer Vorstellung von Macht sein oder es taucht der Gedanke auf, den *anderen* besitzen zu wollen (auf diese Art und Weise entsteht auch die Tendenz zur Eifersucht). Insofern heisst es bei allen Häusern bzw. Prinzipien auf ein Gleichgewicht zu achten:

Gleichgewicht zwischen Haus 1 und Haus 7
Gleichgewicht zwischen Haus 2 und Haus 8
Gleichgewicht zwischen Haus 3 und Haus 9
Gleichgewicht zwischen Haus 4 und Haus 10 usw.

Stimmt dieses Gleichgewicht nicht, wird man über das Schicksal ausgeglichen, was sich als sehr schmerzhaft erweisen kann. Das «Schicksal» «prüft», wieweit man sich von der realen Mitte bzw. vom richtigen Mass entfernt hat und kompensiert entsprechend. Aus dem bisher Gesagten wird evident, welch ungeheure positive Kettenreaktion die Ausbildung auch nur einer Anlage nach sich ziehen könnte.

Oder würde man gar alle Anlagen von Haus 1 bis Haus 3 ausbilden, könnte man in den gegenüberliegenden Häusern H 7 bis Haus 9 mit ganz anderen Auswirkungen rechnen.

Beim III. Quadranten ist zu beachten, dass er folgendes beinhalten kann:

1. Widerspiegelung
2. Kompensation (als Reaktion auf Defizite)
3. Reaktion der anderen
4. Projektion auf Materie oder Körper des anderen (aufgrund von Defizit)

Anlagen im 1. Quadranten müssen unbedingt materiell sichtbar gemacht werden.

Geschieht dies nicht, muss der Betreffende mit negativen Auswirkungen in der Anziehung rechnen und u.U. mit Krankheit. Die Krankheit ist dann die verdrängte Verwirklichung u. Sichtbarmachung dieser Anlage.

Ein Beispiel: Hat jemand den Uranus als Herrscher von Haus 9 in Haus 2, so muss er seine uranische Weltanschauung auch in Haus 2, also in seinem Lebensstil und in seinem Besitz zum Ausdruck bringen. Fliesst seine Weltanschauung nicht in den materiellen und sichtbaren Bereich, z.B. in Form einer unabhängigen Wohnung, kann er auch nicht im III. Quadranten der anderen (I. Quadrant = III. Quadrant des anderen) in Erscheinung treten. Eine «falsche» Partneranziehung ist dann die zwangsläufige Folge.

Hat hingegen seine Weltanschauung ihren materiellen Ausdruck gefunden, reagiert der Partner darauf, daher werden andere Partner mit einem anderen Reaktionsmuster angezogen.

Halten wir also fest: Solange die Form für einen Inhalt nicht gefunden und realisiert wird (Das Gesetz von Inhalt und Form ist besonders bei der Umkehr von ganz entscheidender Bedeutung), werden nur Partner angezogen, die der Unterdrückung des Formschaffens, bzw. der Unterdrückung der Realisation der Anlage entsprechen. Der Partner und sein materieller und sichtbarer Bereich, sein Besitz, sein Status und sein Prestige etc. ist dann die *Ersatzform* für die eigene Form, die noch nicht der eigenen Vorstellung gemäss realisiert werden konnte und zugleich die *Reaktionsform* auf die Form, die im Status quo vorhanden ist. Insofern beeinflusst jede Diskrepanz zwischen Inhalt und Form, jede Inkonsequenz, und auch die kleinste Lüge die Partneranziehung.

Lässt sich jemand z.B. nicht scheiden, obwohl die Beziehung mit dem Partner längst gestorben ist, verstösst er gegen das Gesetz von Inhalt und Form und hat daher eine Partneranziehung, die dieser inneren Diskrepanz entspricht.

Es heisst also, die Form für den Inhalt, die Form, die der eigenen Vorstellung entspricht, zu schaffen, um den Partner anzuziehen, der sich von dieser Form angesprochen fühlt. Jener passt dann zu dieser Form *und damit zur eigenen Vorstellung* dazu. Da die Vorstellung selbst erfüllt wurde, verschwindet sie und der Partner ist der eigenen Vorstellung gemäss, d.h. die Vorstellung materialisiert sich zusätzlich als Partner und ist damit auch auf diesem Gebiet passé.

Etwas komplizierter ist die Situation noch, wenn Planeten des III. Quadranten realisiert werden wollen, denn diese Planeten sind ja zunächst in der *Form des anderen* oder der anderen, sie sind zugleich aber auch in der eigenen Vorstellung bzw. im Geist vorhanden. Insofern ist die Form des anderen die Widerspiegelung der eigenen Anlage im III. Quadranten. Um diese Widerspiegelung richtig einschätzen zu können, muss aber das Gesetz des Ausgleichs mit einbezogen werden, damit der Betreffende z.B. sieht, der Aggressor in der Aussenwelt ist der Gegenpol seines defizitären Mars und insofern Widerspiegelung bzw. Rückmeldung, wo er in seiner Entwicklung steht und wie weit er sich von der Mitte entfernt hat. Der Aggressor ist aber nicht Widerspiegelung in dem Sinne, dass der Horoskopeigner so wäre wie jener.

Besonders gravierend ist, wenn der Horoskopeigner den Herrscher von Haus 1 in den oberen Quadranten hat und diese Anlage an den anderen abgegeben hat. Er kann in diesem Falle überhaupt nicht aufkeimen (Haus 1 = Same, Keim). Er muss dann solange ein reduziertes Leben führen, solange er sich diese Anlage nicht zurückgeholt hat. Hat jemand eine Anlage im 3. Quadranten in der gehemmten Form, dann kompensiert der andere mit dieser Anlage.

z.B. Saturn, Herrscher von Haus 3 in Haus 7 — der andere korrigiert, massregelt, straft, wähnt sich ständig im Recht oder Neptun Herrscher von H 2 in Haus 7 — der andere gefällt sich in der Helferrolle.

In einem solchen Fall erlebt man seine gehemmte *eigene* Anlage nur als Komplementärbild am anderen — solange man die Anlage nicht ausbildet. Dies kann z.B. geschehen, wie im Falle von Marianne D., die die Sonne in 12 hatte und damit einen Partner anzog, der ständig kränkelte (Sonne in 12 = Sonne in 6 des anderen). Aufgrund dieser Situation war sie gezwungen ihn zu pflegen, ihm zu helfen, bei ihm Krankenschwester zu spielen. Ferner befasste sie sich mit Naturheilkunde, besuchte auf diesem Gebiet Kurse und Seminare und meldete sich schliesslich bei einer Heilpraktikerschule an. Diese Ausbildung konnte sie erfolgreich mit der Amtsarztprüfung abschliessen.

Der kranke Partner war also auslösendes Moment für die Ausbildung ihrer Sonne — Haus 12 — Anlage.

In diesem Zusammenhang muss noch erwähnt werden, dass Anlagen im III. und IV. Quadranten mehr über die Anregungen und durch die Impulse von anderen geweckt werden.

So kommen manche Menschen, die mehr Planeten über dem Horizont haben, erst «aus ihrer Reserve», wenn von aussen Reize und Widerstände etc. auf sie zukommen.

Rücknahme von Projektionen

Die Projektion des eigenen Schattens auf den Gegner kann nur durch das Eingestehen eigenen Fehlverhaltens, eigener Fehlbarkeit, eigener Mängel, eigener Schwächen und Ängste bzw. durch Bewusstwerdung eigener Verdrängungen abgebaut werden. Dies ist der erste erfolgversprechende Schritt zur Eröffnung eines Dialogs. Diesem Schritt muss ein weiterer folgen, nämlich, dass jeder sich in den anderen «hineinversetzt», statt seine eigenen «unbewussten» Motive (Aggressionen, Ressentiments) auf ihn zu projizieren.

Bewusste Einfühlung und die Fähigkeit die Welt «experimentell» von der anderen Seite zu sehen, führen zu gegenseitigem Verständnis, während die unbewusste Projektion gerade dies verhindert (Iring Fetscher).

Um diese Lösungsmöglichkeit ins Auge zu fassen und schliesslich auch durchzuführen, ist Mut erforderlich. Wie die Geschichte zeigt, hatten die meisten Führer der Menschheit eher den Mut, einen blutigen Krieg zu beginnen als ihre Projektionen zurückzunehmen.

Zugegeben — dieser Prozess ist nicht einfach; jedenfalls nicht so einfach wie manche Menschen in der Esoterikszene sich das vorstellen. In diesen Kreisen erschallt bei jedem Problem, bei jedem Konflikt, bei jeder Schwierigkeit der Ruf: Lass doch einfach los! Doch wie soll z.B. Michaela K., deren Fall im Kapitel «Bildprojektionen» abgehandelt wurde, einfach loslassen, wo sie doch die schulische Leistung ihres Sohnes zur Kompensation ihres Ehefrusts so dringend benötigt? Wie soll sie loslassen können, wenn sie die Projektion zur Aufrechterhaltung des Gleichgewichts in ihrem Persönlichkeitssystem braucht? Oder wie soll jemand, der seinen Partner besitzen will, lernen loszulassen, wenn er in seinem Persönlichkeitssystem so viele Defizite aufweist, dass der Ausgleich durch den Partner für ihn lebensnotwendig ist?

Es wäre ähnlich als würde man einem Menschen zurufen, der am Verdursten oder am Verhungern ist, er solle doch seine Projektion auf Wasser bzw. Nahrung zurücknehmen.

Rational leuchtet dem Betreffenden ein, dass sein Partner ein eigenständiges Wesen ist und dass er ihn nicht besitzen kann. Und wenn er sich tausendmal vorsagt: Ich darf meinen Partner nicht besitzen, der Wunsch danach taucht immer wieder auf. Er mag vorübergehend scheinbar verschwunden sein, kommt aber später umso vehementer wieder zum Durchbruch. Der Wunsch nach Besitz des Partners war dann lediglich verdrängt und er war nicht deshalb nicht mehr existent, weil man — wie häufig vorgegeben wird — schon so weit in der geistigen Entwicklung fortgeschritten war.

Es ist also ein Riesenunterschied, ob man etwas verstandesgemäss kapiert hat, oder ob es wirklich seelisch verarbeitet ist, bzw. ob es wirklich ins Fühlen übergegangen ist. Und eine geistige Haltung (III. Quadrant) kann nur ins Fühlen übergehen, wenn man die für diese Vorstellung notwendigen Anlagen *verwirklicht* (II. Quadrant). Ansonsten bleibt das geistige Gebäude abstrakt. Man spricht in diesem Fall nur schöne Worte darüber ohne es aber wirklich *leben* zu können. Insofern ist nicht das, was jemand sagt, entscheidend, sondern das, was er *verwirklicht* hat bzw. was er *lebt*. Um noch deutlicher zu werden: Nur das, was er zu leben imstande ist, das ist seine Wahrheit und das ist die Wahrheit über ihn, das ist sein wahrer Level, seine wahre Entwicklungsstufe, auf der er sich befindet. So wird z.B. eine Frau erst dann ihren Partner nicht mehr besitzen wollen, wenn sie sich emanzipiert hat, wenn sie selbständig geworden ist, wenn sie über ein eigenes Einkommen verfügt, einen Beruf hat, der sinnvoll ist und sie befriedigt, wenn sie sich durchsetzen kann und handlungsfähig ist. . .

Kurzum: Der Drang, den Partner besitzen zu wollen reduziert sich proportional zur Ausbildung und Verwirklichung der eigenen Anlagen (insbesondere der gegengeschlechtlichen Fähigkeiten). Erst wer sich selbst voll besitzt, hat keine Besitzansprüche gegenüber seinem Partner mehr. Ähnlich gelagert ist auch die Situation, wenn derjenige, der mit der Institution Ehe schlechte Erfahrungen gemacht hat, einem anderen den gutgemeinten Ratschlag erteilt, nicht zu heiraten, um ihn vor Unheil zu bewahren.

Es genügt nicht die Institution der Ehe infragezustellen, denn der Ehevertrag ist nur ein Symptom und nicht die Ursache. Die Ursache, warum so viele Menschen diesen Vertrag unterzeichnen, liegt in den durch die Rollenteilung verursachten Hemmungen und Defiziten auf den verschiedenen Lebensgebieten. Man fühlt sich unvollständig.

Die Empfehlung: «Heirate nicht!» «Es wäre ein grosser Fehler!» kann vom anderen gar nicht befolgt werden, da jener aufgrund seiner Hemmungen, Schwächen und Defizite noch den Wunsch dazu hat. Weil er gehemmt ist, will er auch von den Kompensationsmöglichkeiten der patriarchalen Gesellschaft wie Ehe, Karriere, Konsum etc. Gebrauch machen. Der Ehevertrag ist die äussere Projektion des inneren Ideals, das als Komplementärbild zur Hemmung auftaucht. Dass dieses Ideal eine Ganzheit zu sein, nie erreicht werden kann, ist logisch, da zwei gehemmte unverwirklichte Menschen unfähig sind, das Ideal von ewiger Liebe und ewigem Glück zu erreichen. Der Betreffende wird jedoch alle Warnungen in den Wind schlagen. Er wird es nicht glauben, denn er muss es erst *erleben* und *erfahren*. Er muss sein eigenes Ideal *erleiden*. Vorher kann er diesen Wunsch nicht loslassen. Das Nichtloslassenkönnen ist also in diesem Fall aufgrund der durch die Rollenteilung verursachten Anlagendefizite gesellschaftlich vorprogrammiert.

Viele verstehen unter Loslassen, sich vom Ich loszusagen und dadurch frei zu werden von allen irdischen Wünschen und Begehren.

Doch es geht unseres Erachtens auf dieser Welt nicht darum, die Welt zu verlassen oder sich im Jenseits einen guten Platz zu sichern, sondern die göttlichen Anlagen hier und jetzt zu entfalten und auszubilden, damit es auf dieser Welt schöner und angenehmer wird, damit sich das Leben verwirklicht. Wenn Perversion, Hass, Neid und Missgunst, Ärger, Wut und Aggression, das Streben nach Besitz, Macht, Ruhm und Ehre usw. nur Reaktionen der menschlichen Seele auf irreale, kranke Massstäbe, Normen und Ideale sind, so gilt es nicht, diese Reaktionen zu *überwinden,* sondern *mit* dem Ich die Anlagen real auszubilden, auf dass solche pathologischen Erscheinungen nicht mehr entstehen können.

Nach der psychologischen Astrologie kann man solche seelischen Reaktionen nicht einfach *überwinden* (bzw. sie nicht einfach loslassen). Überwindung bedeutet immer Unterdrückung, Verdrängung oder Verzicht aufgrund eines Leitbildes oder einer Ideologie. Ein solcher Verzicht kostet immer Kraft, ist verbunden mit Frustration und Schmerz. Die Reaktionen der Natur zu überwinden, heisst ihre Ausgleichsversuche zu unterdrücken, was zwangsläufig zu Krankheit und Leid führen muss. Aus diesem Grunde müssen alle Versuche, etwas zu leben, wofür man noch nicht *reif* ist (z.B. nicht mehr eifersüchtig zu sein, nicht mehr zu hassen, nicht mehr Fleisch zu essen etc.) scheitern. Und reif ist man erst, wenn die hierfür notwendigen Anlagen entwickelt, also reif sind.

Astrologisch gesehen entsprechen Überwindung und Zwang dem 8. Haus (neurotisch ausgelebtes Skorpionprinzip). Um zu einem echten Loslassen (Haus 12-Fischeprinzip) ohne Zwang und Unterdrückung zu gelangen, müssen daher zuerst die Schütze- (Haus 9), Steinbock- (Haus 10) und Wassermannanlagen (Haus 11) ausgebildet werden. Es muss eine geistige Weiterentwicklung (Schütze, Haus 9), eine Bewusstwerdung (Steinbock, Haus 10), eine Befreiung

(Wassermann, Haus 11) von bisherigen Massstäben und Idealen und eine Bewusstseinserweiterung (Fische, Haus 12) erfolgen, um schliesslich eine pathologische Bestrebung ablegen zu können. All die unliebsamen Bestrebungen des Menschen sind im Grunde nur *Ersatz* für die reale Auslebensform eines Prinzips. Weil die wirkliche von Natur aus angelegte Anlage von frühester Kindheit an in ihrer Entwicklung blockiert wurde, wird die Energie dieses Prinzips dazu verwendet, um diese Hemmung zu kompensieren. So ist z.B. das Streben nach Macht (Skorpion) Ersatz und zugleich ein Ausgleichsversuch der Psyche für die Hemmung, eine eigene Vorstellung bzw. ein eigenes Konzept zu entwickeln, für die Hemmung sein eigenes Programm zu entdecken und einen eigenen Weg zu gehen.

Es ist Ersatz für wahre Inhalte des Skorpionprinzips. Es kann also jemand nicht allein durch Einsicht (Schütze, Haus 9) in sein pathologisches Verhalten einfach sein Machtstreben abbauen. Er kann nicht so tun, als ob das Skorpionprinzip in seinem Persönlichkeitssystem nicht mehr vorhanden wäre. Um zu einer Lösung zu gelangen, muss er vielmehr sich seiner Hemmung und damit verbunden seiner (fremden) Programmierung, nach der er unbewusst gelebt hat, bewusst werden. Erst, wenn er sich neue geistige Inhalte (Skorpion) aneignet und die Kunst erlernt hat, sein Leben mehr und mehr selbst zu programmieren, lässt proportional zu den erfolgten Entwicklungsschritten das Machtstreben nach. Er hat nun das Skorpionprinzip auf der erwachsenen Ebene zur Verfügung und muss nicht mehr auf die alte (inhaltslose) Form als Machtstrebender (Elternrolle) oder als Erdulder von Macht und Unterdrückung (Kindrolle) zurückgreifen. Ebenso ist es mit dem Mittelpunktstreben bzw. mit dem Streben nach Anerkennung (Steinbock, Haus 10) und den damit verbundenen Projektionen. Dieses Streben ist *Ersatz* für wahre eigene Ziele (bzw. ist die Reaktion darauf, nicht nach eigenen Zielen leben zu dürfen) und für die Bewusstwerdung der eigenen Rechte und der eigenen Verantwortung (Steinbock, Haus 10 in realer Form).

Wenn das Streben nach Anerkennung zum Ziel wird, ist der Prozess der Entdeckung der eigenen Rechte und der eigenen Ziele unterbunden. Doch je mehr die eigenen Rechte und die eigenen Ziele gelebt werden können, um so schwächer wird das Streben nach Anerkennung. Der Teufelskreis — wie er immer und überall dort zu verzeichnen ist, wo die zweite Natur des Menschen die Oberhand gewonnen hat, ist beendet und wird schliesslich zu einem positiven Regelkreis.

Fallstudie:

Rolf A. hat in seinem Horoskop eine Saturn-Mond-Quadratur von Haus 7 (Saturn) zu Haus 4 (Mond).

Er ist gehemmt in bezug auf seine eigene innere Weiblichkeit (Mond) in bezug auf Geborgenheit (Mond), Heimat (Mond), seelischer Wärme (Mond), Zärtlichkeit (Mond).

Aufgrund dessen ist er fixiert auf grosse weibliche Brüste. Die weibliche Brust fungiert als Symbol für Geborgenheit. Diese Projektion ist ein unbewusster Ausgleichsversuch seiner Hemmung, beschränkt (Saturn) ihn aber in seiner Partnerwahl (H 7). Indem für ihn nur eine vollbusige Frau als Partnerin infrage

142

kam, musste er zwangsläufig andere Eigenschaften, die nicht zu ihm passten, übersehen bzw. Dissonanzen verdrängen. Aufgrund ihrer Wesensverschiedenheit kam es nun häufig zu Konflikten, die bei Annemarie, seiner Partnerin depressive Reaktionen auslösten. Auf diese Art und Weise erlebte Ralf seine wertvollen Anlagen Saturn u. Mond nur in der Projektion — zum einen als Fixierung, zum anderen als Depression (Saturn Quadrat Mond) der Partnerin.

Dieser Fall macht deutlich, wie unsinnig es ist, Bewertungen vorzunehmen.

Wenn aufgrund der unterschiedlichen Prägung Frauen mehr auf das Seelische und Männer mehr auf das Körperliche programmiert wurden, so kann man keinem Geschlecht einen Vorwurf machen, dass es gerade so fühlt, denkt oder handelt.

Wenn eine Frau nach Geborgenheit und Zärtlichkeit sucht und ein Mann auf vollbusige Frauen fixiert ist, so haben beide in ihrem Persönlichkeitssystem ein Mond-Defizit zu verzeichnen. Häufig wird jedoch die Körperfixiertheit der Männer sehr negativ bewertet, ohne zu sehen, dass jede Körperregion symbolisch für ein bestimmtes Lebensgebiet bzw. für eine bestimmte Anlage steht. Es fehlt dem Manne ein Lebensprinzip, das er symbolisch am Körper der Frau sucht. Hat z.B. ein Mann einen Mangel an Sicherheit (Venus-Stier), so besteht die Tendenz, dass der Po einer Frau bei ihm besondere Aufmerksamkeit erregt, denn der Po bzw. das Sitzfleisch (Venus-Stier) steht als Symbol für Sicherheit, Festigkeit, Etablierung (Venus-Stier). Auch hier erscheint der Wunsch einer Frau nach einem Manne, bei dem sie sich *sicher* (Venus-Stier) fühlen kann, edler als die Pofixierung des Mannes, entspringt aber — wie bereits oben ausgedrückt wurde — aus demselben Defizit.

Doch zurück zur Busenfixierung von Ralf. Ralf kann erst dann seine Fixierung abbauen bzw. seine Projektion zurücknehmen wenn er:

1. für sein Mond-Defizit eine andere Kompensationsmöglichkeit findet (Lösung innerhalb der Neurose) oder

2. a) sich die Inhalte seines bisherigen Saturn (Normen, Ideale) bewusst macht
   b) die Massstäbe und Ideale (insbesondere von seiner Mutter) sowie die Rollennormen infragestellt
   c) neue Massstäbe und Gesetze entdeckt, die dem Leben entsprechen
   d) nach diesen Gesetzen des Lebens zu fühlen (und dadurch seinem Mond neue Inhalte gibt) und zu leben beginnt (Lösung ausserhalb der Neurose auf einer erwachsenen, entwickelten Ebene)

Eine solche Rücknahme von Projektionen ist eine der besten Prophylaxen gegenüber negativen Schicksalsschlägen. Wer nämlich aktiv seine Projektionen nicht abbaut, läuft Gefahr, dass er den Wegfall seiner Projektionen *passiv,* d.h. via Schicksal erdulden muss.

So reagieren viele Menschen z.B. bei Verlust ihres Liebespartners, auf den sie voll projiziert haben, mit Schlaflosigkeit, Herzrhythmusstörungen, Lethargie, Muskelstarre etc. und in extremen Situationen sogar mit unbewussten (Unfälle, Herzinfarkt, Krebs etc.) und bewussten Suizidversuchen.

Würde z.B. Annemarie Ralf verlassen, so würde bei Ralf eine Projektionsfläche wegfallen, was sein Persönlichkeitssystem ernsthaft in Gefahr bringt. Er müsste dann entweder schnell eine neue vollbusige Frau, also eine neue Projektionsfläche suchen, wobei hier die Wahrscheinlichkeit gross ist, dass bald erneut Dissonanzen auftauchen werden oder aber den harten Weg der Entdeckung und der Transformation seines eigenen weiblichen Prinzips beschreiten. Geschieht beides nicht, ist anzunehmen, dass Ralf aufgrund des Rückfalls auf den Minuspol das Problem somatisiert bzw. sich über eine Krankheit «ausgleicht.»

Wer um seine Krankheit weiß
ist nicht mehr wirklich krank (Laotse)

Somatisierung

Krankheit als umgekehrter Entwicklungsschritt

Eine weit verbreitete, allgemein anerkannte Methode, sich an das patriarchale System anzupassen, ist die Krankheit.

Die Konversion bzw. die Somatisierung ist genauso ein Abwehr- und Anpassungsmechanismus wie z.B. die Identifikation oder die Projektion. Leider ist diese wichtige Tatsache weder in der Schul- noch in der Naturmedizin hinreichend bekannt. Wäre dieses Wissen vorhanden, so würde sich das Schwergewicht der Therapie von der Verabreichung von Tabletten, Tropfen und Spritzen in Richtung einer psychosomatischen Ganzheitsmedizin verlagern.

Doch leider besteht auch von Seiten der Patienten eine grosse Abwehr gegenüber der Aufdeckung der psychischen Hintergründe der Krankheiten. Unbewusst treffen in der materialistischen Gesellschaft Arzt und Patient eine stille Vereinbarung, im therapeutischen Prozess die seelischen und sozialen Ursachen nicht zu berühren, geschweige denn zu eruieren. So setzt der Patient alle Hoffnung (Neptun) auf den Arzt und auf die richtige Wahl der Arzneimittel (Neptun). Er macht daher seine Gesundung von der Ärzteschaft und von der Pharmaindustrie abhängig, anstatt die Hoffnung auf sich selbst zu setzen.

Doch was soll der Patient dabei konkret tun? Wie lautet die Lösung? Dies ist gar nicht so einfach, da ja — wie der Name Abwehrmechanismus schon ausdrückt — die Somatisierung mit einer *Abwehr* verbunden ist, die Lösung anzunehmen und zu verwirklichen.

Würde jemand dem Patienten z.B. sagen, *warum* er krank ist und *wie* er sich aus dieser misslichen Situation herausmanövrieren kann, so würde er es nicht glauben.

Der Patient wird dann das Argument ins Feld führen, dass — wenn dem wirklich so wäre — dies ja auch in der Zeitung stehen oder zumindest in Fachkreisen bekannt sein würde.

Noch für unwahrscheinlicher wird er die These halten, dass im Horoskop sowohl die Ursache als auch die Lösungsmöglichkeit der Krankheit symbolisch ausgedrückt ist. Auf den nächsten Seiten soll gezeigt werden, dass der Patient sich sowohl für sein Krankwerden als auch für sein Gesundwerden verantwortlich zeichnen muss. Er muss sich verantwortlich zeichnen für die Entstehung der Krankheit, d.h. für die Ursachen, die er gesetzt hat, um krank zu werden und für die Entstehung von Gesundheit, d.h. für die Wege, die er aktiv zu beschreiten hat, um gesund zu werden. Das eine ist unweigerlich mit dem anderen verbunden. Er kann nur dann gesund werden, wenn er die Ursachen der Krankheit analysiert hat und aufgrund dessen seine Massstäbe, sein Denken, seine Einstellungen und sein Verhalten korrigiert oder verändert.

Man kann vom Horoskop aus nicht erkennen, ob jemand Krankheitssymptome ausgebildet hat oder nicht, aber man kann sagen, welche Krankheiten vorhanden wären, wenn der Klient somatisieren würde.

Wenn der Klient seine Krankheitssymptome schildert, kann der psychologische Astrologe bzw. der Astropsychotherapeut die entsprechende Symbolik im Horoskop erkennen. Da eine astrologische Konstellation jedoch nicht nur die körperliche Situation symbolisiert, sondern gleichzeitig auch die seelische, geistige und soziale Ebene, besteht hier die einzigartige Möglichkeit, die Ursachen der Krankheit aufzuspüren. Es gibt keine körperliche Erkrankung, die nicht synchron läuft mit Schwierigkeiten auf der seelischen und geistigen Ebene, mit einer ganz bestimmten Bewusstseinshaltung und mit Konflikten in der Aussenwelt (Begegnung, Partnerschaft, Beruf etc.).

Die Krankheit ist also auf jeder Ebene ablesbar.

Vereinfacht dargestellt, kann dies beispielsweise so aussehen:

körperliche Ebene	seelische Ebene	geistige Ebene	Bewusstseins-ebene	Umwelt-situation
Krankheits-symptom	Gefühl z.B. der Frustration	irreale Vorstellungen	«falscher» lebensfremder Massstab	Probleme z.B. mit Kindern

Zum näheren Verständnis soll der Zusammenhang zwischen defizitärer Anlage, Gefühl und Krankheit aufgezeigt werden. Da viele Klienten immer wieder ihre Partner und die Umwelt für ihre Gefühle verantwortlich machen, folgt zunächst einmal eine Übersicht, wie defizitäre Anlagen Gefühlsreaktionen erzeugen und erwirken.

Defizitäre Anlage	*Gefühl*
Defizit an Durchsetzungsfähigkeit	Gefühl von Ärger, Aggression
Defizit an wirtschaftlichen Fähigkeiten	Gefühl von Neid
Defizit an Ausdrucksfähigkeit	Erstickungsgefühl
Defizit an eigener Identität	Depressives Gefühl, sich ungeborgen fühlen
Defizit an Selbstverwirklichung (sich selbst nicht leben können)	Hassgefühl
Defizit an Fähigkeit, sein eigenes Wesen zu zeigen	Gefühl der Abhängigkeit
Defizit, Schönheit und Ästhetik zu schaffen	Ekelgefühl
Defizit, nach eigenem Konzept und nach eigenen Vorstellungen leben zu können	Ohnmachtsgefühl (oder Gefühl unter Druck zu stehen)
Defizit an Sinnfindung	Gefühl der Sinnlosigkeit
Defizit an eigenen Lebensrechten	Schuldgefühl
Defizit an Freiheit und Unabhängigkeit	Gefühl der Nervosität, Aufregung und Unruhe (auch Spannungsgefühl)

Defizitäre Anlage	*Gefühl*
Defizit im Zeigen von Verantwortung und in der Fähigkeit, Hintergründe aufzudecken, die alten Massstäbe und Ideale aufzulösen und Alternativen zu entwickeln.	Angstgefühl, Unsicherheitsgefühl

Jede defizitäre Anlage verursacht eine Gefühlsreaktion, die schliesslich wieder spezifische körperliche Reaktionen hervorrufen kann. So ist zum Beispiel die Angst, wie jedes Gefühl, immer ein psychosomatisches Gesamtgeschehen. Angst kann also nie isoliert, d.h. ohne gleichzeitige körperliche Reaktion in Erscheinung treten. So kann sie neben dem subjektiven Angsterlebnis durch vielgestaltige Veränderungen gekennzeichnet sein, die etwa den Kreislauf in Form von Pulsbeschleunigung, Blutdruckerhöhung und Hautdurchblutung, die Atmung, die Schweissdrüsen, die Magen-Darm-Tätigkeit, den Tonus der Muskulatur, das Blasensystem und nicht zuletzt die Geschlechtsorgane betreffen.

So betrachtet wird auch klar, dass permanenter Ärger zum Beispiel Entzündungen verursacht, dass jedes Gefühl unter irgendeinem Druck und Zwang zu stehen, auf der körperlichen Ebene Spasmen (Verkrampfungen) erzeugen kann, dass mit dem Gefühl von Unruhe und Spannung Unfälle oder Nervenleiden einhergehen können. Man könnte sogar soweit gehen und die Krankheiten einteilen in Krankheiten, die durch Druck und Erwartungshaltungen, Hektik, Traurigkeit, Sehnsucht, Depression, Überforderung, Schein, Angst, Hass, Ärger, Zwang entstehen. Diabolischerweise haben aber — wie wir beim Gesetz der Bestätigung gesehen haben — Gefühle nicht nur körperliche Auswirkungen, sondern beeinträchtigen auch den Mechanismus der Anziehung von Partnern, Mitmenschen und Umweltsituationen, der vom Unbewussten her gesteuert wird. Das Unbewusste macht also nicht nur krank oder gesund, sondern wirkt auch in der Aussenwelt. Es zieht genau das aussen an, was einem innen entspricht, womit man innen eine Affinität (Wesensverwandtschaft) hat. Weil man so fühlt, deshalb zieht man eine bestimmte Umweltsituation an und weil diese Umweltsituation vorherrscht, hat man wieder gerade die Gefühle, die die Situation erwirkt haben — insbesondere deshalb, weil das äussere Ereignis nach einem bestimmten Einstellungsmuster bewertet wird.

Es ist also oft nicht das Ereignis als solches für ein Gefühl entscheidend, sondern welche Gedanken sich der einzelne darüber macht.

Astrologisch gesehen bedeutet dies, dass der II. Quadrant den III. Quadranten und der III. Quadrant den II. Quadranten bedingt. II. und III. Quadrant stehen wie der I. und II. Quadrant (Psyche = II. Quadrant, Soma = I. Quadrant) in steter Wechselwirkung zueinander (siehe Abbildung Seite 152).

Ebenso verhält es sich beim III. und IV. Quadranten. Der IV. Quadrant ist die zwangsläufige Folge des III., also des Denkens und das Denken ist wiederum Folge der Massstäbe, Normen und Ideale des IV. Quadranten, des Quadranten des Bewusstseins.

Daraus folgt, dass eine echte Heilung, d.h. eine Heilung ohne Symptomverschiebung und ohne Gefahr eines Rezidivs nur durch den IV. Quadranten, also durch Bewusstseinserweiterung erfolgen kann. Der Saturn im Horoskop be-

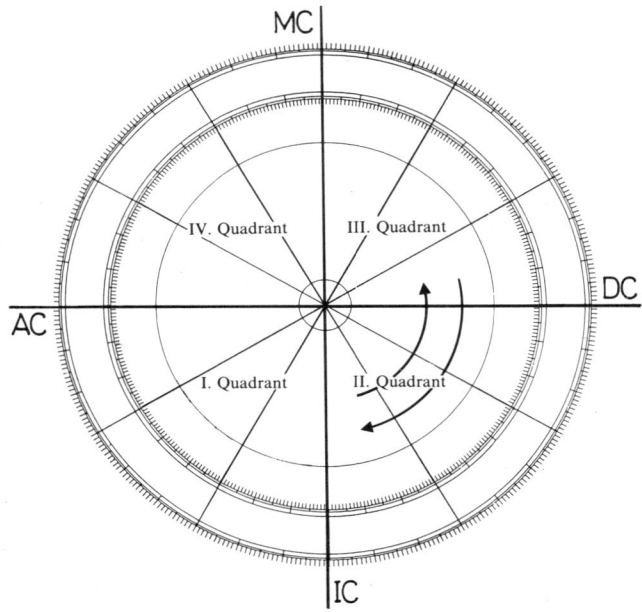

stimmt also nicht nur die Frequenz der ihm folgenden Planeten Uranus und Neptun, sondern die Frequenz bzw. Symbol- und Entwicklungsebene aller Anlagen. Da diese Tatsache von entscheidender Bedeutung ist, ist es notwendig hierauf etwas näher einzugehen.

Solange der Saturn die patriarchalen Massstäbe, Normen und Ideale bzw. Moral und Konvention zum Inhalt hat, haben Uranus und Neptun eine negative, destruktive Frequenz. Uranus muss die alten überkommenen Massstäbe sprengen, muss sich auflehnen, muss rebellisch werden, muss Unfälle oder andere überraschende Ereignisse bringen, die den gewohnten Trott durchbrechen.

Da aufgrund der Massstäbe Leben verdrängt werden muss (Saturn stellt in diesem Fall den Akt der Verdrängung dar) wird Neptun zum Träger des Verdrängungspotentials. Erst durch die psychologische Astrologie wurde evident, dass das 12. Haus in seiner negativen und teilweise sogar gruseligen Bedeutung nur die Folge von Moral, Anstand und Konvention ist. Das Fischeprinzip (Haus 12) mit seinem Herrscher Neptun wird in dem Moment in seiner Frequenz positiv verändert, indem der Saturn transformiert wird — von den patriarchalen Gesetzen und Normen zu den Gesetzen des Lebens und des Kosmos. Endlich können dann in Haus 12 (Fisch, Neptun) die Ebenen des Leids, Armut, Ausgestossenheit, Einsamkeit, Lüge, Schein, Täuschung, Illusion, Krankenhaus, Gefängnis, verlassen werden. Und es wird plötzlich offenbar, dass das Leid (Neptun) nur *Ersatz* war für eine *aktive* Bewusstseinserweiterung (Neptun) und für die Entwicklung von Alternativen (Neptun).

Doch leider wollen fast alle Menschen ohne Veränderung gesund werden — sie wollen gesund werden *mit* ihren alten Einstellungen, *mit* ihren alten Idealen,

Normen und Massstäben — also *ohne* Anstrengung, *ohne* Entwicklungsschritte gehen zu müssen.

Damit sind wir bei einem ganz entscheidenden Punkt angelangt; denn nach der psychologischen Astrologie ist *jede Krankheit ein umgekehrter Entwicklungsschritt*.

Wie wir gesehen haben, gehört die Somatisierung zu den Abwehr- und Anpassungsmechanismen.

Letztere sind nach unserem Konzept (unbewusste) umgekehrte Lebens- oder Entwicklungsmechanismen bzw. Wachstumsprozesse. Sie wurden umgekehrt bzw. verdreht durch die Normen des Patriarchats. Der alte Saturn blockiert die Wachstumsprozesse. Diese Energie, eigentlich zum Wachstum bestimmt, wird schliesslich umgekehrt und für einen Anpassungs- und Abwehrmechanismus verwendet. Ein Abwehr- und Anpassungsmechanismus ist daher gleichbedeutend mit Entwicklungshemmung, bzw. ist der Versuch, die Hemmung in der Entwicklung der Anlage aufrechtzuerhalten.

Abwehr- und Anpassungsmechanismen (negativer Regelkreis)	Wachstumsprozess (positiver Regelkreis)
statt Sublimierung	Verfeinerung, Differenzierung und Verbesserung einer Anlage
statt Regression	Progression
statt (neurotischer) Projektion	reale Projektion i.S. einer Materialisation von Inhalten der 1. Natur
statt Verdrängung	Zulassen der Anlage
statt Reaktionsbildung	Aktion
statt Identifikation	Entdeckung der eigenen Identität und der dazugehörigen Aufgabe
statt symbolisches Ausagieren	reales Ausleben der eigenen Anlage
statt Verschiebung auf eine andere Ebene	Differenzierung und Ausleben der Energie → dadurch bedingt Stabilisierung und Stärkung von anderen Lebensgebieten
statt Rationalisierung	ganzheitlich fühlen und denken
statt Somatisierung von «negativen» Gefühlen (Ärger, Hass, Wut, Aggression, Neid, Sehnsucht etc.)	Entwicklung von Anlagen → dadurch Somatisierung von «positiven» Gefühlen (Freude, Glück, Erfolg, Geborgenheit, Liebe, seelische Wärme etc.) (positive Psychosomatik)

Betrachtet man das Phänomen Krankheit etwas genauer, so fällt auf, dass sogar *jeder* Anpassungs- und Abwehrmechanismus auf die Krankheit angewendet werden kann. Die Krankheit stellt eine *Sublimierung* dar, denn es ist «edler» und ist sozial anerkannter z.B. seine Triebenergie in Kopfschmerzen oder Entzündungen zu kanalisieren, als sie auszuleben.

Krankheit ist *regressiv;* denn sie lässt den einzelnen zurückschreiten in infantile Entwicklungsstufen, wo er z.B. wieder so hilflos wie ein Säugling wird und u.U. nur noch Breinahrung zu sich nehmen kann. Ferner kann die Krankheit als eine Energie-*Projektion* auf den Leib angesehen werden. Es handelt sich dabei um *verdrängte* Energie, die im Gegensatz zu einer realen Energie die Gesundheit attackiert. Wenn eigene Anlagen aufgrund von Anpassung und Moral, aufgrund von Norm, Ideal und Angst nicht ausgelebt werden können, muss die Energie ins Unbewusste verdrängt werden.

Insofern ist die Krankheit auch *Verdrängung,* Verdrängung von eigenen Möglichkeiten und Potenzen.

Ein Mensch, der auf Dauer nicht seinem eigenen Wesen gemäss lebt, dessen Grundbedürfnisse des Habens (I. Quadrant), des Seins (II. Quadrant) und des Liebens (III. Quadrant) nicht so erfüllt werden wie es seine persönliche Struktur zum Dasein benötigt, wird krank.

Krankheit als *Reaktionsbildung:* Krankheit ist die Reaktion auf pathogene Einflüsse materieller und psychischer Art. So kann z.B. das Krankheitsbild der chronischen Bronchitis im Horoskop durch die Konstellationen (kritische Aspekte — Konjunktion, Quadrat, Opposition) Merkur-Mars, Merkur-Pluto, Merkur-Saturn, Merkur-Uranus, Merkur-Neptun symbolisiert werden.

Die chronische Krankheit kann Reaktion sowohl auf eigene verdrängte Aggressionen als auch auf aggressive Einflüsse aus der Umwelt sein (Merkur-Mars), auf Zwang, Unterdrückung, Erwartungsdruck, Manipulation oder auf ein ganz bestimmtes Schema (Merkur-Pluto), auf Hemmung, Schuldgefühle, Einschränkung, Blockade, Norm, Massstab, Ideal, Massregelung (Merkur-Saturn), auf Stress, Irritationen, Unruhen (Merkur-Uranus) oder auf Passivität, Unsicherheit u. Angst (Merkur-Neptun).

Ebenso ist es z.B. bei einer chronischen Urethritis, die im Horoskop durch Venus-Mars, Venus-Pluto, Venus-Saturn, Venus-Uranus oder durch Venus-Neptun ausgedrückt sein kann. Die Aggression (Mars), der Druck (Pluto), die Norm (Saturn), der Stress (Uranus), die Angst (Neptun), sie alle können die Naturkraft, die Potenz bzw. das Abwehrsystem einer Anlage, hier von Merkur und Venus, schwächen und damit die Disposition für eindringende Erreger schaffen. Da jede psychische Konstellation auch die entsprechende äussere Situation anzieht, ist zusätzlich damit zu rechnen, dass derjenige, der seinen Pluto auf einer ungünstigen Frequenz erlebt, z. B. radioaktiven Strahlen ausgesetzt ist, dass derjenige, der sich im Minuspol seines Neptun befindet, *vermehrt* (mehr als der Durchschnitt der Bevölkerung)* mit toxischen Stoffen konfrontiert wird. Das seelische Gift (Neptun) des verdrängten Materials, der Lüge, der Heimlichkeit, des Scheins und der Illusion wird in der Aussenwelt durch materielle Gifte in der Nahrung, in der Wohnung, am Arbeitsplatz usw. widergespiegelt.

Durch die Verstärkung, die aus der materiellen Umwelt erfolgt, wird dann die pathologische Reaktion hervorgerufen. Diese Reaktion der Natur ist aber zugleich ein Ausgleichsversuch, ein Versuch, Gesundheit wiederzuerlangen.

---

* Da das patriarchale System auf Verdrängung basiert, sind daher die Umweltgifte am Kulminationspunkt dieser Phase der Menschheit ein ubiquitäres Phänomen.

Sie ist astropsychologisch betrachtet jedoch ein passiver Ausgleich, weil der Patient einen aktiven nicht geschafft hat.

Anders formuliert:
Das Krankheitsbild ist ein Komplementärbild, ein Ausgleichsbild des Körpers, weil ein anderer Ausgleich nicht gefunden wurde.

Dies lässt den Schluss zu, dass ein Krankheitsbild dann verschwindet, wenn der Patient eine Kompensationsmöglichkeit für seine Energie findet.

Aus diesem Grunde ist es günstig, dem Patienten Angebote zu unterbreiten, wie er dieselbe Energie, die er in die Krankheit investiert hat, anderweitig ausleben kann.

Diese Möglichkeit nennen wir Heilung *innerhalb* des patriarchalen Systems bzw. innerhalb der Kollektivneurose. Eine solche Vorgehensweise ist bei all denjenigen Patienten angezeigt, die aus welchen Gründen auch immer — den beschwerlichen Weg über die Infragestellung des patriarchalen Systems und die Entwicklung von Anlagen nicht gehen wollen. Ist jemand an seinem Uranus-Prinzip erkrankt und leidet an Cor nervosum, an Nervenentzündungen, an Störungen im Zusammenspiel zwischen Sympathikus und Parasympathikus, an inneren Spannungsgefühlen etc., so kann er diese Energie symbolisch aussen ausagieren, indem er sich z.B. zu einem Segelflugkurs (Uranus) anmeldet oder zum Drachenfliegen (Uranus) geht.

Wer am Venus-Prinzip leidet (Nieren- und Blasenerkrankungen), kann eine Modeboutique *) (Venus) eröffnen, eine Kosmetik *) (Venus)ausbildung absolvieren oder eine Flirtschule (Venus) besuchen etc. In all diesen Fällen geht es also um eine Energie-Verschiebung von innen (Krankheit ist eine Energie-*Verschiebung* auf den Leib) nach aussen. Die Energie wird in der äusseren statt in der leiblichen Welt ausgelebt.

Umgekehrt ausgedrückt: Der Leib fungiert als Ersatzwelt, weil die Energie in der äusseren Welt nicht ausagiert werden konnte. Der Betreffende erkrankt an dem Organ, das symbolisch dem äusseren Lebensfeld entspricht, in dem die Energie eingesetzt hätte werden müssen. Daher ist jede Krankheit auch ein *symbolisches Ausagieren* (= Abwehr- und Anpassungsmechanismus).

Bezüglich Verschiebung muss noch folgendes aufgeführt werden:
So manche Therapie bewirkt eine Besserung oder Heilung nur deshalb, weil die Energie, die ursprünglich in den Krankheitssymptomen gebunden war, auf eine andere Ebene verschoben wurde.

So ging Jutta M., die sich aufgrund von permanentem beruflichen Stress «überdreht» (Uranus) fühlte zu einem Naturarzt, der ihr ein pflanzliches Sedativum (Beruhigungsmittel) verschrieb. Die beruhigende und dämpfende Wirkung der Arznei liess sie Stresssituationen (Uranus) leichter ertragen. Während der Zeit der Einnahme des Präparates hatte Jutta M. einen Autounfall. Es bestand der Verdacht, dass die uranische Energie von der körperlichen Sphäre auf die Aussenwelt verschoben wurde und sich dort in Form einer Ereignisauslösung manifestierte.

---

*) Voraussetzung ist jedoch die Identifikation mit der entsprechenden Tätigkeit. Fällt diese weg (z.B. aufgrund von mangelndem Geschäftsgang, Routine u.a.) ist die Gefahr der Somatisierung erneut gegeben.

In solchen Fällen wird sogar die Naturmedizin für die Abwehr verwendet. Es wird sowohl die Analyse der Ursachen für die Erkrankung als auch die Veränderung der Umstände (= die Konsequenz aus der Analyse) abgewehrt. Insofern besteht wie bei der Chemotherapie auch in der Naturmedizin, sofern sie nicht mit einer psychosomatischen Therapie gekoppelt ist, die Gefahr, dass sie beim Individuum und in der Gesellschaft stabilisierend auf die Neurose, bzw. auf das System wirkt.

Man kann alles so beibehalten wie bisher, die Gepflogenheiten, die Denkweise, die Normen und Ideale, das Verhalten, den Lebensstil, wenn man nur die «richtigen» Kräuter, Blüten oder Metalle zu sich nimmt.

Zudem wird durch die blosse Verabreichung von symptomlindernden Mitteln eine negative Verstärkung, die die Bereitschaft zu Veränderung forciert, nicht zugelassen. Die Entwicklung und Reifung der Persönlichkeit, sowie eine Erweiterung des Bewusstseins wird damit behindert.

Selbst homöopathische Mittel können unseres Erachtens nicht den Patienten von notwendigen Entwicklungsschritten entbinden. So wird z.B. kein Patient aufgrund einer homöopathischen Arznei, selbst wenn es sich um eine Hochpotenz handelt, Moral und Konvention infragestellen oder lernen, sich abzugrenzen, sich besser zu artikulieren oder selbständig zu werden. Und gerade die falschen, gegen das Leben gerichteten Massstäbe und Ideale, gerade die Defizite in den einzelnen Lebensbereichen sind es doch, die die Krankheit immer wieder auf's neue erzeugen.

Der Omnipotenzanspruch der Homöopathie, sowohl den Körper als auch Seele und Geist «heilen» zu können, muss in diesem Zusammenhang relativiert werden. Solange Gebiete wie Psychoanalyse, Psychotherapie, Psychosomatik u. Soziologie ausgeklammert werden, leidet der homöopathisch arbeitende Arzt ebenso wie der Schulmediziner an einem «Gotteskomplex».

Dass ein homöopathisches Mittel als Informationsträger fungiert und dadurch auch seelische Wirkungen erzielen kann, soll hier nicht in Abrede gestellt werden.

So kann z.B. eine Erkrankung der Leber, mit der synchron eine depressive Empfindung einhergeht, durch die Verabreichung einer homöopathischen Arznei wieder mehr ins Gleichgewicht kommen.

Die bessere Funktion der Leber bedingt schliesslich eine andere seelische Stimmungslage.

Es heisst also unseres Erachtens zu unterscheiden zwischen einer Heilung im Sinne eines Ausgleichs (oder einer Symptomverschiebung) und einer Heilung im Sinne einer Entwicklung und Veränderung, die nur der Patient selbst vollziehen kann.

Nur im letzteren Fall werden die Ursachen wie z.B. falsche Ernährung, mangelnde körperliche Betätigung, psychische Probleme und Konflikte usw., beseitigt.

Es wäre sehr bequem, wenn man statt solch schwierigen Entwicklungsprozessen einfach nur die entsprechenden homöopathischen Mittel einnehmen müsste und schon wären selbst Symptome wie Bettnässen, Frigidität, chronische Obstipation, Asthma bronchiale etc. beseitigt. Unseres Erachtens müssen — einige verantwortungsvolle Homöopathen praktizieren dies bereits — zusätzlich zu der Verabreichung der homöopathischen Mittel unbedingt konfliktaufdeckende Gespräche, Informationsaufnahme und -verarbeitung (z.B. Bücher, Kurse etc.),

Veränderung von Ernährungs- und Lebensgewohnheiten, Umdenkungsprozesse, sowie die Ausbildung von Anlagen hinzutreten. Da der psychische Heilungsprozess sich oft über Monate und Jahre erstrecken kann, braucht der Kranke zunächst die Arznei, die seine Abwehrkräfte stärkt und ihn stabilisiert. Behandler und Patient sollten sich aber dessen bewusst sein, dass es sich hier nur um einen «künstlichen» Ausgleich handelt und dass es eigentlich bei der Krankheit um ganz was anderes geht, nämlich um eine Korrektur der bisherigen Art zu fühlen, zu denken und zu leben. Ganzheitsmedizin betreibt demnach also nur derjenige, der die Krankheit zweigleisig angeht, d. h. auf der körperlichen *und* psychischen Ebene.

Auch ist es an der Zeit, die These infragezustellen, die in der Esoterikszene so sehr Furore gemacht hat, man könne das Gesetz «similia similibus curantur» (Ähnliches wird mit Ähnlichem geheilt) auch auf den praktischen Bereich des Lebens übertragen, indem man z.B. bei einer bevorstehenden Saturnkonstellation schwarze (Saturn) Kleidung trägt, häufige Spaziergänge auf Friedhöfe unternimmt, den Raum, in dem man lebt, schwarz tüncht, auf den Tisch einen Totenkopf stellt, «schwere» klassische (Saturn) Musik hört, sich zurückzieht (Saturn) und fastet (Saturn). Wenn jemand mit seinem Persönlichkeitsanteil Saturn konfrontiert wird, dann begegnet er seinen Normen, Massstäben und Idealen, und dem, was er damit erwirkt hat. Es gilt also dabei, die alten Massstäbe zu überprüfen und infragezustellen und neue ethische Richtlinien (neuer Saturn) zu entdecken und aufzubauen und *nicht* sich mit den Widerspiegelungen und Symbolen des *alten* Saturn, der nur Elend, Leid u. Tod erwirkt, zu umgeben.

Wer sich künstlich in eine «depressive» Stimmung begibt, um den Saturn abzugelten und sich deshalb schwarz kleidet oder ständig den Totenkopf auf seinem Tisch betrachtet, bleibt daher auf der alten negativen Frequenz des Saturn. Unangenehmen Erscheinungsformen des Planeten kann dadurch nicht vorgebeugt werden (im Gegenteil, der Betreffende wird vom Gegenpol innerhalb des Saturnprinzips schmerzhaft «ausgeglichen»). Der Saturn bringt trotzdem das Leid, das der Betreffende mit seinem alten Massstab oder Ideal unbewusst erzeugt hat.

Insofern stellt eine solche Vorgehensweise nur eine Ersatzentwicklung dar, um die wirkliche Entwicklung und Reifung, durch Infragestellung der Normen auf den verschiedensten Lebensgebieten, durch Infragestellung des patriarchalen Systems *abwehren* zu können.

Auch handelt es sich dabei nicht um ein ausgleichend wirkendes symbolisches Ausagieren des Planeten, sondern nur um eine Symbolkomplettierung einer Minusfrequenz des Saturn. Bei einer kompensatorischen Auslebensform (Pluspol des Saturn) müsste der Betreffende im Gegenteil aktiv werden, sich mit dem derzeit vorherrschenden Rechtssystem (Saturn) auseinandersetzen, oder sich für massstäbliche (Saturn) Posten innerhalb der Hierarchie z.B. (Vorstandsposten, Chefposition) bewerben oder in die Öffentlichkeit (Saturn) gehen und sich dort «wichtig» (Saturn) machen.

Schliesslich ist Krankheit auch häufig mit *Identifikation* verbunden. Der einzelne identifiziert sich mit der passiven Rolle als Kranker und Leidender, welche komplementär zu der aktiven Rolle des Therapeuten steht.

Es ist manchmal nicht ganz ungefährlich, wenn ein Patient z.B. aus der ihm zugewiesenen Rolle in einem Krankenhaus ausschert. Sich nicht anzupassen (Identifikation ist ein Anpassungsmechanismus!) bedeutet häufig restriktiven Massnahmen der Ärzte oder des Pflegepersonals ausgesetzt zu sein.

Dass die Krankheit auch als *Rationalisierung* verwendet werden kann, liegt auf der Hand.

Wenn jemand krank ist, dann kann er nicht lernen, kann er nicht zur Prüfung erscheinen, kann er nicht zur Arbeit gehen usw. Das leuchtet jedem ein (Krankheit als plausibler Grund, unangenehme Dinge nicht tun zu müssen).

All diesen Abwehr- und Anpassungsmechanismen an das patriarchale System ist also gemein, dass die Entwicklung und Ausbildung der Anlage abgewehrt wird.

Krankheit ist also ein Ersatzweg, weil der wirkliche Weg, der begangen hätte werden müssen, aufgrund von Unwissenheit, Unsicherheit, Angst, Ohnmacht, Passivität und Lethargie etc. nicht eingeschlagen wurde.

Die meisten Menschen erfahren durch den Abwehrmechanismus «Krankheit» nur eine negative Verstärkung ihrer Problematik.

Sie werden noch unsicherer, noch schwächer, noch hilfloser, noch abhängiger, noch ohnmächtiger. . .

Es wurde bereits an anderer Stelle festgestellt, dass die meisten Menschen die Schicksalsereignisse entweder gar nicht oder wenn, dann falsch deuten. Solch irreale Interpretationen sind meist auch bei einer Krankheit vorzufinden. Der einzelne deutet dann die Krankheit als Wink des Schicksals (siehe auch Kapitel: Abwehrhaltungen. Gibt es Winke des Schicksals?), als Prüfung oder als Strafe.

Die Krankheit wird entsprechend dem patriarchalen Bewusstsein, das ohnehin auf Leid programmiert ist, gedeutet oder sie wird aufgrund von mangelndem Wissen um die psychosomatischen Zusammenhänge undifferenziert interpretiert, meist so, dass der Betreffende sich dadurch noch tiefer in sein Elend verstrickt.

Manche glauben naiv, sie müssten durch die Krankheit lernen, demütig zu werden, andere meinen, die Krankheit sei «geschickt» worden, um altes Karma abtragen zu können, wieder andere sind der Ansicht, sie müssten ganz einfach über die Krankheit den Wert der Gesundheit schätzen lernen oder müssten wieder zu ihrem religiösen Glauben zurückfinden.

Ohne Wissen um den Symbolgehalt der Krankheit, ohne psychoanalytisches Grundwissen, ohne Wissen um Astrologie und Psychosomatik, ohne Wissen um die wirklichen Entwicklungsschritte, die symbolisch verschlüsselt im Horoskop aufgezeichnet sind, ist es für die meisten Menschen nicht möglich, aus der Krankheit zu *lernen*.

Krankheit ist bei den meisten Menschen gleichbedeutend mit einer *Abwehr* des realen Weges, nämlich Ausbildung der Anlagen, mit einer Abwehr, etwas zu lernen. Interpretationen, wie über Krankheit Demut zu lernen etc., sind Rationalisierungen und damit schon wieder neuerliche Abwehrmanöver, um die patriarchale Bewusstseinshaltung nicht infragestellen und um nicht Anlagen wie rhetorische Fähigkeiten, Fähigkeiten zur Selbständigkeit etc. ausbilden zu müssen. Und dennoch gibt es eine Möglichkeit aus einer Krankheit zunächst ohne Wissen um Psychologie und Astrologie zu lernen. Es ist der Weg über die negative Verstärkung, die schliesslich eines Tages zum «Drop out» (Aussteigeffekt) führt.

Indem der einzelne über Jahre hinweg leidet, indem kein Therapeut und keine Arznei ihn heilen konnte, beginnt er am konventionellen Medizinbetrieb und schliesslich am ganzen patriarchalen System zu zweifeln. Nun beginnt er Informationen einzuholen, befasst sich mit Anatomie, Physiologie und Pathologie, studiert medizinische Bücher, versucht selbst das Rätsel seiner Krankheit zu lösen und landet schliesslich in dem weiten Feld der Psychosomatik. Die Krankheit zwang ihn zu bestimmten Lernschritten, die er ohne dieses Leid nicht vollzogen hätte. Er musste zuerst über Leid und Schmerz lernen, um endlich die *Bereitschaft* zu bekommen, ein anderes Gedankengut aufzunehmen, Hintergründe wahrzunehmen, in die Tiefe zu gehen, um schliesslich aufgrund dieser Erfahrungen wirkliche Lernschritte absolvieren zu können. Solch schmerzhafte Umwege könnten vielen Menschen erspart bleiben, wenn man in den Schulen a priori die Fächer, die für das Leben und das Schicksal des Menschen entscheidend sind, also auch Psychologie, Psychosomatik und Astrologie, in den Lehrplan integrieren würde.

Zusätzlich zu dieser Massnahme wäre es erforderlich, dass eine Massenaufklärung bezüglich Psychosomatik über Presse, Rundfunk, Film und Fernsehen, über Einrichtungen der Erwachsenenbildung usw. stattfände. Insbesondere müsste die Aneignung von Wissen über psychosomatische Zusammenhänge für alle Ärzte, Heilpraktiker, Psychotherapeuten, für das gesamte Krankenhaus- und Pflegepersonal zur Pflicht erhoben werden.

Solange das psychosomatische Gedankengut sowohl bei den Behandlern als auch bei den Patienten nicht Eingang findet, müssen die Menschen chronisch krank bleiben, weil die *Ursache* der Erkrankung nicht erkannt wird. Abgesehen vom persönlichen Schicksal des Patienten ist das wegen der damit verbundenen gewaltigen Kosten für das Gesundheitswesen recht folgenreich.

Thure von Uexküll meint hierzu: «Es heisst darauf hinzuweisen, wieviel teurer unsere Medizin ist, indem sie Drehtürpatienten schafft, die immer wieder durchuntersucht werden, mit immer teureren und spektakuläreren diagnostischen Verfahren. Patienten, die aber deswegen nicht geheilt werden, sondern immer wieder von neuem kommen.»

So wie alle Gebiete des Lebens (Politik, Bauen u. Wohnen, Partnerschaft, Familie, Arbeit, Kindererziehung, Religion u.a.) verändert würden, wenn die psychische Natur bzw. das Unbewusste mit einbezogen werden würde, so hätte auch die Medizin dadurch ein völlig anderes Gesicht. Durch das psychosomatische Konzept verliert die Krankheit das Mysteriöse und Unheimliche.

Es haftet ihr nichts Gruselerregendes und Angsteinflössendes mehr an. Die Krankheit verliert an Schärfe. Indem die Ohnmacht verschwindet und Sinn und Zweck der Krankheit erkannt werden, wird alles realer und ästhetischer. An Stelle der Angst vor vollen Wartesälen, vor Spritzen und Tabletten, vor Operationen, anstelle der Angst, nicht mehr gesund zu werden, tritt ein tiefes Vertrauen in die eigene Natur und ihre Selbstheilungskräfte.

Das Phänomen Krankheit ist dann mit einer völlig neuen Ethik verbunden. Wenn bisher dem Kranken von seiten seiner Umwelt Mitleid entgegengebracht wurde, so implizierte dieses Mitleid gleichzeitig Hilflosigkeit. Diese Form von Mitleid — zwar aufgrund der patriarchalen Prägung vom Patienten häufig erwünscht — hat letztendlich wenig Effizienz. Astrologisch gesehen hat der Neptun in einem solchen Fall keinen Inhalt. Hingegen bedeutet Mitleid i.S. einer neuen Ethik ein Mitbetroffensein. Der Mitmensch ist aufgefordert, mit die Ursachen der Krankheit aufzuspüren und u.U. zu eruieren, inwieweit er selbst unbewusst bei der Entstehung der Krankheit mitgewirkt hat, zu sehen, inwieweit er komplementär mit der psychischen Konstellation des Patienten verbunden ist. Auf diese Art u. Weise kommen Gefühle und Gedanken, Hoffnungen und Ängste, Glaubens- und Erwartungshaltungen, Wünsche und Projektionen ans Licht. Es entsteht eine Menschlichkeit, die mehr mit *Inhalt* gefüllt ist als wenn sie sich nur auf die blossen Äusserungen von Mitleid erstreckt.

Inhaltslosigkeit ist auch die Crux der meisten therapeutischen Interventionen.

Wie der hilflose Patient mit dem Helfer zusammen eine «Einheit» bildet, indem astrologisch gesehen der eine Neptun minusgeladen (Patient) und der andere Neptun plusgeladen (Helfer) ist, kann am Beispiel der Röntgenuntersuchung illustriert werden:

Der Patient, der sich röntgen (Neptun) lässt, erfährt seine eigene verdrängte Neptunanlage in symbolischer Form. Der Röntgenapparat steht symbolisch für das Aufspüren von Hintergründen.

Diese Fähigkeit ist vom Patienten nicht aktiv wahrgenommen worden, er kann die Hintergründe seiner Probleme und Konflikte nicht wahrnehmen, wodurch er sich in seiner Neptunanlage im Minuspol befindet. Aufgrund dessen zieht er unbewusst den Röntgenologen an, der zwar ebenso in der Ausbildung seiner Neptunanlage gehemmt ist, diese Hemmung aber dergestalt kompensiert, indem er über das Medium der Röntgenstrahlen Hintergründe wahrnimmt.

Dieses scheinbare Aufspüren von Hintergründen ist jedoch in Wirklichkeit noch sehr vordergründig, da der Röntgenologe im rein somatischen Bereich bleibt. Die wirklichen Hintergründe, die seelischer u. geistiger Natur sind, bleiben ihm verborgen.

Die wahre Ursache z. B. der ständigen Magenbeschwerden eines Patienten ist nicht das im Röntgenbild sichtbare Geschwür, sondern ist in seiner psychischen Konstellation und seiner sozialen Situation zu suchen.

Dies soll nicht in Abrede stellen, dass manche Röntgenuntersuchungen nicht notwendig wären; fest steht jedoch, dass viel zu viel geröntgt wird, was eine unnötige Belastung für den Organismus des Patienten darstellt. Häufig wird nur geröntgt (Pluspol des Neptun), um über dieses diagnostische Verfahren die grassierende Angst (Minuspol des Neptun) vor unheilbaren Krankheiten oder vor Krebs zu beschwichtigen. Erst wenn röntgenologisch festgestellt wird, dass nichts Ernsthaftes vorliegt, ist der Patient beruhigt; er ist in seinem Neptunprinzip wieder «ausgeglichen».

Ähnlich gelagert ist die Situation in der Therapie:
Der «plutominusgeladene» Patient wird durch den plutoplusgeladenen Therapeuten ergänzt und ausgeglichen.

Plutominusgeladen zu sein, bedeutet, keine eigene Vorstellung, kein eigenes Programm, kein eigenes Konzept zu haben, bedeutet, gehemmt im Wandlungsprozess zu sein, den eigenen Weg nicht gehen zu können.

Der Therapeut hingegen kompensiert dieses Plutodefizit, indem er sich die Inhalte einer Therapiemethode angeeignet hat.

Anstelle eines Programms (Pluto), welche Veränderungen im Denken, im Verhalten und im Lebensstil der Patient vornehmen müsste, um die Krankheit (die ebenso ein Programm darstellt) zu überwinden, tritt das Programm seiner therapeutischen Methode. Der Patient erfährt passiv ein Programm, weil er aktiv kein Programm realisiert. Viele somatische Therapieformen stehen symbolisch aussen für die Abwehrrituale, die der Patient innen vollzieht (Gesetz der Affinität → Innenwelt = Aussenwelt).

Demnach stellt also die ausschliesslich somatische Therapie genau wie die Krankheit selbst einen *Ersatzweg* dar, um den wirklichen Weg weiter abwehren zu können. Das heisst nun nicht, dass jede Therapie nonsens wäre und nicht «positive» Wirkungen zeigen könnte. Wenn die Therapiemethode symbolisch mit der innerseelischen Konstellation des Patienten übereinstimmt, gelingt ein Ausgleich und damit eine «Heilung».

So kann z. B. die Blutegelbehandlung insbesondere bei Patienten mit kritischen Mars-Pluto-Konstellationen günstig wirken.

Von einer Erlösung der Anlagen Mars und Pluto kann jedoch allerdings dabei keine Rede sein; denn es macht einen Unterschied, ob man sich Blutegel ansetzen lässt (passive Form) oder ob man eigene Vorstellungen entwickelt und diese im konkreten Bereich durchzusetzen versucht (aktive Form der Mars-Pluto-Konstellation).

Das Krankheitsbild ist ein *Negativbild* zum «positiven» Bild des realen Auslebens der Anlage.

Diese Feststellung ist für die Therapie von psychosomatischen Krankheiten von entscheidender Bedeutung.

Beispiel: Richard K., der in einer unglücklichen Beziehung steckt, hat in seinem Horoskop eine Venus-Neptun-Quadratur. Sein Krankheitssymptom: häufiger Harndrang (Venus-Neptun) ist das Negativbild zum realen Bild: Unangepasste (Neptun), alternative (Neptun) Partnerschaft (Venus). Um dorthin zu gelangen, muss ein *Entwicklungsprozess* absolviert werden: Auflösung (Neptun) der bisherigen Form der Partnerschaft (Venus).

Mit dem ständigen Harndrang will Richard (unbewusst) symbolisch die Partnerschaft auflösen.

Insofern ist die Krankheit ein Gleichnis und zugleich eine *Ersatzentwicklung* für den wirklichen Entwicklungsschritt, der gegangen hätte werden müssen. Dieser Entwicklungsschritt kann aber — wie wir bereits gesehen haben — von den meisten Klienten aufgrund der alten Normen und Massstäbe, also aufgrund des alten Saturns (IV. Quadrant = Bewusstseinsquadrant) nicht vollzogen werden. Das Überich lässt es nicht zu. Dadurch zeigt sich, dass jede Familie, jedes Milieu, jede Nation, jede Kultur und jede Zeitepoche jeweils die ihr gemässen Krankheiten produziert.

Um es noch einmal zu betonen:
Krankheit ist also eine *Bewusstseinsfrage*.

Das patriarchale Bewusstsein (IV. Quadrant) bedingt eine «falsche» Geisteshaltung (III. Quadrant), was ein «falsches» Fühlen (II. Quadrant) zur Folge hat, was schliesslich im I. Quadranten dann somatisiert wird.

Das Negativbild ist also — ähnlich wie in der Fotografie — ein noch *nicht* entwickeltes Anlagenbild, symbolisiert eine unentwickelte, unerlöste Anlage, ist unerlöstes Leben. Hier wird deutlich, dass ein Mensch, der viele Krankheiten hat, eigentlich damit zum Ausdruck bringt, wieviel Kraft, wieviele *Potenzen,* wieviele Möglichkeiten er hätte.

Mittels der psychologischen Astrologie könnte man ihm jetzt sagen — quasi in der Umkehrung des Krankheitsbildes in ein Gesundheitsbild — wie er sein Krankheitsbild, sein Negativbild *entwickeln,* wie ein helles, freundliches, realistisches Bild entstehen könnte (siehe Schema Seite 163).

Gehen wir noch einen Schritt weiter:
Hat jemand z. B. den Merkur (Jungfrau) im Krebs, dann kann man die Symbolsprache übersetzen mit Darm (Merkur)-Schleimhäute (Krebs).

Nun besitzt aber *jeder* Mensch Darmschleimhäute, auch wenn er den Merkur nicht im Tierkreiszeichen Krebs stehen hat. Der Merkur im Krebs sagt also lediglich, dass der Horoskopeigner dieses Prinzip verstehen und lernen muss — die Konstellation kann also seine «Schwachstelle» oder aber auch seine «Stärke» sein. Wenn er z. B. an Darmschleimhautentzündung leidet, dann ist der konventionelle Astrologe geneigt zu sagen: Ja — das ist typisch. Der Betreffende hat ja auch den Merkur im Krebs stehen. Bei dieser Erklärung darf jedoch ein aufgeklärter, psychosomatisch orientierter Astrologe nicht stehenbleiben.

Es heisst sich vielmehr vor Augen zu führen, dass dieser Mensch mit dem Merkur im Krebs in der seelischen, geistigen und kollektiven Ökologie eine bestimmte *Aufgabe* hat, die symbolisch Merkur im Krebs heisst, vergleichbar mit der Aufgabe einer Schwalbe, eines Regenwurms oder eines Eichkätzchens innerhalb des ökologischen Haushalts der Natur.

Er hat auf der seelischen, geistigen und kollektiven Ebene dieselbe Aufgabe, die die Darmschleimhäute auf der körperlichen haben. Er gehört mit dieser Anlage in der seelischen und geistigen Welt bzw. im kollektiven Organismus zu den Darmschleimhäuten. Nun heisst es sich zu fragen: Welche Funktion haben die Darmschleimhäute im körperlichen Organismus?

In Analogie dazu sind dann die Rückschlüsse auf die Aufgabe in den anderen Ebenen möglich.

Der Darm ist der längste Teil des Verdauungskanals. Er reicht vom Magenpförtner bis zum After und gliedert sich in den Dünndarm, den Dickdarm und den Mastdarm. Mit Hilfe des Sekrets der Darmdrüsen (Darmsaft), der Bauchspeicheldrüse und der Leber (Galle) wird im Darm die Nahrung in resorbierbare (aufsaugbare) Stoffe überführt. Der Darm führt verschiedene Bewegungen aus: Durch rhythmische Kontraktion und Erschlaffung der Längsmuskulatur des Darms wird der Darminhalt innig mit den Verdauungssäften durchmischt und gleichzeitig — zur Förderung der Resorption — mit immer neuen Stellen der *Darmschleimhaut* in Berührung gebracht.

Die Aufgabe der Darmschleimhaut besteht also in der Resorption bzw. Erschliessung der Nährstoffe.

Ebenso ist es z. B. auf der geistigen Ebene: Hier gilt es die *geistige* Nahrung zu erschliessen und aufzusaugen.

Wir können also konstatieren: Die physiologische Funktion der Darmflora ist davon abhängig, wie der Betreffende auf der seelischen und geistigen Ebene und auf der Ebene der Aussenwelt dieses Prinzip (Merkur im Krebs) lebt.

Und hier ist dann auch der *Ansatzpunkt* für die Psychosomatik. Wenn man

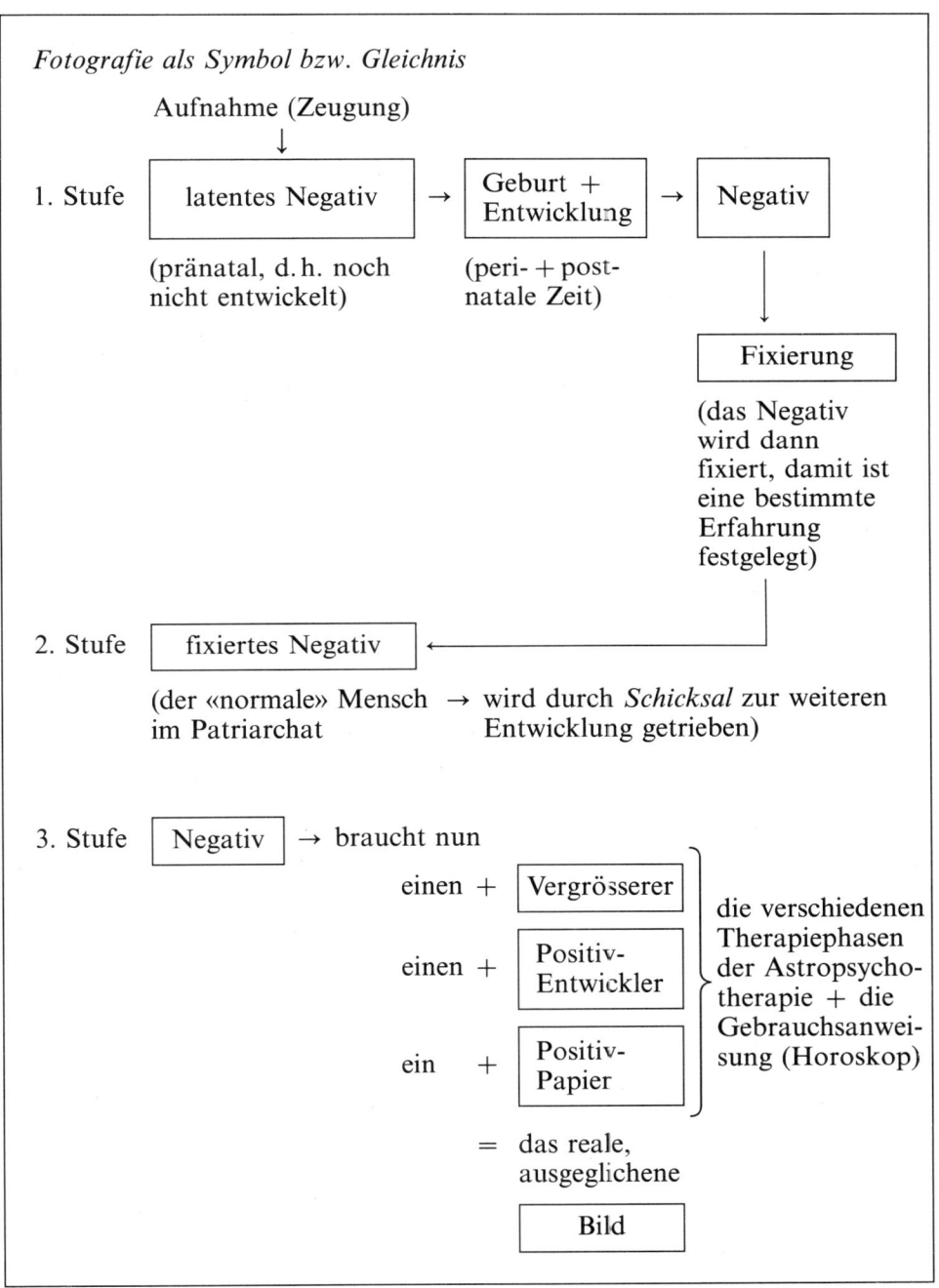

Fotografie als Symbol bzw. Gleichnis

Aufnahme (Zeugung)
↓

1. Stufe | latentes Negativ | → | Geburt + Entwicklung | → | Negativ |

(pränatal, d.h. noch   (peri- + post-
nicht entwickelt)   natale Zeit)

↓

| Fixierung |

(das Negativ
wird dann
fixiert, damit ist
eine bestimmte
Erfahrung
festgelegt)

2. Stufe | fixiertes Negativ | ←

(der «normale» Mensch → wird durch *Schicksal* zur weiteren
im Patriarchat   Entwicklung getrieben)

3. Stufe | Negativ | → braucht nun

einen + | Vergrösserer |

einen + | Positiv-Entwickler |

ein   + | Positiv-Papier |

die verschiedenen
Therapiephasen
der Astropsycho-
therapie + die
Gebrauchsanwei-
sung (Horoskop)

= das reale,
ausgeglichene

| Bild |

dem Klienten sagen kann — entsprechend der Symbolsprache seines Symptoms, was ihm auf der seelischen und geistigen Ebene, sowie in der Aussenwelt *fehlt* und was er tun muss, um das Symptom zum Verschwinden zu bringen, so ist das wohl eine unblutige und elegante Möglichkeit der «Therapie». Z. B. kann ein Mann mit dem Merkur (Jungfrau) im Krebs total *abhängig* (Jungfau) von seiner Frau (Krebs) in bezug auf Nahrung (Krebs), Kleidung (Krebs) und Wohnung (Krebs) sein. Aufgrund dieser Situation ist er nicht imstande, seine Gefühle (Krebs) real wahrzunehmen (Merkur) bzw. zu zeigen (Merkur).

Das bedeutet, dass, wenn er die *Abhängigkeit* (= eine verzauberte, unerlöste Form des Jungfrauprinzips) beseitigt, sich der Zustand seiner Darmschleimhäute bessert.

Die Auflösung der Abhängigkeit kann geschehen etwa durch Selbständigwerden, durch den Besuch von Restaurants, durch Ausgeben der Wäsche, durch Anstellen einer Reinemachefrau etc. Da gegen die Entwicklung von Anlagen eine Abwehr besteht, wird der Betreffende lieber die Frau wechseln und damit die alte Abhängigkeit gegen eine neue eintauschen, als dass er Konsequenz an den Tag legt und diese Entwicklungsschritte geht. Es sei denn, er hat aufgrund von Krankheit und Leid schon eine solch negative Verstärkung erhalten, dass er bereits reif ist für die nächste Entwicklungsstufe.

Daher sind für die psychosomatische Therapie nur Menschen geeignet, die bereits am patriarchalen System zu zweifeln beginnen. Der nächste Schritt wäre also die herkömmliche Rollenteilung infragezustellen, die ja gerade die Ausbildung der gegengeschlechtlichen Anlagen verhindert und damit die gegenseitige Abhängigkeit *festschreibt*. Auf diese Art und Weise wird die Bereitschaft geschaffen, Anlagen auszubilden.

Auch hier wird deutlich, dass *echte* Heilung nur durch Bewusstseinserweiterung (Neptun) und durch das Zulassen bzw. durch das Entwickeln von Alternativen (Neptun) erfolgen kann.

Jeder Mensch kann sich nur selber heilen — auch der Astropsychotherapeut*) kann nur Anstösse geben oder Wege vorschlagen, nicht aber die Bewusstseinsstufe des Klienten verändern bzw. nicht Entwicklung von aussen an ihn herantragen.

Der Merkur im Krebs kann also auf den verschiedenen Ebenen so aussehen:

Krank (irreal):

körperliche Ebene	seelische Ebene	geistige Ebene	Umweltebene	Bewusstseins- ebene
Darmschleim- hautentzün- dung	kein Zeigen der Gefühle	kein Wissen um die Psy- choanalyse	Abhängigkeit von der Frau in bezug auf Nahrung, Kleidung und Wohnung	patriarchales Bewusstsein

*) Um Missverständnissen vorzubeugen: Eine psychosomatische Therapie oder eine Astropsychotherapie ist kein Ersatz für eine notwendige ärztliche Behandlung bei einer ernsten Erkrankung.

gesund (real):

körperliche Ebene	seelische Ebene	geistige Ebene	Umweltebene	Bewusstseins- ebene
physiologische Funktion der Darmschleim- haut	Zeigen der ei- genen Ge- fühle	Aneignung des geistigen Rüstzeugs für die Psy- choanalyse	weitgehende Unabhängig- keit von der Partnerin	ökologisches Bewusstsein

Ferner müssen jedoch noch zusätzliche Punkte beachtet werden: In welchem Haus steht der Merkur im Krebs? Wie ist der Planet aspektiert und welches Haus beherrscht er? Von welchem Planeten wird er seinerseits be- herrscht?

Entwicklungsstufen der Planeten

Da die chronische Krankheit die passive Form eines aktiven Entwicklungspro- zesses ist, ist es für die Deutung unumwunden notwendig, um die Entwicklungs- stufen eines jeden Planeten zu wissen:

Mars: Patriarchat	1. Stufe	Initiativlosigkeit, Durchsetzungsschwäche, Ich- schwäche
	2. Stufe	Aggression, symbolisches Ich
Ökologische Kultur	3. Stufe	Prozeß der Ichfindung (Aufkeimen des wahren Ichs)
	4. Stufe	Entwicklung von Initiative, Wagemut, sowie Pio- nierarbeit, konstruktiver Energieeinsatz
Venus (Stier): Patriarchat	1. Stufe	schwacher Eigenwert, Armut, Askese
	2. Stufe	Eigenwert in der patriarchalen Gesellschaft Luxus, Reichtum, Schlemmertum
Ökologische Kultur	3. Stufe	Etablierungsprozeß
	4. Stufe	Entwicklung eines realen Wertbewußtseins und einer realen Absicherung (existentielles Haben)
Merkur (Zwilling): Patriarchat	1. Stufe	Uninformiertheit, Darstellungsschwäche
	2. Stufe	Information innerhalb des patriarchalen Systems, überdimensionierte Selbstdarstellung
Ökologische Kultur	3. Stufe	Lernprozeß, Prozeß der Informationsaufnahme und -abgabe
	4. Stufe	Weiterentwicklung der körperlichen und intellek- tuellen Fähigkeiten
Mond: Patriarchat	1. Stufe	schwache seelische Eigenart, Ungeborgenheit, in- nere u. äußere Heimatlosigkeit
	2. Stufe	Identität im Patriarchat (2. Natur)

Ökologische Kultur	3. Stufe	Prozeß der wahren Indentitätsfindung
	4. Stufe	Entwicklung der eigenen Identität
Sonne: Patriarchat	1. Stufe	Unselbständigkeit, mangelnde Selbstverwirklichung
	2. Stufe	Selbständigkeit u. Selbstverwirklichung im Patriarchat
Ökologische Kultur	3. Stufe	Prozeß der Festigung der Identität
	4. Stufe	Entwicklung von schöpferischen Fähigkeiten (Selbstrealisation)
Merkur (Jungfrau): Patriarchat	1. Stufe	Abhängigkeit, Anpassung, Krankheit, Unterordnung, Arbeitnehmer
	2. Stufe	Analyse, Diagnose und Kritik innerhalb des Patriarchats
Ökologische Kultur	3. Stufe	Reinigungsprozeß
	4. Stufe	Zeigen der eigenen Gefühle und Weiterentwicklung der eigenen Identität, Arbeit, die dem eigenen Wesen gemäß ist.
Venus (Waage): Patriarchat	1. Stufe	schwache Partnerfähigkeit, mangelnder eigener Geschmack
	2. Stufe	Ehe, Mode
Ökologische Kultur	3. Stufe	Prozeß der Du-Findung, Partnerwahlprozeß, Entscheidungsprozeß, Prozeß der Gedankenbildung, Prozeß, Inhalt und Form in Einklang zu bringen, Prozeß des Ausgleichschaffens.
	4. Stufe	Entwicklung einer realen Partnerfähigkeit (erwachsene Ebene)
Pluto: Patriarchat	1. Stufe	Ohnmacht, unter Erwartungsdruck stehen, manipuliert werden, unterdrückt werden
	2. Stufe	Fixierung, Macht, Fremdbestimmer, Ideologe
Ökologische Kultur	3. Stufe	Transformationsprozeß
	4. Stufe	Entwicklung einer eigenen Meinung, einer eigenen Vorstellung, eines eigenen Konzepts, eines eigenen Programms
Jupiter: Patriarchat	1. Stufe	Sinnlosigkeit, Glücklosigkeit, mangelnde Bildung
	2. Stufe	Konventionelle Weltanschauung, konventionelle Bildung, Glück innerhalb der Kollektivneurose
Ökologische Kultur	3. Stufe	Sinnfindungsprozeß
	4. Stufe	Weiterentwicklung der geistigen Anlagen
Saturn: Patriarchat	1. Stufe	Hemmung, Schuldgefühle, Steckenbleiben, Rechtlosigkeit
	2. Stufe	Normverkörperer

Ökologische	3. Stufe	Bewußtwerdungsprozeß (der Gesetze des Lebens)
Kultur	4. Stufe	Entwicklung der eigenen Verantwortung und Leben der eigenen Rechte
Uranus:	1. Stufe	Unfreiheit
Patriarchat	2. Stufe	symbolische Freiheit (z. B. Fliegen, Geschwindigkeitsrausch etc.)
Ökologische	3. Stufe	Befreiungsprozeß, Emanzipationsprozeß
Kultur	4. Stufe	reale Freiheit und Unabhängigkeit
Neptun:	1. Stufe	Schwäche, Hilflosigkeit, Angst
Patriarchat	2. Stufe	Schein, Lüge, Illusion, Helfen (innerhalb des patr. Systems)
Ökologische	3. Stufe	Auflösungsprozeß
Kultur	4. Stufe	Entwicklung von Alternativen

Diese Aufstellung macht deutlich, daß zwischen der 1. und 2. Stufe der Transformationsprozeß von der Kind- zur Elternrolle stattfindet, während zwischen der 2. und 3. Stufe der Transformationsprozeß vom patriarchalen zum ökologischen Bewußtsein erfolgt. Ab der 3. Stufe beginnt bereits die Befreiung vom Schicksalszwang bzw. wird bereits der Weg aus der Kollektivneurose beschritten.

Die letzte Stufe ist die erwachsene Form einer Anlage. Ab der 4. Stufe erfolgt die Entwicklung autokatalytisch d.h. automatisch und von selbst.

Die 4 Entwicklungsstufen eines jeden Planeten können nun auf jede Konstellation bzw. auf jede Krankheit übertragen werden. Wenn jede Krankheit nur die passive Form eines aktiven Entwicklungsprozesses darstellt, kann aufgrund der obigen Aufstellung abgelesen werden, welche Entwicklungsschritte der einzelne gehen müsste, um die Energie, die bisher in der Krankheit gebunden war, konstruktiv einsetzen zu können.

Hier einige Beispiele:
Bettina S. hat in ihrem Horoskop den Neptun in Konjunktion mit der Sonne: bisher erlebte sie diese Konstellation vorwiegend als niederen Blutdruck (schwacher (Neptun) Kreislauf (Sonne).

Entwicklungsstufen:

1. Stufe: Unsichere (Neptun), schwache (Neptun) Handlungsfähigkeit (Sonne). Angst (Neptun) vor der eigenen Animusgestalt (Sonne) innen und aussen

2. Stufe: Pseudo(Neptun)selbstverwirklichung (Sonne), Aufbau eines Selbstbewusstseins (Sonne), das auf Schein (Neptun) basiert

3. Stufe: Infragestellung (Neptun) und Auflösung (Neptun) der bisherigen Art der Selbstverwirklichung (Sonne)

4. Stufe: Selbstverwirklichung (Sonne) ausserhalb der Norm (Neptun). Entwicklung der bisher verdrängten (Neptun) Sonnenanlagen, also von schöpferischen Fähigkeiten, der Handlungsfähigkeit, von Managementfähigkeiten etc.

Rudolf A.'s Horoskop weist eine Uranus-Saturn-Konjunktion auf, welche bisher als häufige Neuritiden (Nervenentzündungen) erlebt wurde.

Entwicklungsstufen:

1. Stufe: Hemmung (Saturn) und Blockade (Saturn) der eigenen Freiheit und Unabhängigkeit (Uranus)

2. Stufe: Auflehnung (Uranus) gegenüber Normen, Gebote und Verbote (Saturn), Auflehnung und Rebellion (Uranus) gegenüber Patriarchen (Saturn) oder: Massregelung (Saturn) der Freiheits- und Emanzipationsbestrebungen (Uranus) der anderen

3. Stufe: Befreiungsprozess (Uranus) von den alten Normen und Idealen (Saturn)

4. Stufe: Entwicklung der notwendigen Verantwortung (Saturn) für die eigene Freiheit (Uranus), Recht (Saturn) auf eigene Freiheit und Unabhängigkeit (Uranus).

Übersicht: Krebs, Nierensteine, Alkoholismus, Aids, Darmspasmen

Konstellation	körperliches Krankheitsbild	seelisch-geistiges Krankheitsbild	Entwicklungsprozess (Weg)	Gesundheitsbild
☽☌♄ ☽□♄ ☽☍♄ ☽in H 10 ♄in H 4 ☽im ♑ ♄im ♋	Krebs	Schuld(♄)gefühle (☽), Hemmung und Blockierung (♄) der eigenen Natur (☽), seelische Eigenart (☽) ist von der Norm bzw. vom Überich (♄) überlagert, Fremdbestimmung (♄) der eigenen Psyche (☽), Hemmung (♄) im Prozess der Identitätsfindung (☽), Ungeborgenheit (☽♄) bedingt durch die patriarchalen Massstäbe, mit denen man sich identifiziert.	Bewusstwerdungsprozess (♄) der eigenen Natur (☽), des eigenen Wesens (☽), der eigenen Identität (☽), Bewusstwerdung (♄) der Gesetze (♄) der Psyche (☽), Bildung einer neuen Regierung (♄) für die eigene Natur (☽), Prozess der Identitätsfindung (☽) über die eigenen Lebensrechte (♄)	Integration in die Gesetze (♄) der inneren und der äusseren Natur (☽), Recht (♄) auf die eigene Natur (☽), Recht auf Leben der eigenen Identität (☽), die Stimme des Lebens (☽) fungiert als Richtmass für das eigene Leben. Das Natürliche in Nahrung (☽), Kleidung (☽) und Wohnung (☽) als Richtmass (♄) nehmen, Geborgenheit (☽) durch die Gesetze (♄) des Lebens
♀☌♄ ♀□♄ ♀☍♄ ♀ in H 10 ♄ in H 7 ♀ im ♑ ♄ in ♎	Nierensteine	Gefühle der Frustration (♄) in der Partnerschaft (♀), innere und äussere Blockaden (♄), erotische (♄) Blockaden (♄), Hemmung (♄) in der Synthese (♀) zwischen körperlicher und seelischer Liebe (entweder klappt es nur körperlich oder nur seelisch), Hemmung (♄) und Blockierung (♄) des eigenen Geschmackes, Partnerfähigkeit (♀) ist von der Norm (♄) (z. B. Ehe) oder von einem Ideal (♄) überlagert, Hemmung (♄) im Partnerwahlprozess (♀), Hemmung (♄) in der Entwicklung von eigenen Gedanken (♀), Hemmung (♄) im Ausgleichschaffen (♀)	Bewusstwerdungsprozess (♄) des eigenen Geschmackes (♀), der eigenen erotischen und partnerschaftlichen Fähigkeiten (♀), der eigenen Anziehung (♀), Prozess der Gedankenbildung (♀) über die Gesetze (♄), die die Anziehung und die Partnerschaft bestimmen. Prozess der Bewusstwerdung (♄) auf welche Art und Weise Inhalt und Form in Einklang (♀) gebracht werden können.	Integration in die Gesetze (♄) der Anziehung (♀) und der Partnerschaft (♀), Recht (♄) auf Ausgleichschaffen (♀), Recht auf einen eigenen Geschmack durchsetzen, Ausgewogenheit (♀) der Rechte (♄) und der Verantwortung (♄) in der Partnerschaft (♄), Integration in das Gesetz von Inhalt und Form (♀♄)

Konstellation	körperliches Krankheitsbild	seelisch-geistiges Krankheitsbild	Entwicklungsprozess (Weg)	Gesundheitsbild
♄ ☌ ♆ ♄ □ ♆ ♄ ☍ ♆ ♄ in H 12 ♆ in H 10 ♄ im ♓ ♆ im ♉	Alkoholismus	Steckengeblieben (♄) im Auflösungsprozess (♆) der alten Normen (♄) und Ideale (♄), Hemmung (♄) in der Bewusstseinserweiterung (♆), Hemmung (♄) in der Wahrnehmung von Hintergründen (♆), Hemmung (♄), die Widerspiegelungen (♆) des Schicksals wahrzunehmen, Hemmungen (♄) in der Entwicklung von Auswegen (♆) und Alternativen (♆), Hemmung (♄) in der Entwicklung von Phantasie (♆), Hemmung (♄) im Zeigen der eigenen Rechte und der eigenen Verantwortung (♆), Angst (♆) vor der patriarchalen Form von Verantwortung (♄), Hemmung (♄), anders (♆) zu sein als es der Norm entspricht, immer wieder aufs neue Verdrängung von Konflikten und Problemen	Auflösungsprozess (♆) der alten Massstäbe, Normen und Ideale (♄), Bewusstwerdungsprozess (♄) der Hintergründe (♆) des Seins, Bewusstwerdung (♄) von Alternativen (♆), Auflösungsprozess (♆) der bisherigen Form von Verantwortung (♄), Bewusstwerdung (♄) einer anderen (♆) Form von Verantwortung, Bewusstwerdungsprozess (♄) des Verdrängten (♆), sowie der Bewusstwerdungsprozess (♄) des Scheins (♆) und der Lüge (♆), Bewusstwerdungsprozess (♄) der Gesetze des Kosmos (♆)	Recht (♄) auf ein Leben, das anders (♆) ist, als es die Norm vorschreibt, Recht (♄) auf Entwicklung von eigener Phantasie (♆), von Auswegen (♆) und Alternativen (♆), Verwirklichung von alternativen (♆) Zielen (♄), Übernahme von Verantwortung (♄) für die Widerspiegelungen (♆) des Schicksals, bewusste (♄) (aktive) Bewusstseinserweiterung (♆), Integration in die Gesetze (♄) des Kosmos (♆)

Zur Beachtung:
Wenn hier zu bestimmten Erkrankungen die entsprechenden Konstellationen aufgeführt werden, so bedeutet dies nicht, dass nun jeder, der in seinem Horoskop z.B. Mond und Saturn in einem dissonanten Aspekt zueinanderstehen hat, dann deshalb an Krebs erkranken wird oder gar dass jeder, der eine Mond-Neptun-Verbindung aufweist, nun potentieller Anwärter für Aids wäre. Es gibt Millionen Menschen, in deren Horoskopen solche Aspekte zu finden sind, ohne dass sie aber deswegen an diesen Krankheiten leiden und auch nicht leiden werden, da sie sich mit ihren Anlagen auf einer anderen Frequenz befinden.

Ferner konnten bei den Beispielen aus der Fülle der Symptome nur einige wenige ausgewählt werden, so dass diese Aufstellung nicht den Anspruch auf Vollständigkeit erheben kann.

Konstellation	körperliches Krankheitsbild	seelisch-geistiges Krankheitsbild	Entwicklungsprozess (Weg)	Gesundheitsbild
☽ ☌ ♆ ☽ □ ♆ ☽ ☍ ♆ ☽ in H 12 ♆ in H 4 ☽ im ♓ ♆ im ♋	Aids	Angst (♆), die seelische Eigenart (☽) zu leben Gefühle (☽) der Angst (♆), Unsicherheit (♆) und Ausgestossenheit (♆), Ungeborgenheit aufgrund von Orientierungslosigkeit (♆), Verleugnung (♆) der Stimme des Lebens (☽), Ausklammerung (♆) oder Verleugnung (♆) der Gefühle (☽) oder der seelischen Liebe (☽), Unsicherheit (♆), die eigene Identität (☽) zu finden, verdrängter weiblicher Anteil (☽), Schein(♆)gefühle (☽) Schein(♆)zärtlichkeit (☽)	Auflösungsprozess (♆) der bisherigen Identität (☽). Aufbau einer anderen Identität (☽), Prozess des Einfühlens (☽) in die Hintergründe (♆) des Seins, Auflösungsprozess (♆) der bisherigen Frauenrolle (☽), Aufdecken (♆) von Scheingefühlen und Scheinzärtlichkeit (♆☽), Prozess der Identitätsfindung (☽) jenseits (♆) der Norm, Entdeckung der Hintergründe (♆) der Seele (☽), Aufdecken (♆) des verdrängten (♆) Bereichs der Seele (☽)	die eigene Andersartigkeit (♆) bejahen und die Andersartigkeit (♆) des anderen akzeptieren, Seelisch (☽) über die beiden Pole von Hemmung und Kompensation transzendieren (♆). Unangepasst (♆) an herkömmliche Normen und Rollenklischees, Zärtlichkeit (☽) schenken, die eigene Weiblichkeit (☽) jenseits (♆) der Rollennormen ausleben, Geborgenheit (☽) ausserhalb (♆) der Norm
☿ ☌ ♇ ☿ □ ♇ ☿ ☍ ♇ ☿ in H8 ♇ in H6 ☿ im ♏ ♇ in ♍	Darmspasmen	Unterdrückung (♇) im Zeigen (☿) der eigenen Gefühle, Anpassungs(☿)-zwänge (♇), Arbeits(☿)zwänge (♇). Unterdrückung (♇) von Selbstkritik (☿), Unterdrückung (♇) der eigenen Wahrnehmung (☿) und Beobachtung (☿) oder Fixierung (♇) in der Wahrnehmung. Mangelnde Analyse (☿) der eigenen Einstellungen (♇) und Ideologien (♇). Erwartungshaltungen (♇) ausgesetzt sein, zu dienen (☿), sich unterzuordnen (☿), zu gehorchen (☿) oder eigene Erwartungshaltungen (♇) werden nicht oder nicht mehr erfüllt (☿) (Wegfall der Projektion)	Reinigungsprozess (☿) von alten Einstellungen (☿), Vorstellungen (♇) und Leitbildern (♇), Transformationsprozess (♇) der bisherigen Art, sich anzupassen (☿), Transformationsprozess (♇) im Arbeitsbereich (☿)	über ein Konzept (♇) im Zeigen der eigenen Gefühle (☿) und in der Arbeit (☿) verfügen, den Weg (♇) zu einer Arbeit (☿) finden, die dem eigenen Wesen gemäss ist

Da immer wieder gefragt wird, wie die Lustseuche Aids nach der psychologischen Astrologie zu beurteilen ist, hier eine kurze Stellungnahme: Die Diskussion um Aids erstreckte sich bisher nur auf den rein somatischen Bereich. Wie jede andere Krankheit ist aber auch Aids eine psychosomatische Erkrankung. Es kann nur der sich mit Aids infizieren, der im Unbewussten die Disposition dazu mitbringt. Die Erreger sind lediglich Erfüllungsgehilfen, auf dass diese Disposition geweckt werde. Aids wurde allgemein als eine Erkrankung definiert, bei der es auf dem Boden einer schweren Störung im menschlichen Immunsystem zum Auftreten von Infekten kommt, deren Erreger sich im gesunden Organismus nicht durchsetzen können.

Aids heisst übersetzt erworbenes (*A*cquired) Immunmangel (*I*mmune *D*eficiency)-*S*yndrom. Die Krankheit wurde von Meer(Neptun)katzen (Mond) auf den Menschen übertragen.

Als Aids-gefährdet gelten insbesondere die Risikogruppen «Homosexuelle und Drogenabhängige». Es sind also bisher vorwiegend die ausgestossenen (Neptun) Seelen (Mond) betroffen — diejenigen, die sozial nicht anerkannt sind (Neptun), die, die in ihrem Rechtsstatus verunsichert (Neptun) sind, die gezwungen sind, ihre wahre Identität zu verheimlichen (Neptun) und zu vertuschen (Neptun), die in dieser patriarchalen Kultur keine (Neptun) Heimat (Mond) finden, die aus Frustration ihre Identität (Mond) in der Flucht (Neptun) bzw. in der Drogensucht (Neptun) zu finden versuchen. . .

Ausgestossenheit, Einsamkeit, Angst, Unsicherheit, Heimlichkeit, Flucht und Sucht schwächen die natürliche Abwehrkraft des körperlichen Organismus.

Die geschwächte Abwehrkraft aber lässt Erreger leichter eindringen u.a. auch das LAV/HTLV-III-Virus, das Aids auf der somatischen Ebene verursacht und als negativer Verstärker fungiert.

Inzwischen ist dieses Aids-Virus auch in heterosexuelle Kreise eingebrochen und löste damit ein allgemeines Unbehagen aus.

Presse, Rundfunk und Fernsehen stürzten sich auf dieses neue Phänomen und verursachten durch ihre sensationellen Berichte teilweise Angst und Panik in der Bevölkerung. Doch je mehr die Angst hochgepeitscht wird, umso grösser die Gefahr, dass Aids zu einer Massenseuche wie Pest und Syphilis wird.

Beachten wir jedoch auch, in welcher Zeitströmung (astrologisch gesehen ging der Pluto im Herbst 1984 in den Skorpion), in welcher politischen und sozialen Situation wir uns derzeit befinden, so wird klar, dass es nicht von ungefähr kommt, wenn gerade spezifisch zum jetzigen Zeitpunkt das Aids-Virus einen fruchtbaren Nährboden vorfindet.

Noch nie in der Geschichte fühlte sich die Menschheit (in ihrer Gesamtheit) so bedroht wie heute. Unterdrückung, Angst und Unsicherheit herrschen in der derzeitigen Weltlage vor.

Apropos Unterdrückung! Bei fast allen Aids-Patienten liegt neben einer Verminderung der absoluten Lymphozytenzahl eine Umkehrung des Verhältnisses zwischen T-Helfer und T-Suppressor-Zellen (Unterdrücker-Zellen) vor. Insofern ist Aids u.a. auch ein Gleichnis für die nunmehr fast ubiquitäre Szenerie auf dem Planeten Erde, wo die Unterdrückung und Fremdbestimmung so überhandgenommen hat, dass die Helfer nicht mehr nachkommen, die Missstände und das Elend zu beseitigen.

Wie jede Krankheit ist auch Aids die passive Form eines aktiven Entwicklungsprozesses.

Statt vorwärts zu schreiten, ist jedoch eine gegenteilige Bewegung zu beobachten: Regression. Moralisten nutzen die Gunst der Stunde und mahnen zu Treue oder gar zur Keuschheit. Sie fühlen sich in ihrer Weltanschauung bestätigt und sind überzeugt, Aids sei die gerechte Strafe für einen frevelhaften Lebenswandel.

Da es für den einzelnen sehr schwierig ist, sich gegenüber solchen Argumentationen seelisch abzugrenzen, leisten die Moralisten dadurch weiter der Krankheit Vorschub. Die Schuldgefühle schwächen weiter das Immunsystem, ziehen einem archaischen Muster gemäss die Strafe, u. a. Aids an.

Unseres Erachtens ist Aids im Gegenteil ein Aufruf an die Menschheit, von einer vorschnellen Verurteilung und Diffamierung anderer (Neptun) seelischer Eigenart (Mond) Abstand zu halten und statt dessen mehr Toleranz zu üben.

Je mehr Andersgläubige, Andersdenkende und Andersliebende in ihrem So-sein angenommen werden, desto mehr kommt die Menschheit in einen positiven Regelkreis, desto mehr wird der Mond der Mitmenschen gestärkt und Erkrankungen vorgebeugt.

Hier wirft sich die Frage auf: Können die Menschen in den Randgruppen sich nicht gegenseitig aufbauen, bestätigen und stärken? Können sie nicht gegenseitig ihre Mond-Energie zum Fliessen bringen und dadurch ihre Resistenz gegenüber eindringenden Erregern erhöhen?

Warum konnte das Aids-Virus z.B. auch in der Bhagwan-Sekte Eingang finden, wo sich doch deren Mitglieder gegenseitig so viel Zärtlichkeit schenken? Die alleinige Ursache liegt sicher nicht in dem häufig wechselnden Geschlechtsverkehr, sondern ist unseres Erachtens auch in der Verleugnung (Neptun) der Identität (Mond), die mit jedem Guru- oder Führerkult verbunden ist, zu suchen.

Die seelische Eigenart, die Individualität wurde aufgehoben zugunsten der Gemeinschaft, was symbolisch sowohl in der Vermögensverteilung und in der Namensveränderung als auch in der Einheitskleidung zum Ausdruck kam. Zudem wurde der Zärtlichkeitsaustausch zur Norm erhoben und rituell durchgeführt. Insofern waren es häufig nicht echte Gefühle, nicht echte seelische Zuneigung und seelische Wärme, die dem anderen entgegengebracht wurden. Der Mitmensch wurde nicht um seiner Eigenart willen angenommen, sondern weil es eine «alternative» Norm so vorschrieb.

Daraus entstand das Paradoxon, dass an echter Zuneigung Mangel bestand, obwohl gerade das Gefühl und die Zärtlichkeit ideologisch auf's Podest gehoben wurde.

Fazit: Die Devise «Zurück zur Treue» ist bei aufgeschlossenen, lebendigen Menschen verbunden mit der Verdrängung von Trieben und Gefühlen, mit der Verdrängung von neuen Kontakten und Erfahrungen, ist verbunden mit einer Erstickung des Lebens, die — wie Fritz Zorn in seinem Buch «Mars» exemplarisch aufgezeigt hat — zu Krebs disponiert. Der stete Partnerwechsel hingegen erhöht das Risiko, an Aids zu erkranken. Insofern hat — sarkastisch formuliert — das Individuum die Qual der Wahl: Entweder Krebs oder Aids. Entweder man stirbt als anständiger Bürger allgemein anerkannt und geachtet an einem Karzinom, weil man immer und zu jeder Zeit die gegen das Leben gerichteten patriarchalen Normen eingehalten hat, oder man fällt dem LAV/HTLV-III-

Virus zum Opfer und stirbt daher isoliert, allgemein geächtet und ausgestossen (als Gleichnis für die geächtete und ausgestossene Seele).

Wo ist der Ausweg aus dem Dilemma?

Er liegt wie immer im Ausleben einer Planetenkonstellation, hier von Mond und Neptun auf einer *erwachsenen* Ebene. Weder die zur Pflicht erklärte Treue noch deren Gegenreaktion «wahllose Sexualkontakte mit stets wechselnden Partnern» können dem einzelnen echte, gewachsene Geborgenheit (Mond) und seelische Wärme (Mond) vermitteln.

Statt zurück zur alten Sexualmoral, zu stickiger Konvention und Prüderie sollte daher das Motto heissen: Vorwärts zu einer neuen Ethik *), deren oberstes Richtmass die Natur des Menschen und das Lebendige ist. Es geht darum, eine echte Alternative zur patriarchalen Kultur und zu deren Gegenreaktion «Subkultur» zu finden und zu leben.

Wenn bei Aids die Wichtigkeit des Austausches der Mond-Energie betont wurde, so gilt dies analog auch für andere Erkrankungen und daher auch für andere Persönlichkeitsanteile. An einer Krankheit zu leiden bedeutet immer auch, dass eine kosmische Energie, ein Lebensprinzip, eine Anlage, ein Persönlichkeitsanteil nicht im freien Fluss ist. Jede innere Anlage braucht in der Aussenwelt einen *Bezug,* jeder Inhalt muss aussen seine Form finden bzw. wird durch die äussere Form bestätigt und verstärkt.

Es ist für jeden Menschen wichtig und lebensnotwendig, sich selbst in der materiellen Welt zum Ausdruck zu bringen.

Der einzelne kann mit seinen Anlagen einen Bezug schaffen

a) durch symbolisches Ausagieren z.B. durch Skifahren (Mars-Saturn-Konstellationen), Tennisspielen (Merkur-Uranus-Konstellationen), oder über seine Arbeit, über Partei, Verein, Club...

b) durch Projektion (siehe Kapitel: Projektionen)

c) durch ein materielles Symbol
z.B. durch Videogerät, Heimcomputer, Motorboot, Weinkeller, Briefmarkensammlung, Kaffeeservice

d) durch Austausch mit anderen Personen

Die Gefahr der Somatisierung besteht immer dann, wenn bisherige Bezüge wegfallen oder wenn äussere Symbolebenen nicht mehr mit dem Inhalt der Anlagen übereinstimmen. Im letzteren Fall besteht die Erkrankung dann solange bis eine neue Symbolik in der Aussenwelt gefunden wurde, astrologisch gesprochen bis der Planet auf einer neuen Symbolebene ausgelebt werden kann.

Wenn Symbole, Projektionen oder Ausagiermöglichkeiten wegfallen, z.B. das Auto defekt ist, einer Projektion nicht entsprochen wird, etwa, wenn eine

*) Wer sich näher damit auseinandersetzen möchte — siehe Hermann Meyer: Die neue Sinnlichkeit (Causa-Verlag)

Mutter die Projektion zurücknehmen muss, dass ihre Tochter ihr im Haushalt hilft oder man vom Partner verlassen wird oder man aufgrund einer Entlassung beruflich keine Energien mehr kanalisieren kann, ist immer Alarmstufe I für eine Somatisierung der Szenerie.

Die günstigste Form des Auslebens eines Planeten ist der Austausch der Energie mit dem Mitmenschen. Ein Planet wird dadurch gestärkt, ähnlich wie dies bei einer Autobatterie der Fall ist, die über Nacht geladen wird. Es handelt sich hierbei um eine «positive Psychosomatik».

Durch den Austausch laden sich die Energien auf, nehmen an Lebenskraft zu und werden dadurch resistent gegenüber pathogenen Keimen.

So wird der Merkur gestärkt durch den Austausch von Informationen und indem man mit dem anderen kommuniziert, der Mond gestärkt und aufgetankt durch den Austausch von Zärtlichkeit, die Sonne aufgeladen durch den Austausch von sexuellen Energien, die Venus gekräftigt, indem man dem anderen Freude bereitet u.s.w.

Wenn also Sicherheit, Zärtlichkeit, Geborgenheit, seelische Wärme und Liebe, Freude, Glück, Erotik und Wollust, Freiheit und Unabhängigkeit heilen, dann wäre dies doch die billigste und zugleich die beste Arznei!

Die grosse Schwierigkeit liegt jedoch darin, dass der Kranke meist die Energien, an denen es ihm mangelt, nicht *erwirkt*. U.a. ist er ja gerade deshalb, weil sie ihm fehlen, krank geworden.

Aufgabe des Astropsychotherapeuten ist daher, nicht nur darauf hinzuwirken, dass Dispositionen für spezifische Krankheiten im Unbewussten gelöscht werden, sondern vor allem auch, den Klienten soweit zu bringen, dass er das anzieht, was er braucht, dass er Zärtlichkeit, Geborgenheit, Liebe, Glück, Freude. . . *erwirkt*.

Um dies zu erreichen müssen Ängste, Unsicherheiten, Schwächen, Hemmungen, Blockaden, Abwehrhaltungen, Komplexe, Fixierungen, falsche Denk- und Verhaltensmuster abgebaut und Anlagen ausgebildet werden.

Wenn Krankheiten umgekehrte Entwicklungsprozesse sind, dann hat dies zukünftig in der Therapie entscheidende Konsequenzen.

Insbesondere sollten die Krankenhäuser der Zukunft dieser Tatsache Rechnung tragen.

Der bisherige Krankenhausbetrieb müsste in Frage gestellt und neue Ansätze verwirklicht werden.

Waren Krankenhäuser bisher Häuser, in denen die unerlösten Anlagen der Patienten um Hilfe gerufen haben, in denen die verdrängten Persönlichkeitsanteile ihr Zuhause hatten (Haus 12), der Abwehr- und Anpassungsmechanismus der Somatisierung bestätigt und verstärkt wurde, so geht es zukünftig darum, gerade diese Abwehr zu durchbrechen und den Patienten zu ermutigen und zu stärken, die entsprechenden Entwicklungsschritte zu gehen.

Krankenhäuser sollten in Liebeshäuser verwandelt werden, nicht in dem Sinne, dass stattdessen Eroscenter entstehen, sondern insofern, dass die Patienten hier lernen, ihre Persönlichkeitsanteile anzunehmen und zu lieben, auch, wenn deren Eigenart nicht der Norm entspricht.

Wer gelernt hat seine Persönlichkeitsanteile zu entwickeln, zu lieben und zu leben, kann auch die Anlagen seiner Mitmenschen lieben und sie leben lassen.

In den neu zu errichtenden psychosomatischen Kliniken wandeln die Patien- .ten nicht wie in den konventionellen Krankenhäusern in Schlafanzügen und Morgenröcken durch die Korridore, ständig wartend auf Besuch von Bekannten und Verwandten, wartend auf Widmung und Mitleid, wartend auf Zuneigung und menschliche Wärme.

Der Patient muss im Gegenteil gerade von seiner passiven Erwartungshaltung wegkommen.

Es gilt für ihn, zu lernen, auf andere, angenehmere Art und Weise als über den Weg der Krankheit Anerkennung, Widmung und Zuneigung zu erhalten.

Besonders entscheidend ist es jedoch für den Patienten, sich bewusst zu werden, dass er seine Projektion zurücknimmt, ein bestimmter Arzt oder irgendein Medikament werde ihn heilen.

Er muss sich klar werden, dass jede Therapie u. jedes Medikament, so lebenswichtig es in Einzelfällen auch sein mag, nur symptomatisch wirken kann, und dass er selbst sein bester Therapeut ist, indem er die Ursachen der Krankheit aufspürt und die Weichen für die Zukunft anders stellt.

In den neuen Krankenhäusern sind Ärzte und Patienten gleichberechtigte Partner.

Jeden Abend finden Workshops statt, in denen Patienten mit ganz spezifischen Beschwerden zusammen mit den fachkundigen Ärzten u. Therapeuten ihre Probleme und Konflikte angehen.

Patienten, die an chronischen Entzündungen leiden, üben in einem Workshop z.B. ihre Marsanlage ein, indem sie lernen, Initiative zu ergreifen, sich durchzusetzen, sich zu behaupten, sich einzubringen, Aktivität an den Tag zu legen, Pionierarbeit zu leisten usw.

Oder: Patienten mit chronischen Darmbeschwerden lernen in einem anderen Raum (Merkur-Jungfrau-Workshop), ihre Gefühle zu zeigen, ihr eigenes Wesen auszudrücken, sich anzupassen ohne sich unterzuordnen usw.

Da jeder Fall jedoch ein Einzelfall ist, muss zusätzlich zu einer solchen Vorgehensweise auch das individuelle Horoskop zu Rate gezogen werden, denn — wie bereits erwähnt — im Horoskop steht symbolisch verschlüsselt sowohl die Krankheit als auch die Lösung.

Aus diesem Grunde werden — langfristig gesehen — die psychosomatischen Kliniken nicht darum herumkommen, ihren Therapeuten eine astrologische Zusatzausbildung anzuempfehlen oder u.a. auch psychologische Astrologen bzw. Astropsychotherapeuten anzustellen.

Der Therapeut hat in diesem neuen Ansatz die Aufgabe, den Weg des Patienten vom Krankheitsbild zu seinem ureigenen Gesundheitsbild aufzuzeigen und ihn so lange zu begleiten bis der Patient selbst imstande ist, ohne Hilfe diesen Weg zu beschreiten.

Der Therapeut der Zukunft wirkt daher nur noch in einigen Notfällen via Spritzen, Tabletten u. Tropfen ein, seine Hauptaufgabe wird jedoch sein, als Wegbegleiter zu fungieren.

Ein solch neues medizinisches Konzept muss jedoch noch durch sog. «Bewährungshelfer» ergänzt werden.

Viele Patienten machen in der therapeutischen Gruppe grosse Fortschritte, haben jedoch in der Praxis des Lebens, in ihrem sozialen Umfeld grosse Mühe, das neu Gelernte umzusetzen.

Wer hier wieder in das alte Denk- und Verhaltensmuster zurückfällt, gibt damit der schon als überwunden geglaubten Krankheit wieder einen neuen Nährboden.

Die Bewährungshelfer haben die Aufgabe, den Patienten in seiner neuen Lebensform zu bestätigen und zu stärken und ihm bei entscheidenden Problemen als guter Freund beizustehen.

Symbolisches Ausagieren

Jede Anlage kann symbolisch ausagiert werden. So kann z.B. der Mars durch den Rennsport, der Pluto durch Hundehaltung, die Venus durch die Verwendung von Parfümen ausagiert werden.

Die häufigste Form des symbolischen Ausagierens ist jedoch die Arbeit.

Arbeit macht die Welt kaputt

(Arbeit am Baum der Erkenntnis)

Diesem Kapitel sei zunächst ein Märchen aus unserer Industriegesellschaft vorangestellt, das fast wahr sein könnte...

Kennen Sie das Sprichwort «Dem Elch eine Gasmaske verkaufen»? Das sagt man in Schweden von jemandem, der sehr tüchtig ist. Hier soll kurz erzählt werden, wie es zu diesem Sprichwort gekommen ist.

Der Elch und die Gasmaske
Es gab einmal einen Verkäufer, der war dafür berühmt, dass er allen alles verkaufen konnte.

Er hatte schon einem Zahnarzt eine Zahnbürste verkauft, einem Bäcker ein Brot und einem Blinden einen Fernsehapparat. «Ein wirklich guter Verkäufer bist du aber erst», sagten seine Freunde zu ihm, «wenn du einem Elch eine Gasmaske verkaufst.»

Da ging der Verkäufer so weit nach Norden, bis er in den Wald kam, in dem nur Elche wohnten.

«Guten Tag», sagte er zum ersten Elch, den er traf. «Sie brauchen bestimmt eine Gasmaske.»

«Wozu?» fragte der Elch. «Die Luft ist gut hier.» «Alle haben heutzutage eine Gasmaske», sagte der Verkäufer. «Es tut mir leid», sagte der Elch, «aber ich brauche keine.» «Warten Sie nur», sagte der Verkäufer, «Sie brauchen schon noch eine.» Und wenig später begann er mitten in dem Wald, in dem nur Elche wohnten, eine Fabrik zu bauen.

«Bist du wahnsinnig?» fragten seine Freunde. «Nein», sagte er, «ich will nur dem Elch eine Gasmaske verkaufen.»

Als die Fabrik fertig war, stiegen so viel giftige Abgase aus dem Schornstein, dass der Elch bald zum Verkäufer kam und zu ihm sagte:

«Jetzt brauche ich eine Gasmaske.»

«Das habe ich gedacht», sagte der Verkäufer und verkaufte ihm sofort eine. «Qualitätsware!» sagte er lustig. «Die anderen Elche», sagte der Elch, «brauchen jetzt auch Gasmasken. Hast du noch mehr?» (Elche kennen die Höflichkeitsform «Sie» nicht.) «Da habt ihr Glück», sagte der Verkäufer, «ich habe noch Tausende.»

«Übrigens», sagte der Elch, «was machst du in deiner Fabrik?»

«Gasmasken», sagte der Verkäufer.

Doch nicht nur «Elche», sondern auch Menschen reagieren so: Man siedelt z.B. Industrie im Bayerischen Wald an, um die Landschaft zu «erschliessen» und um der Bevölkerung Arbeitsplätze zu verschaffen. Dadurch vollzieht sich der Wechsel von der oralen in die anale Phase.

Durch die Frustration, die die stupiden Arbeiten hervorrufen, wird der Mensch unzufrieden. Der berufstätige Mensch will kaufen. Deshalb zahlt man ihm Lohn für geleistete Arbeit und ermöglicht ihm so den Kauf von Gegenständen, die er nicht braucht oder nur braucht, weil er nun berufstätig ist. Er benötigt z.B. ein Auto, um zur Arbeitsstätte zu gelangen, eine Uhr, um pünktlich zu sein, braucht bessere Kleidung, um im Büro Karriere zu machen.

Man versklavt den Menschen zuerst durch die Wünsche, die er hegt und nach der Realisierung der Wünsche versklaven ihn die Dinge, die er sich gewünscht hat. So arbeitet er z.B. für einen Farbfernseher oder für ein Auto (plus Zubehör, Versicherung, Steuer etc.), vergeudet seine Zeit und Leben für seinen Erwerb und vergeudet danach Zeit und Leben mit seinem Besitz (Scheinwelt des Fernsehens, Autowäsche, Garagenbau usw.) Allein dieses Beispiel zeigt bereits auf, wie die Verdrängung der Natur aussen unweigerlich mit der Verdrängung der Natur innen parallel läuft.

Ein furchtbarer Verdacht taucht hierbei auf: Was, wenn alle Arbeiten nur Folgeerscheinungen des Patriarchats sind? Ist Arbeit u.U. nichts anderes als eine Krankheit? Da das 6. Haus im Horoskop früher zugleich als das Haus der Arbeit *und* der Krankheit galt — ist ein solcher Gedanke gar nicht mehr so abwegig!

So wie man als Kind im Sinne seiner Eltern pariert hat, so gehorcht man später im Sinne der neurotischen Grossfamilie «Gesellschaft». Wie man willig oder unwillig die Schulpflicht erfüllte, so erfüllt man später — nun zur Gewohnheit geworden — in der Vergrösserung seine Pflicht, zu arbeiten. Und jeder glaubt daher, es sei ganz normal, zu arbeiten. Wie man damals ein schlechtes Gewissen hatte, wenn man die Schule «schwänzte», so hat man später ein schlechtes Gewissen, einmal «blau» zu machen, d.h. ein paar Tage dem Arbeitsprozess fernzubleiben und zu leben.

Das Tabu «Arbeit» war bisher unantastbar. Es wurde der Sinn der Arbeit als solcher kaum infragegestellt.

Der alttestamentliche Spruch «Im Schweisse deines Angesichts sollst du dein Brot essen» hat sich so tief in die menschliche Seele eingekerbt, dass sofort eine Abwehr, bestehend aus «Vernunft» und Rationalisierung aufgefahren wird, wenn versucht wird, an dem Tabu «Arbeit» zu rütteln. Deshalb blieb es allgemein verborgen, dass die Arbeit selbst bereits ein Krankheitssymptom ist, ein Symptom der Kollektivneurose.

Viele Krankheiten der Berufstätigen stellen nur Fluchtversuche dar, die das Unbewusste inszeniert, um der Krankheit «Arbeit» den Rücken zu kehren. Auch hier ist die «Krankheit» des Individuums der Versuch, zu gesunden, paradoxerweise zu gesunden von der Krankheit «Arbeit» durch eigene Krankheit.

Den Patienten jedoch in diesen Fällen in die Arbeitswelt rückintegrieren zu wollen, bedeutet aber, den Sinn der Krankheit nicht erkennen können und den Patienten neuen schwereren Krankheiten entgegenführen; denn wird das erste Signal nicht beachtet, muss das Unbewusste neue Kunstgriffe verwenden und neue Gleichnisse auskleiden, die einen nachhaltigeren Eindruck hinterlassen.

Die Schizophrenie dieser Gesellschaft heisst: Leben verkaufen, um leben zu können!

Sich und die Welt verbrauchen bedeutet in der Phase des Patriarchats «leben». Der berufstätige Mensch verleugnet sich selbst für Geld, um sich für dieses Geld Kompensationen für seine Frustrationen zu kaufen, die er im Akt der Selbstverleugnung erleiden musste. Und gerade auf diesen Ersatz für Leben, den er sich kauft, auf die Dinge, die ihn knechten, ist er stolz: Auf seine Luxuslimousine*), auf seinen Farbfernseher, auf seine Haute-Couture-Kleidung*), auf seine antike Inneneinrichtung*). . .

Denn nur mit diesen Dingen besteht die Möglichkeit für den Neurotiker, sich fortwährend mit anderen zu messen und um Geltung zu ringen, die eigene Geltung gegen die Geltung der anderen zu stellen (Alfred Adler). Kaum jemand ist «stolz» auf sein Leben und seine Freiheit; nur, was man für sein Leben eingetauscht hat, ist von Wert und wird zur Schau gestellt. Würde man z.B. an jedem Automobil ein Schild anbringen, wieviel Lebenszeit es den Besitzer umgerechnet gekostet hat und laufend kostet, würde dies mehr ins Bewusstsein treten. Sinnbildlich gesprochen, fährt der einzelne mit dem Automobil sein «Leben» spazieren.

Um all dies nicht evident werden zu lassen, wird das arbeitende Volk durch Fasching, Volksfeste, Sportveranstaltungen, Shows oder durch Schlagermusik bei Laune gehalten.

Die Schlagerstars besingen die Sehnsüchte der arbeitenden Bevölkerung — sie singen von Liebe, Glück und Leidenschaft, von all den Dingen, die für die kleine Sekretärin oder für den frustrierten Beamten unter den gegebenen Umständen nicht erreichbar sind. Die Schlagermusik zaubert schöne, angenehme Stimmun-

---

*) Zwar wird der Mensch auch in einer ökologischen Kultur frei beweglich sein, gut essen und behaglich wohnen wollen, aber es fällt dabei das Prestigedenken und damit der Konsumzwang, sowie die gigantische Materialvergeudung weg.

gen in die Seelen; die Menschen vergessen den Alltag, lassen sich von der Musik wegtragen auf schneeweisse Strände voller Palmen, auf Inseln in der Südsee. . .

Da sie sich in solchen Augenblicken tatsächlich so fühlen und in der Stimmung sind, als ob sie wirklich selber dieses Glück erleben würden, erscheinen die Sehnsüchte vorübergehend als gestillt. Die Seelen der Menschen werden dadurch getäuscht. Es wird nur *Ersatz* angeboten.

Diese Feststellung soll nun aber nicht zum Ausdruck bringen, dass Musik, die die Seelen der Menschen erfreut, nicht auch positive Reaktionen hervorrufen kann. Manche Menschen werden umgekehrt gerade dadurch stimuliert, endlich ihre berechtigten Träume zu verwirklichen.

Am günstigsten wirkt jedoch Musik, wenn sie Ausdruck einer echten tatsächlichen Stimmungslage ist, wenn ein Mensch wirklich Glück *erwirkt* hat und die dazu passende Musik als ein positiver Verstärker dafür fungiert, wenn sie Ausdruck bzw. Form für einen realen Inhalt ist.

Arbeit macht im Patriarchat die Menschen und die Welt kaputt! Die Menschheit hat mit unendlichem Fleiss und unter unvorstellbaren Opfern an Menschenleben eine zweite Welt geschaffen, eine Todeswelt, die die natürliche Welt verleugnet, pervertiert, übertüncht, abtötet, vergessen lässt. Das Natürliche, das Gesunde, das Lebendige verfälschen, verdrängen, nicht aufkeimen lassen, das Künstliche, das Kranke, das Tote aber fördern, bestaunen, als Erfolg propagieren, ist ein Charakteristikum der Arbeitsneurose. Erich Fromm hat ein solches Verhalten dem nekrophilen Charakter zugeordnet.

Der patriarchale Mensch ist von einer Vorstellung besessen, bzw. hat ein ganz bestimmtes Bild in sich, nach dem er wie unter Zwang die eigene Natur, die Natur der anderen und die äussere Natur erziehen, beschneiden, unterjochen, vergewaltigen will.

Es ist die patriarchale Vorstellung des «Macht die Erde (also die Mutter Natur (Mond) und damit alles Weibliche (Mond) und Lebendige (Mond)) Euch untertan».

Er hat ein (unbewusstes) Feindbild gegenüber der Natur und allem Lebendigen, weil jene nicht seiner neurotischen Vorstellung von Sauberkeit und Ordnung entsprechen.

Das Lebendige soll sich nicht nach dem ihm eigenen Naturprogramm entwickeln, sondern nach dem Muster, das dem patriarchalen Menschen vorschwebt.

Nach diesem Muster muss er ständig arbeiten. Er muss Kunstdünger streuen, Insekten und Unkraut vernichten, muss Büsche beschneiden, Rasen mähen. . .

Wenn allein in den USA die Menschen ihre Kräfte und ihre Zeit statt für Rasenmähen für konstruktivere Dinge verwenden würden, wären wir bereits bei der Verwirklichung einer ökologischen Kultur einen Schritt weiter. *Arbeit nennt also der patriarchale Mensch hoch und heilig den Akt, in dem er die Diskrepanz zwischen seinem Wahnbild und der Wirklichkeit zu beseitigen versucht.*

Und jede (entfremdete) Arbeit erzeugt neue Arbeiten! Deshalb ist in der patriarchalen Phase der Menschheit paradoxerweise derjenige, der nichts arbeitet oft sozialer als derjenige, der unreflektiert seine Kräfte für die Arbeit verschleudert. Erst, wenn das innere Bild der Menschen mit dem Programm der Natur übereinstimmt, wird die Menschheit aus dem Alptraum, entfremdete Arbeiten ausführen zu müssen, erwachen. Es geht also nicht darum, noch mehr zu arbeiten, sondern darum, einfach das Bild zu verändern. Dies ist die eleganteste und die einfachste Lösung, aber deshalb wohl auch die schwierigste, weil kaum jemand eine solche zu akzeptieren vermag.

Daraus folgt, dass alle Lösungsvorschläge in bezug auf Arbeitsprobleme nur Symptombekämpfung sind, weil sie die Lösung *innerhalb* des patriarchalen Systems suchen, anstatt zu *transzendieren.*

Z.B. kann die Kostenexplosion im derzeitigen Gesundheitswesen kaum mehr eingedämmt werden. Weder eine Beschneidung des Honorars der Ärzte noch höhere Rezeptgebühren für die Patienten ist hier angezeigt. Es geht einzig und allein darum, einen Wandel von der ineffizienten, rein körperorientierten Luxusmedizin mit all ihren kostspieligen technologischen Placebos zur psychosomatischen Medizin, zur Ganzheitsmedizin zu vollziehen.

Wer von der entfremdeten, neurotischen Arbeit Abschied nehmen will, muss auf allen Gebieten des Lebens die einseitigen patriarchalen Ideologien infragestellen. Nach der Überschreitung der patriarchalen Ideologiezäune ergeben sich plötzlich auf einer ganz anderen Ebene völlig neue Lösungsmöglichkeiten.

Auf die Füsse kommt die Welt erst wieder, wenn sie sich beibringen lässt, dass ihr Heil nicht in neuen Massnahmen, sondern in neuen Gesinnungen besteht (Albert Schweitzer). Indem sie nicht die Ursachen beseitigen, sondern nur Symptome als solche bekämpfen, schaffen sie nur immer wieder neue Schäden oder verintensivieren das bisherige pathologische Bild.

Arbeit in ihrer entfremdeten Form ist nichts anderes als ein gigantischer Feldzug gegen die menschliche Natur und gegen die Allnatur, gegen die Basis allen Seins.

Die Arbeiten, die heute mühsam absolviert werden, sind teilweise furchtbare Hypotheken für die künftigen Generationen! Man denke nur an die vielen Straßen und Parkplätze, die in den nächsten Jahrzehnten wieder aufgehackt und renaturalisiert werden müssen!

Wie der patriarchale Mensch sich über jeden Quadratmeter Boden gefreut hat, der durch Beton und Asphalt «sauber» gemacht wurde, so freut sich der Mensch der ökologischen Kultur über jedes Stück Land, das wieder belebt wird.

Der erste Schritt zu einer ökologischen Kultur wäre die Renaturalisation der Nebenstraßen der Städte. Auf diese Art und Weise könnten die Städte endlich wieder bewohnbar werden. Lärm und Abgase würden die Gesundheit der Bürger nicht mehr schädigen, statt dessen würden Vogelgezwitscher und Blütendüfte die Sinne erfreuen. Statt Beton und Asphalt würden grüne Wiesen, blühende Sträucher und Bäume das Stadtbild prägen. Kinder könnten wieder im Freien spielen. Kurzum: Eine Renaturalisation der verbetonierten Welt würde die Gesundheit und Lebensqualität der Bürger ungemein verbessern.

Doch der Durchschnittsmensch glaubt nicht an die Verwirklichung einer solchen «Utopie». Die Menschen haben im Gegenteil Angst, es könnte etwas verändert werden. Da es das Wesen der Neurose ist, nichts zu verändern, besteht auch nicht das Verlangen, den Zustand «Neurose» zu verändern — die eigene Krankheit stellt sich gegen ihre Überwindung.

Dem Neurotiker ist alles *grundlegend* Neue zuwider. Nur das neue Alte ist von Wert (Arznei in neuer Verpackung, neues Automodell, neuer Name einer Zahnpasta etc.), nur die alten Systeme, Regeln und Prinzipien in neuem Gewand werden akzeptiert. Etwas radikal Neues ist für ihn Betrug, Sünde, Frevel, eine Bedrohung seiner Ordnung. Er will kein Risiko eingehen und sieht nicht, dass das grösste Risiko im Stehenbleiben liegt.

Zusammenfassend sind folgende Kriterien für die Arbeiten in der patriarchalen Phase der Menschheit bezeichnend:

1. Fast alle Arbeiten sind entfremdet, also nicht der wahren menschlichen Natur gemäß.
   Man kann die Arbeit zu den Anpassungs- und Abwehrmechanismen zählen, denn mittels Arbeit ist der einzelne gezwungen, sich immer mehr von seiner eigenen Natur zu entfernen und seine wirklichen Anlagen und Fähigkeiten abzuwehren.

2. Die meisten Arbeiten bereiten keine Freude, sondern sind nur Mittel zum Zweck. Das entscheidende Motiv zu arbeiten, liegt im wesentlichen nur darin, daß man ohne Vermögen und sonstige Einkommensquellen auf Arbeit angewiesen ist, um seinen Lebensunterhalt zu gewährleisten.
   Wenn man bedenkt, wieviele Menschen ihr freies Wochenende kaum genießen können, weil sie schon mit Grauen an den Arbeitsbeginn am Montag denken müssen, wird klar, daß diese Arbeiten für den einzelnen nur wenig Erfüllung bedeuten.

3. Die meisten Arbeiten sind nur aufgrund der anderen Abwehr- und Anpassungsmechanismen, aufgrund von kollektiven Neurosen, aufgrund von Unwissenheit oder aufgrund von Defiziten bzw. Unfähigkeiten notwendig. Die Projektion von Feindbildern erzeugt Arbeit für Millionen Menschen in der Rüstungsindustrie oder beim Militär, die Zwangsneurose schafft Berufe, in denen kontrolliert, bestraft oder gemaßregelt wird, die ubiquitäre Angst läßt Versicherungen aufblühen, die Suchttendenzen verschaffen der Tabak- und Spirituosenindustrie gigantische Gewinne.

4. Bei fast allen Arbeiten handelt es sich um Vollzeitbeschäftigungen. Doch Vollzeitbeschäftigung ist inhuman. Der von morgens 8 Uhr bis abends um 17 Uhr arbeitende Mensch kann nur einen minimalen Bruchteil seines Anlagenpotentials realisieren. Astrologisch gesehen kann er in einem spezialisierten Beruf meist nur einen einzigen Planeten verwirklichen. Z. B. kann ein Kfz-Mechaniker nur seinen Merkur realisieren und selbst den nur auf einer ganz bestimmten Ebene (als technische Fähigkeiten). Andere Anlagen müssen daher brachliegen bzw. verdrängt werden. Ferner hat der ganztägig berufstätige Mensch kaum Zeit für zwischenmenschliche Beziehungen.

5. Da eine Korrespondenz zwischen Arbeitsleben und Freizeit besteht, bedingt eine entfremdete Tätigkeit schließlich auch ein pervertiertes Freizeitverhalten. Die Freizeit ist daher einerseits Fortsetzungsverhalten, andererseits Kompensation für die Frustrationen, die im Arbeitsprozeß entstanden sind.

6. (Entfremdete) Arbeit macht krank.

Nach einer Studie des Wirtschafts- und Sozialwissenschaftlichen Instituts des DGB zerstören die Bedingungen des Erwerbslebens die psychische und körperliche Gesundheit von Millionen von Arbeitern und Angestellten.

Solche Krankheiten entstehen astropsychosomatisch gesehen zum einen aufgrund der Vollzeitbeschäftigung, die den einzelnen zwingt, Anlagen, Bedürfnisse und Wünsche zu verdrängen, zum anderen aber auch durch einseitige Muskelbelastungen, durch Leistungsdruck, Zeitdruck, Streß, u. a.

Allein in der Bundesrepublik Deutschland arbeiten derzeit 6.4 Millionen Menschen unter Lärmeinwirkung, 5.2 Millionen arbeiten ständig in Nässe, Kälte, Hitze oder Zugluft, 4 Millionen werden fast immer durch Rauch, Staub, Gase oder Dämpfe belästigt.

7. Die Arbeiten sind hierarchisch gegliedert.

Das hierarchisch strukturierte Arbeitsleben gibt für das neurotische Streben nach oben, für das Streben, mehr, höher und besser zu sein als andere, einen fruchtbaren Nährboden ab.

Fazit:

Es soll hier nicht einem Ausstieg aus der Industriegesellschaft das Wort geredet werden, sondern es geht — wie im nächsten Kapitel dargestellt — um einen Umstieg in die ökologische Gesellschaft.

Es gibt kein Zurück mehr auf die Bäume, aber so weiter zu machen wie bisher ist ebenfalls Illusion, da der Planet Erde bereits im Sterben liegt und ein weiteres «Wirtschaftswachstum» nicht mehr verkraften kann.

Es gibt nur eine Lösung, die zugleich eine neue Entwicklungsstufe darstellt, nämlich die, daß die Zivilisation und die Natur eine Partnerschaft eingehen. Die Natur muß zur Kultur erhoben werden.

Menschliche Größe besteht im Wesentlichen aus der Fähigkeit, sich in den Umständen, in denen andere den Irrsinn wählen, für persönliche Erfüllung zu entscheiden. (Viktor Frankl)

Arbeit als Aufbau einer neuen Welt

(Arbeit am Baum des Lebens)

Wenn überall nur Ersatz für wahres Leben angeboten wird, so taucht hier die Frage auf: Was wollen denn die Menschen wirklich? Was würde die menschliche Natur wünschen, wenn sie unverfälscht wäre?

Die Antwort erteilt auch hier der Tierkreis:

Sich körperlich betätigen, Sport treiben (Widder), geniessen (Stier), kommunizieren (Zwilling), zärtlich sein (Krebs), sich schöpferisch betätigen (Löwe), das eigene Wesen ausdrücken (Jungfrau), lieben (Waage) usw.

Das Stillen all dieser Bedürfnisse ist kaum mit Kosten verbunden, während der Erwerb von Symbolen teuer ist. Die Menschen müssen ständig mittels

Arbeit ihr Leben verleugnen, um sich dafür kostspieligen Ersatz kaufen zu können (den sie perverserweise über die Arbeit produzieren − siehe Geschichte «Der Elch und die Gasmaske»).

Das schlimmste Übel liegt jedoch darin, dass die Menschheit im Akt der Symbolherstellung die Welt vernichtet. Die Herstellung dieser künstlichen Produkte ist schädlich sowohl für die körperliche, seelische und geistige Gesundheit der Arbeiter und Angestellten als auch für die äussere Natur. Im Akt der Herstellung von Ersatz werden die Böden verseucht, die Gewässer verschmutzt, die Atemluft vergiftet. Doch nicht nur die Herstellung, auch der Gebrauch dieser Dinge ist meist schädlich für Mensch und Umwelt, man denke nur an die Auspuffgase der Autos und Motorräder, an die schädlichen Strahlen aus der Flimmerkiste, an die tödlichen Kugeln aus dem Gewehr. . .

Aus diesem Grunde kann auch die Lösung der Arbeitsprobleme nicht − wie manche glauben − in Sozialisierungsmassnahmen liegen; denn dabei würde ebenso weder der Sinn der Arbeit noch die patriarchalen Berufsbilder, noch die Herstellung von Ersatz bzw. Symbolen infragegestellt werden. Dies wäre wieder nur Symptombekämpfung. Es nutzt wenig, wenn den Arbeitern mehr Rechte eingeräumt werden oder das Kapital besser verteilt wird, wenn das, was produziert wird, Ersatz für lebendiges Leben, Ersatz für die Entfaltung von menschlichen Anlagen ist und wenn ferner durch die Produktion dieser Symbole die Umwelt so verseucht wird, dass der Erdball im Sterben liegt.

Ähnlich zu beurteilen ist unserer Ansicht nach auch die sog. *Humanisierung* der Arbeitswelt. Eine solche Humanisierung ist *innerhalb* des derzeitigen, patriarchalen Systems kaum möglich. Langweilige Arbeiten am Fliessband, im Büro oder in der Verwaltung werden z.B. durch die gleitende Arbeitszeit oder durch die Mitbestimmung nicht sinnvoller oder erfüllender. Solche Humanisierungen können entwicklungspsychologisch sogar ungünstig wirken, da auf diese Weise die Betreffenden es sich in ihrem «Gefängnis» behaglicher einrichten können und so der Drang zum Ausbruch nicht erwacht.

Die herkömmliche Humanisierung der Arbeitswelt besteht also meist nur aus ein paar kleinen kosmetischen Operationen. *Echte* Humanisierung heisst jedoch, humane, d.h. der menschlichen Natur gemässe Berufe zu schaffen.

Jede Arbeit, die auch von einer Maschine, einem Computer oder von einem Roboter getätigt werden kann, ist inhuman. Deshalb zeugt auch das Sträuben der Gewerkschaften und der Alternativbewegung gegenüber Rationalisierungsmassnahmen in Fabriken, Behörden, Banken und Betrieben davon, dass die Zeichen der Zeit noch nicht verstanden wurden.

Es geht nicht darum, alte von der Zeit überlebte Arbeitsplätze zu schützen und zu bewahren, sondern das sich am Horizont abzeichnende neue Zeitalter zu erkennen, für das z.B. u.a. auch die Computer mit ihrer arbeitskrafteinsparenden Wirkung die *Voraussetzung* geschaffen haben.

Wenn 500 Arbeitsplätze durch einen Computer eingespart werden können, dann werden wieder Menschen frei, um ihre Anlagen und Fähigkeiten entwickeln zu können.

Arbeit um der Arbeitsplätze willen?
Arbeit muss Sinn haben und Freude machen!

Aus diesem Grunde ist es auch unseres Erachtens nicht günstig, wenn um die Arbeitsplätze zu erhalten, Firmen künstlich noch aufrechterhalten werden.

Was sich überlebt hat, muss von der Bühne abtreten, das Gesetz der Entwicklung kennt kein Pardon.

Das Alte muss sterben, damit etwas Neues auferstehen kann. Wenn Firmen pleite gehen, so ist das eine grosse Chance sowohl für die Inhaber als auch für die Arbeiter und Angestellten. Da ihre Symbiose nun zerbrochen ist, können sowohl die Elternrollenspieler als auch die Kindrollenspieler endlich einmal innehalten und nachdenken.

Nur diejenigen, die den ausgetrampelten Pfad der Herde als den einzigen Weg sehen, werden überrascht, wenn kollektive Veränderungen eintreten!

Wer sich innerlich schon gewandelt hat, den trifft die äussere Krise oder Veränderung kaum mehr. Er ist darauf vorbereitet. Meist sind daher nur diejenigen arbeitslos, die die sich abzeichnende Entwicklung nicht erkannt haben, die es versäumt haben, rechtzeitig etwas Neues aufzubauen bzw. andere Anlagen auszubilden.

So kann z.B. ein Neptun in der Jungfrau sowohl Arbeits(Jungfrau)losigkeit (Neptun) als auch Alternativen (erlöste Form des Neptun) auf dem Arbeitssektor bedeuten — je nach dem, ob der Betreffende vorher eine Entwicklung absolviert hat oder nicht.

Viele Menschen, die arbeitslos wurden, suchen immer noch nach Arbeit bei den Arbeitgebern. Sie bitten und betteln nach Arbeit und stärken daher die Position des anderen Pols. Sie sehen selbst keine Arbeiten, keine Marktlücken, keine Chancen. Doch die Welt ist voller Arbeit, allerdings nicht mehr in der patriarchalen Kultur!

Wer nicht stehengeblieben ist, wer sich weiterentwickelt hat, wer Initiative ergreifen kann, wer Mut an den Tag legt, wer erfinderisch geworden ist, hat plötzlich ungeahnte Möglichkeiten, in einer ökologischen Kultur und Gesellschaft. So wie man eines Tages den Ablöseprozess von der denaturierten Zivilisationskost oder von der Monogamie zu schaffen hat, so gilt es auch, den Ablöseprozess von der konventionellen Art der Arbeit zu absolvieren.

Freilich kann ein solcher Ablöseprozess nicht von heute auf morgen geschehen.

Einfach auszusteigen ohne neue Perspektiven eröffnet und neue Fähigkeiten erlernt zu haben, ist nicht ratsam. Bei einer solchen Vorgehensweise besteht die Gefahr, dass der einzelne Schiffbruch erleidet.

Er ist dann in der alten Kultur nicht mehr und in der neuen noch nicht etabliert.

Er befindet sich in diesem Fall in einem Niemandsland, in dem Unsicherheit, Angst, Armut, Ausgestossenheit und Elend vorherrschen.

Sehr viel günstiger gestaltet sich jedoch das Bild, wenn der Betreffende die entfremdete Arbeit langsam abbaut (z.B. nur noch halbtags arbeitet) und gleichzeitig versucht, sich «ein zweites Bein aufzustellen».

Erst, wenn er in der neuen Materie sicher ist und der Lebensunterhalt damit gewährleistet ist, kann er umsteigen.

Gleichzeitig wäre wichtig, wenn er auch im täglichen Leben die Weichen für die ökologische Kultur bereits stellen würde. Anne Leier schreibt in ihrem Buch:

«Holt die Schmetterlinge zurück!»: «Ob beim Wasserverbrauch, beim Heizen oder im Verkehr, bei der Müllbeseitigung, dem Wäsche waschen oder beim Einkauf, ob im Garten oder am Arbeitsplatz, überall bieten sich Möglichkeiten der belasteten Umwelt zu helfen. Nur wer weiss, wo und wie man die Natur schonen kann, wird allmählich vom Verschwender der siebziger Jahre zum Umweltschützer der achtziger und neunziger. Und jeder kann so seinen Teil beitragen, dass das Wasser in den Seen wieder klar und die Luft wieder sauber wird.» Wer Obst und Gemüse aus biologischem Anbau kauft, wer umweltfreundliche Zahnpasta, Spül- und Waschmittel verwendet, wer biologische Seifen und Kosmetikas gebraucht, wer seine Wohnung nach baubiologischen Gesichtspunkten gestaltet,... beeinflusst den Markt und schafft dadurch Arbeitsplätze für die neue Kultur.

Je mehr Menschen nach ihrem ökologischen Bewusstsein handeln, desto stärker wird der Druck auf Industrie und Wirtschaft, auf umweltfreundliche Produkte umzustellen.

Ist der Ablöseprozess von der konventionellen Art zu arbeiten und zu leben vollzogen, ist der Weg frei für einen neuen Beruf, für einen Beruf am Baum des Lebens.

Ein solcher Beruf ist nicht mehr Mittel zum Zweck, nicht mehr nur ein Medium, um die Existenz zu gewährleisten, sondern erfüllt verschiedene Kriterien:

1. Der Betreffende kann sich mit seinem Beruf voll identifizieren (i.S. seiner *ersten* Natur)

2. Der Beruf macht Freude. Da in der neuen Kultur der Mensch meist nur halbtags arbeitet, bleibt diese Freude auch erhalten.

3. Der Betreffende wird zu einem echten Helfer der Menschheit, da er mithilft, die ökologische Gesellschaft aufzubauen.

4. Es sind positive Kettenreaktionen zu verzeichnen, da nicht mehr *gegen* die Natur, sondern *mit* der Natur gearbeitet wird.

5. Die eigene Entwicklung und die des Kollektivs wird vorangetrieben.

6. Der einzelne setzt bei sich Gesundungsprozesse in Gang, da er über seine Arbeit seinen inneren Anlagen und Persönlichkeitsanteilen aussen Form verleiht.

7. Da der einzelne aus den alten Abhängigkeitsverhältnissen ausgestiegen ist, arbeitet er nunmehr als «Partner» mit anderen zusammen. «Partner» haben weniger Einkommen als Elternrollenspieler, die z.B. als Unternehmer oder Manager auftreten, aber fast immer mehr als Kindrollenspieler, die auf subalternen Posten arbeiten.

In der neuen ökologischen Kultur ist nicht mehr so sehr ausschlaggebend, ob jemand Urkunden, Titel und Referenzen nachweisen kann oder nicht, sondern es geht hier nur einzig und allein um sein Talent und um seine *qualitative* Leistung.

Beispiel:

Luise T.

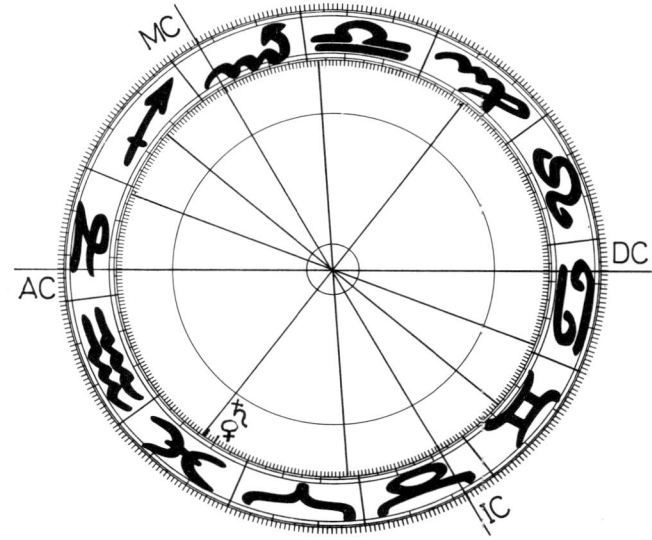

Luise T. hat die Venus als Herrscher von Haus 4 in Haus 2 in Konjunktion mit dem Saturn. Diese Konstellation erlebte sie dergestalt, dass ihre überdurchschnittlichen innerarchitektonischen Fähigkeiten (Venus, Herrscher von Haus 4) in der patriarchalen Gesellschaft nicht gefragt waren, weil sie nicht die entsprechende Legitimation (Saturn) nachweisen konnte.

Sie musste also ihren eigenen Saturn als Hemmung erfahren. Diese Blockade ihres Talents erfolgte scheinbar aussen, lag aber in Wirklichkeit in ihrer Identifikation mit dem patriarchalen System begründet, also in ihrem eigenen patriarchalen Bewusstsein. (Sie erlebte ihren Saturn im Minuspol und projizierte unbewusst den anderen Pol, den Pluspol in die Aussenwelt!)

Diese Situation musste sich zwangsläufig ändern als Luise T. die ersten Schritte in Richtung ökologische Gesellschaft unternahm. Mit ihrem inneren Bewusstseinswandel wurde auch die Aussenweltsituation anders. Nach dem Gesetz der Anziehung wurde sie nun mit der Baubiologie konfrontiert.

Diese Chance griff Luise T. sofort auf und meldete sich zu einer Ausbildung zum Baubiologen an. Nach intensivem Studium dieses Fachgebiets und begleitenden Kursen und Lehrgängen im Design konnte Luise T. endlich ihren Traum erfüllen. Im Rahmen der Baubiologie konnte sie nun ihr Talent entfalten. Als baubiologischer Berater konnte sie nun die Wohnungen und Häuser ihrer Klienten natürlich, schön und effektvoll gestalten und einrichten.

Der Saturn steht bei Luise T. nach wie vor neben ihrer Venus, aber er hat nunmehr einen *anderen Inhalt*. Sie ist, wenn auch auf unkonventionelle Art und Weise, *kompetent* (Saturn) geworden.

Und so ist es beinahe auf allen Gebieten des Lebens. Durch den Wandel vom analen zum genitalen Bewusstsein wird der einzelne mit den neuen ökologischen Richtungen auf den verschiedensten Lebensgebieten konfrontiert und kann da entsprechend seinen Interessen und Talenten seine Auswahl treffen. Der eine kann seine Kochkunst, obwohl offiziell nicht erlernt, im Rahmen der biologischen Vollwertkost entfalten, ein anderer kann seine Heilkunst im Rahmen der Naturmedizin einsetzen, der dritte hat ein Talent Kinder zu unterrichten und kann diese Anlage im Rahmen einer Lebensschule verwirklichen...

Wichtig ist jedoch, dass die Betreffenden, auf welchen Gebieten sie auch immer tätig werden, sich wirklich intensiv mit der neuen Materie auseinandersetzen, eine umfassende Ausbildung absolvieren und ständig darauf bedacht sind, ihre Anlagen und Fähigkeiten weiterzuentwickeln.

Eine neue Kultur kann nicht mit Dilletanten, Faulenzern, Drückebergern oder ausgeflippten Gestalten aufgebaut werden! Sie braucht hochqualifizierte Kräfte, die bei der Verbesserung und Verschönerung der Welt mithelfen.

Es geht um den Aufbau einer neuen Welt mit einem differenzierteren neuzeitlicheren Wissen und mit einer ganzheitlichen ökologischen Weltanschauung, mit einem erwachsenen Standpunkt. Da das Paradies niemals von aussen kommt — durch eine wunderbare Fügung des Schicksals, quasi als Geschenk der Götter für die Menschheit, müssen sich die Menschen des neuen Zeitalters ihr Paradies selber erarbeiten. Dabei handelt es sich dann um ein *bewusstes* Paradies im Gegensatz zum unbewussten Paradies im Mutterleib bzw. in der matriarchalen Phase der Menschheit. Der neue Mensch schafft ein körperliches bzw. materielles Paradies in seiner Umwelt, ein seelisches Paradies und ein geistiges Paradies.

So gab es z.B. bisher auf dieser Welt keinen grösseren Landstrich, bei dem der Mensch bewusst einen Garten Eden gepflanzt hat — mit duftenden Blumen, mit blühenden Sträuchern und Bäumen etc.
— um der Schönheit willen
— um der Liebe zu Pflanzen und Tieren willen
— um der besseren Luft willen
— um der besseren Lebensqualität willen
— um der besseren Nahrungsqualität willen
— um der Ökologie willen
— um der tausend positiven Kettenreaktionen willen.
Die Landschaftsarchitekten der neuen Kultur werden viel Arbeit haben.

Jeder Mensch hat in der ökologischen Gesellschaft eine andere Aufgabe. Vergleichbar mit den Tieren und Pflanzen in der Natur, wo jedes Lebewesen innerhalb des grossen ökologischen Gefüges eine andere Funktion hat, so ist jeder Mensch im Zeitalter der Gleichberechtigung und der Selbstverwirklichung in der materiellen, seelischen und geistigen Welt für etwas anderes zuständig. Des einen Aufgabe ist, körperlich den Mitmenschen paradiesische Freuden zu verschaffen, indem er z.B. lukullische Speisen zubereitet, der andere ist zuständig für die paradiesischen Gärten in der Aussenwelt, wieder ein anderer hilft an der «Paradiesierung» der «Innenwelt», der seelischen und geistigen Gärten mit.

So wie der patriarchale Mensch eine stete *Belastung* für die natürliche Ökologie war, indem er als «Verbraucher» auftrat und in diesem Sinne seine Natur und die Allnatur buchstäblich verbraucht hat, so ist jeder Mensch in der ökologischen Gesellschaft eine *Bereicherung*.

So wie er vorher am Baum der Erkenntnis arbeitete, an einem voller Symbole hängenden Plastikbaum und dort Sisyphus gleich immer wieder neue Arbeiten erwirkte, so hilft er nun am Baum des Lebens mit, dass das Lebendige innen und aussen gehegt und gepflegt wird. Arbeit am Baum des Lebens heisst, die körperliche, materielle, seelische und geistige Welt zu verschönern und damit humaner zu machen.

Die neue Kultur braucht dringend:

die biologisch bzw. ökologisch eingestellt sind und das entsprechende «Know how» mitbringen

Gärtner
Botaniker
Landwirte
Gartenarchitekten
Landschaftsarchitekten
Architekten
Baubiologen
Designer
Köche
Schreiner
Kosmetikerinnen
Manager
Unternehmer
Geschäftsleute
Ärzte
Heilpraktiker
Gesundheitsberater
Psychotherapeuten
Astropsychotherapeuten
Pädagogen
Techniker (Sonnenenergie etc.)
Kursleiter
Hoteliers usw.

Insbesondere braucht die ökologische Gesellschaft endlich Manager, Unternehmer und Geschäftsleute, die den Mut haben, die tausend Marktlücken zu füllen, die inzwischen an allen Ecken und Enden aufgetaucht sind.

Wir brauchen Hersteller von biologischen Möbeln, die gesund *und* schön sind und ein tolles Design haben, brauchen Geschäftsleute, die diese biologischen Produkte in Biomöbelboutiquen verkaufen, brauchen Boutiquen, die Kleidung anbieten, die aus natürlichen Materialien stammt und trotzdem ästhetisch, hübsch und erotisch anziehend ist, brauchen Hoteliers, die Biohotels ins Leben rufen, brauchen Reiseunternehmer, die (ökologische) Feriendörfer gründen, in denen neue Formen von Urlaubsfreuden verwirklicht werden können, brauchen Manager, die Alternativmessen organisieren, brauchen Pädagogen, die aus der

185

durch ihre Arbeitslosigkeit verursachten Lethargie erwachen und Lebensschulen gründen, brauchen Astropsychotherapeuten, die Hilfe zur Selbsthilfe, Hilfe zur Entpuppung anbieten...

Beruf kommt eigentlich von Berufung und deshalb sollte sich jeder die Frage aufwerfen:

Für was bin ich *berufen?*

Solange jemand am Fliessband, im Büro oder in der Bank arbeitet und nicht nach seiner wahren Identität sucht, kann er niemals seine wahre Berufung kennenlernen.

Erst über das Horoskop ist es möglich in Erfahrung zu bringen, welche Aufgabe ihm innerhalb der Wechselwirkungen des Seins wirklich zugedacht ist, was wirklich seine wahre Berufung ist.

Im Horoskop sind — das ist das Phantastische — beide Berufe aufgezeichnet — sowohl der Beruf, den man innerhalb der patriarchalen Gesellschaft ausübt, also der «verzauberte», unerlöste Beruf als auch der Beruf, den man in einer ökologischen Gesellschaft einnehmen würde.

Dabei kommt hier wieder das Gesetz der Entwicklung zum Tragen, d.h. es ist nicht so, dass die Zeit, die man im bisherigen Beruf zugebracht hat, gänzlich umsonst war. Vielmehr war diese Zeitspanne notwendig, um als Puppe gewisse Reifestadien zu durchlaufen. Kurzum: Der bisherige Beruf ist eine Vorstufe für den nächsten. Derjenige, der einen solchen Transformationsprozess vollzogen hat, bleibt meist astrologisch gesehen in der gleichen Symbolik, lebt aber die entsprechenden Planeten auf einer anderen Ebene aus.

So arbeitete z.B. Gerd K. zuerst als Lebensmittel(Mond)kontrolleur(Saturn), um dann als Psychologe zuständig (Saturn) für die Seelen (Mond) zu sein oder war Sabine S. zunächst als Sekretärin die Dienerin (Merkur-Jungfrau) ihres Chefs (Pluto), um dann nach Jahren des Lernens als Heilpraktikerin (Merkur-Jungfrau) therapeutisch (Pluto) tätig zu werden...

Es ist jedoch auch möglich, Anlagen, die bisher nicht beruflich ausgelebt wurden, durch bestimmte Entwicklungsschritte, auf eine andere Ebene zu hieven, um sie schliesslich dann sogar für einen Beruf verwenden zu können.

Ingrid A. hat in ihrem Horoskop das Tierkreiszeichen Fisch am Aufgang und hat den Neptun als Herrscher von Haus 1 in Haus 7 in Konjunktion mit der Venus. Diese Konstellation erlebte Ingrid A. als Partner (Haus 7), die nachlässig (Neptun) gekleidet (Venus) waren. So war es ihr z.B. aus Gründen der Scham nicht möglich, mit ihrem jeweiligen Freund Verwandte und Bekannte zu besuchen.

Nachdem Ingrid A. längere Zeit arbeitslos war, meldete sie sich aus ihrer Notlage heraus für eine Ausbildung zur biologischen Ganzheitskosmetikerin an, die sie schliesslich mit Erfolg abschloss. Durch dieses Studium dieser alternativen (Neptun) Kosmetik (Venus) (Ganzheitskosmetik bedeutet, dass der gesamte Körper, die Seele und der Geist miteinbezogen werden) wurden die Planeten Neptun und Venus mit mehr Inhalt gefüllt und dadurch auf eine andere Ebene gehoben. Da sie nunmehr diese Konstellation selbst aktiv zur Verfügung hatte, hatte sie ihre eigenen Anlagen nicht mehr in der Erleidensform. Ingrid A. zog nun aufgrund ihrer anderen Denkweise bzw. ihrer veränderten Affinität einen neuen Partner an, bei dem die ursprüngliche Problematik nicht mehr zutage trat. Durch die Entwicklung ihrer Anlagen Venus und Neptun hatte sie den Wiederholungszwang in der Partnerschaft aufgelöst und zugleich einen neuen Beruf erworben.

III. PHASE
DER GRUPPENTHERAPIE

Gruppentherapie

Um die Erkenntnisse, die aus der Selbstanalyse resultieren, korrigieren zu können und in die Praxis des Lebens umsetzen zu lernen, ist es wichtig, die Gruppe aufzusuchen.

Indem der einzelne dort mit der Lebensgeschichte der übrigen Teilnehmer konfrontiert wird, sieht er, dass auch andere Menschen ein schweres Schicksal ertragen mussten. Sein Karma wird dadurch relativiert.

Ein weiterer Faktor, der die Gruppentherapie unentbehrlich macht, ist das Feedback der anderen Teilnehmer.

Die Gruppe gibt Aufschluss darüber, wie der Betreffende auf andere wirkt, welche Gefühle und Gedanken er bei den Mitmenschen auslöst, zu welchen Projektionen er aufgrund seines Aussehens, seiner Art, sich zu kleiden, seines Verhaltens etc. einlädt.

Solch ehrliche Feedbacks sind jedoch nur möglich, wenn der alte Saturn, d.h. Konvention und Moral, ausgeklammert wird, wenn die Teilnehmer die Informationsphase absolviert haben und sich in der analytischen Phase bereits in einem fortgeschrittenen Stadium befinden. Anderenfalls besteht die Gefahr, dass entweder entscheidende Punkte nicht angesprochen werden, weil die patriarchale «Höflichkeit» es verbietet oder falsche Interpretationen erfolgen und Ratschläge erteilt werden, die bei Befolgung nur neuerliche Schicksalsschläge hervorrufen würden.

Relevant ist ferner, dass der Gruppenleiter die Kunst beherrscht, eine Atmosphäre des Vertrauens zu schaffen.

Basis einer astropsychotherapeutischen Gruppe ist die wahre Natur der Teilnehmer. Die Gruppentherapie macht evident, wie diese wirkliche Natur bei jedem Menschen von einer 2. Natur, von einem Reaktionsmuster, von einem Raster überlagert wird, der immer wieder reproduziert wird. Sie zeigt zum einen die Prägung durch die Vergangenheit auf, zum anderen aber auch die Vergangenheitsfixierung, die das Leben in der Gegenwart erschwert.

So hatte Lilo N. ständig das Gefühl, von den anderen angegriffen zu werden (Mars H.v. H 7 in Haus 4) und reagierte mit zynischen Bemerkungen oder griff ihrerseits nach dem Motto «Angriff ist die beste Verteidigung» die übrigen Teilnehmer an.

Aufgrund ihrer Lebensgeschichte wurde klar, dass sie sich nach wie vor in der Vergangenheit befand. Sie reagierte immer noch auf ihre aggressive Mutter (Mond im Widder in Haus 7), obwohl jene sich nicht mehr in ihrem Lebensbereich befand. Sie nahm also die Umwelt nicht wirklichkeitsadäquat wahr, sondern nur unter der Brille ihrer früheren Prägung. Die Folge war, dass sie häufig Schwierigkeiten in Begegnungssituationen hatte, ständig in Streits (Mars) verwickelt war und massive Partnerprobleme ihre Lebensfreude minderten. Mit ihrem alten Raster konnte sie ja zwangsläufig nur einen ganz bestimmten Partnertypus anziehen, einen, der quasi den «Komplementärschaden» dazu verkörperte.

Über die Gruppe konnte Lilo N. nun erfahren, dass niemand Interesse daran hat, sie anzugreifen (Mars). Sie erkannte, dass sie aufgrund ihrer früheren

Lilo N.

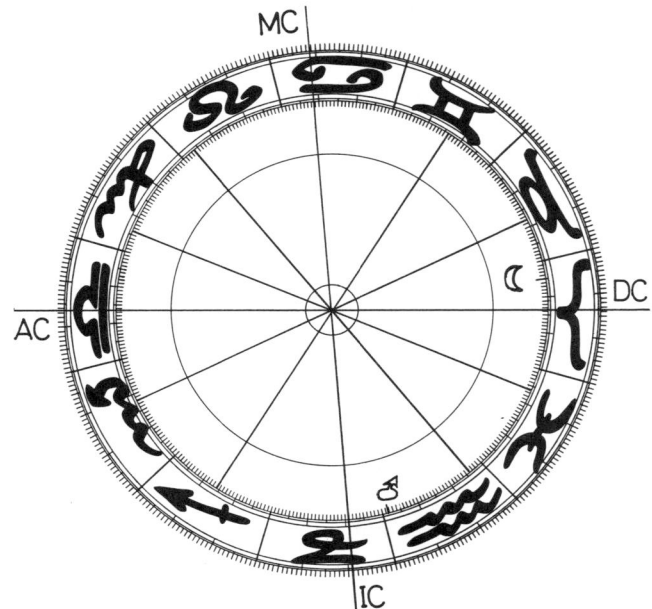

Prägung nur projizierte, angegriffen zu werden, um dann entsprechend darauf reagieren zu können. Es wurde ihr klar, wie destruktiv ihr bisheriges Verhaltensmuster war, wie wenig es ihr bisher einbrachte und wie wenig sinnvoll es ist, es in Zukunft weiter anzuwenden. Indem sie sich die reale Form der Anlagen Mars und Mond vor Augen führte, hatte sie die Möglichkeit, sich ein Konzept zu machen, um dieses neue Muster dann einzuüben.

In der Gruppe wird jeder in seinem Sosein angenommen und akzeptiert. Über die Lebensgeschichte kann jeder beim anderen selbst ein abnormes und destruktives Verhalten verstehen. Der einzelne sieht, dass der andere aufgrund seiner Prägung zwangsläufig dieses Verhaltensmuster ausbilden musste, sieht die Reaktionen seiner Seele. Er nimmt Einsicht (Jupiter) in eine fremde psychische Struktur und gleichzeitig keimt in seiner Seele Verständnis (Jupiter) und Toleranz (Jupiter) auf, die er vorher dem anderen nicht entgegenbringen hätte können. Wenn Teile der Persönlichkeit oder bestimmte psychische Strukturen kritisiert werden, so ist damit nicht eine Entwertung der Gesamtpersönlichkeit verbunden.

Jeder ist in der Gruppe gleich viel wert — unabhängig seines Status, seiner Lebensgeschichte und seines Denk- und Verhaltensmusters.

Die Gruppentherapie hat ferner die Funktion, den einzelnen auf seinem neuen Weg zu bestätigen und zu stärken; denn es ist mehr als schwierig, sich gegenüber einer Umweltsituation durchzusetzen, die man noch mit seinem alten Raster angezogen hat. So sind manche Menschen einem massiven Druck von Partner, Freunden und Verwandten ausgesetzt. Es wird von ihnen ihr altes Verhalten verlangt und immer wieder ausgelöst.

Die grosse Frage in der Therapie ist daher, schafft es der Klient aus dem alten

192

Gleis auszuscheren und neue Wege zu beschreiten oder fällt er zurück in das alte Muster, das seine Schwierigkeiten oder seine Krankheiten erzeugt hat? Hier kann die Gruppentherapie oft entscheidende Hilfe leisten. Indem der einzelne sieht, dass andere die gleichen oder ähnliche Schwierigkeiten haben, fühlt er sich nicht mehr so allein, wird bestärkt und kann die schwere Aufgabe der Transformation besser bewältigen.

Ohne «Leidensgenossen» und ohne Verstärkung seiner inneren Stimme, die ihn zum Leben drängen will, besteht die Gefahr, dass er glaubt, er wäre nicht ganz «normal» — oder es wäre Unsinn, was er fühlt und denkt. Oberster Grundsatz der astropsychotherapeutischen Gruppe ist das Horchen auf die Stimme des Lebens und die wertungsfreie Interpretation des Schicksals und der psychischen Struktur der Teilnehmer vom Standpunkt des Lebens aus (im Gegensatz zur Interpretation vom Standpunkt von Konvention und Moral aus).

Bestätigung und Stärkung durch die Gruppe bedeutet nicht mehr «umzufallen», bedeutet die Kraft zu haben, zu einer neuen Identität, zu einem neuen Leben und zu einem wirklichen Glück vorzustossen.

IV. PHASE
DER AUSBILDUNG
VON ANLAGEN

Es gibt für jeden keinen besseren Weg der Entfaltung und Erfüllung als den der möglichst vollkommenen Darstellung des eigenen Wesens.
(Hermann Hesse)

Die Ausbildung von Anlagen

Eine Anlage, die in ihrem Entwicklungsprozess steckengeblieben ist, disponiert zu Krankheit, Projektion, negativem Schicksal, zum Wiederholungszwang... Wenn Krankheit und Leid also auf nicht ausgebildete Anlagen zurückzuführen sind, dann gibt es eigentlich nur ein Motto für die Zukunft, nämlich sich das entsprechende Wissen und die entsprechenden Fähigkeiten anzueignen.

So konnte mancher eine Situation nicht anders bewältigen als über den Weg der Somatisierung, weil er ohnmächtig davorstand, weil er nicht die entsprechenden Fähigkeiten gelernt hatte. Daher erscheint es zunächst ungerecht, dass derjenige, der ohnehin durch Krankheit schon genug bestraft zu sein scheint, auch noch in der Aussenwelt missliche Situationen zu ertragen hat, meist Schwierigkeiten und Konflikte im Beruf, im finanziellen Bereich und in der Partnerschaft. Ja mehr noch! Die Aussenwelt fungiert sogar noch als Verstärker der inneren Problematik, so dass man bei einer Krankheit immer auch auf äussere Schwierigkeiten schliessen kann. Es wird jemand mit einem Problem, welches das Schicksal ihm auferlegt, nicht fertig. Da das Schicksal jedoch nichts anderes ist als die Rückmeldung auf seine Massstäbe und Ideale, auf seine Einstellungen und Gefühle, auf seine Reaktionsmuster, auf seine Ursachen, die er gesetzt hat, kann man sagen, dass er mit sich selbst nicht fertig wird. So widerspiegelt sich die chronische Gastritis von Norbert T., der als Dozent an einer Kunsthochschule unterrichtet, auch auf der seelischen Ebene in Form von Schwierigkeiten in der eigenen Identitätsfindung bzw. der Durchsetzung der eigenen Identität und in der Partnerschaft in Form von Konkurrenzängsten, die er gegenüber dem Chef seiner Frau empfindet, als auch in der beruflichen Sphäre in Form von Eifersucht gegenüber anderen Kollegen.

Norbert T.: «Es ist zum Verrücktwerden! Weder meine Frau noch meine Studenten identifizieren sich mit mir. Meine Frau definiert mich nicht. Sie nennt mich nicht einmal beim Namen. Niemand interessiert sich ernsthaft für mich, geschweige denn für meine Arbeit. Meine Studenten sind Anhänger einer anderen Kunstrichtung. Sie schwärmen von anderen Dozenten — und ich stehe im Schatten.»

Norbert T. reagiert also auf diese äusseren Situationen immer wieder mit einer Magenschleimhautentzündung, weil er ohnmächtig dem Problem gegenübersteht, er kann es nicht lösen. Würde er bei seiner Frau oder bei seinen Studenten um deren Gunst kämpfen, so würde dies wenig nützen, da die äussere Situation ja nur eine Widerspiegelung der inneren Szenerie ist. Wenn sich andere nicht mit ihm identifizieren können, liegt es auf der Hand, dass Norbert selbst seiner Identität zu wenig Ausdruck verleiht und insofern auch aussen nicht als Identifikationsobjekt in Erscheinung treten kann. Er müsste also — um die Problematik lösen zu können — zuerst eine beschwerliche Reise zu sich selbst unternehmen und müsste schliesslich im Anschluss daran lernen, wie er seine seelische Eigenart am wirkungsvollsten durchsetzen kann.

Krankheit und Schicksal sind also Umwege, weil man den realen, mühseligen Weg nicht gehen will. Viele schieben Ausreden vor, wie
— ich bin eben nicht redegewandt
— wir waren zu Hause sieben Kinder
— ich komme aus zerrütteten Familienverhältnissen
— ich habe zu wenig Schulbildung usw.
Sie wollen ihre schlechte Ausgangsposition als Alibi benutzen, um etwaige Anstrengungen vermeiden zu können. Sicher hatten manche Menschen günstigere Bedingungen, dessen ungeachtet hat aber jeder hier und jetzt die Möglichkeit, sich Wissen anzueignen und Fähigkeiten auszubilden.

Um diese Chance zu unterstreichen, haben wir deshalb entsprechende Workshops eingerichtet, in denen man lernt, Anlagen, die in jedem Menschen «angelegt» sind, zu entwickeln. Der einzelne muss befähigt werden, selbständig den realen Weg zu beschreiten, damit er den Umweg über Krankheit, Schicksal und Leid nicht mehr gehen muss. Stundenlang, tagelang wird mit den Kursteilnehmern geübt, wie man sich durchsetzt und Initiative ergreift, wie man sich abgrenzt und sich vor Entwertung, Angriffen und Verunsicherungen schützt, wie man sich selbst bzw. sein Leben managt, wie man seine Gefühle wahrnimmt und zeigt, wie man eigene Pläne und Konzepte entwirft und verwirklicht, wie man Probleme bewältigt und sich aus misslichen Situationen befreit usw. Hat der Betreffende sich das Rüstzeug angeeignet (das ihm leider von Elternhaus und Schule nicht mitgegeben wurde), kann er dann im täglichen Leben die ersten Versuche unternehmen, das Gelernte in die Praxis umzusetzen. Will er wirklich den Weg gehen, darf er sich zunächst durch eine mögliche Erstverschlimmerung der Problematik nicht beirren lassen. Es ist logisch, dass diejenigen, die sich an seiner Armut, an seiner Krankheit, an seinem Leid, an seiner Erfolglosigkeit etc. stabilisiert haben, ihn in die alte Rolle zurückdrängen wollen. Es ist klar, dass derjenige, der sich zurücknahm bzw. der — bildlich gesprochen — sein seelisches Land anderen überliess, harte Kämpfe durchfechten muss, um über dieses Land, das von einer fremden Besatzungsmacht belagert ist, wieder selbst bestimmen zu können. Der Fremdbesetzer betrachtet dieses Land als sein eigenes und wird alles versuchen, um es nicht an den ursprünglichen Eigentümer zu verlieren. Er wird den wirklichen Eigentümer als Egoisten bezeichnen, wird ihm Schuldgefühle aufoktroyieren, kurzum wird alle Hebel in Bewegung setzen, um den Aufstand gegen ihn niederzudrücken.

Hält man sich jedoch vor Augen, dass dieser Fremdbesetzer nur die äussere Widerspiegelung der eigenen falschen Massstäbe, Einstellungen und Glaubenshaltungen ist, die das seelische Land besetzt hielten, so wird klar, dass man nur über ihn, über den äusseren Repräsentanten endgültig den Ablöseprozess schafft. Er macht das, was in der Seele irreal ist, bewusst: er macht, indem er den Gegenpol oder die Norm verkörpert, bewusst, wer man wirklich ist und wohin der eigene Weg führen kann. Je sicherer der Betreffende wird, desto weniger Angriffe kommen von aussen. Ja, es setzt sogar eine umgekehrte Entwicklung ein: Man wird mehr und mehr von aussen auf dem neuen Weg bestätigt und bestärkt.

An diesem Beispiel wird evident, wie schwierig ein solcher Entwicklungsweg sein kann. Es ist daher nicht verwunderlich, dass bei den meisten Menschen eine

Abwehr besteht, Anlagen und Fähigkeiten auszubilden. Lieber hofft man auf Wunder, auf medizinische Kapazitäten, auf Wundermittel und, wenn das alles nichts nützt, schliesslich auf Gurus, Hypnotiseure und Geistheiler, die einen mühelos und blitzartig gesund machen sollen. So wie der Kranke also schnell gesund werden will (indem er etwa die «richtigen» Tabletten oder Tropfen verschrieben bekommt), so will der Arme schnell reich werden (z.B. durch einen Lottogewinn), will der Einsame sofort den Idealpartner finden (durch eine wunderbare Fügung des Schicksals)... Nie fragt der Kranke, was muss ich selbst tun, um gesund zu werden, nie fragt sich der Arme, *warum* und durch welche Umstände der Reiche reich geworden ist, und was er machen kann, um seine wirtschaftlichen Fähigkeiten zu verbessern (z.B. abends die Bankakademie besuchen u.a.), nie fragt der Einsame, wie er begegnungs- und partnerfähig werden kann. Dies liegt auch daran, weil kaum jemand weiss, welche Fähigkeiten in ihm angelegt sind und dass er diese Fähigkeiten ausbilden müsste — obwohl es so klar auf der Hand liegt, obwohl es das Naheliegendste ist, obwohl es logisch ist.

Wer denkt schon daran, dass sowohl alle Krankheiten (innere Reaktionen) als auch alle Schicksalsschläge (äussere Reaktionen) auf nicht ausgebildete Anlagen zurückzuführen sind? Wer glaubt denn schon daran, dass die Ausbildung von Anlagen die beste Krankheits- und Schicksalsprophylaxe ist, dass dadurch der Wiederholungszwang aufgelöst wird, dass also Krankheiten und negative Schicksalsereignisse nie mehr auftauchen, weil sie ganz einfach aufgrund der Fähigkeiten nicht mehr erwirkt werden, weil man nicht mehr gezwungen ist, diese Umwege und Sackgassen zu suchen. Erschwerend kommt hinzu, dass sich verhinderte Krankheiten, verhinderte Unglücksfälle und verhindertes Leid schlecht beweisen lassen!

Wie viele Jahre und Jahrzehnte voller Leid hätte man sich ersparen können, wenn man von Anfang an seine wirkliche Natur gelebt hätte, und wenn man besser für das Leben vorbereitet worden wäre!

So verbrachte Eleonore H. zehn Jahre in einer unglücklichen Ehe, bevor ihr das Recht auf Abgrenzung und auf Eigenleben bewusst wurde, so konnte Horst A. erst über den teuren und schmerzlichen Umweg der Scheidung zu unabhängigen Finanzen kommen, weil er damals bei der Eheschliessung nicht eine Gütertrennung vorzuschlagen wagte, so musste Uwe L. erst einen Unfall erleiden, aufgrund dessen er seinen alten Beruf nicht mehr ausüben konnte, um den Beruf zu ergreifen, der seinem wirklichen Wesen entsprach.

Da die meisten Eltern selbst nicht für das Leben vorbereitet wurden, können die Kinder sie nicht als Vorbilder für eine reale Wegbeschreitung sehen. Die meisten Menschen haben von ihren Eltern nur deren zweite Natur kennengelernt. Statt partnerschaftliche Auseinandersetzung und faires Streiten haben sie nur Aggression, Wut und Hass gesehen, statt Problembewältigung sahen sie zum Beispiel beim Vater nur die Flucht in den Alkohol, statt Pläne zu schmieden und Ziele anzupeilen, lebten die Eltern in den Tag hinein, statt aktive Vorsorge zu betreiben, verliess man sich auf Versicherungen und auf den Staat, statt das Scheinleben zu entlarven, sassen die Eltern vor der Flimmerkiste, die ein Scheinleben frei Haus liefert, statt eigener Sinnfindung sahen sie nur religiöse Rituale — ohne Inhalt, sinnentleert. In der Schule setzte sich diese Szenerie fort. Hier wurden sie nur für das patriarchale System bzw. für Industrie und Wirtschaft vorbereitet, nicht aber für ein erfülltes und zufriedenes Leben. Selten werden in Lehrplänen Sachgebiete berücksichtigt, welche die Lebens- und Glücksfähigkeit des einzelnen besonders fördern können, wie biologische Vollwerternährung, gesundes Bauen und Wohnen (Baubiologie), Gartenbau, Ökologie, Naturheilkunde, Psychosomatik, Tiefenpsychologie, Rhetorik, Schicksalskunde, Erotik oder Erziehung zur Partner- und zur Friedensfähigkeit. Da diese und andere Lebensgebiete kaum angesprochen werden, muss der einzelne den beschwerlichen Umweg über das Schicksal nehmen und leidvolle Lernprozesse absolvieren. Erst wenn er gesundheitlich geschädigt wurde oder lange genug seelischen Schmerz erfahren hat, werden ihm die Folgen einer falschen Ernährung, einer ungesunden Wohnung, eines auf irrealen Einstellungen basierendes Verhaltens bewusst. Selbst in den sogenannten alternativen Schulen bietet man meist kein Programm an, das eine breit gefächerte Ausbildung der wirklichen Anlagen und Fähigkeiten des Menschen ermöglichen würde.

Wahre Pädagogik würde also bedeuten, die tausend Anlagen des Menschen zu entwickeln und zu fördern.

Die vierte Phase der Astropsychotherapie ist daher nichts anderes als *nachgeholte* reale Pädagogik entsprechend dem Horoskop bzw. der psychischen Struktur des Klienten. Wer den Weg geht und seine Anlagen ausbildet, kann mit positiven Kettenreaktionen rechnen. Er hat ein Talent erworben, hat zu seinen inneren Schätzen und Reichtümern Zugang gefunden. Eine Anlage, die erworben wurde und die zur Verfügung steht, ist der einzige Besitz auf dieser Welt, der einem nicht mehr abhanden kommen kann, bei dem man keine Verlustängste zu haben braucht. Dieser Schatz ist für jeden Dieb unerreichbar. Wo auch immer der Eigentümer sich befindet, auf Schritt und Tritt begleitet ihn seine Anlage. Er beschenkt damit die Umwelt, und die Umwelt beschenkt ihn. Endlich setzt eine positive Verstärkung des Schicksals ein; denn, wer eine Anlage real ausgebildet hat, hat sich damit eine Affinität mit dem Glück erarbeitet.

Das Ausbilden von Anlagen ist — so meinen wir — die beste Kranken-, Renten-, Unfall- und Lebensversicherung, die man abschliessen kann.

Eine Anlage, die zur Verfügung steht, ist überall einsetzbar. Der Betreffende wird zu einer gefragten Person. Man braucht ihn und sucht ihn. Einer, der Anlagen ausgebildet hat, wird daher kaum arbeitslos werden oder gar mittellos am Wegesrand stehen.

Nur, wenn jemand eine Anlage real *hat,* kann er mit seinem Spiegelbild zufrieden sein. Wer seine Anlage immer unterdrückt und hemmt, hat die Unterdrückung und Hemmung in der Aussenwelt als Widerspiegelung. Das, was andere ihm antun, hat er (innen) sich selbst angetan. Es ist verständlich, dass man in dieser Situation nur sehr ungerne in den Spiegel schaut. Man ist mit seinem Spiegelbild nicht einverstanden, man wehrt ab und sagt: Das kann doch nicht ich sein! Das hat doch mit mir nichts zu tun! Deshalb wollen viele ihren Spiegel (= die Umwelt) ändern, sie kämpfen gegen die äusseren Erscheinungen (= Symptome) — ein aussichtsloses Unterfangen. Hat jemand hingegen innen seine Anlage zum freien Fliessen gebracht, wird er auch in der Aussenwelt nicht mehr gehindert werden. Wenn er sich im Spiegel betrachtet, dann kann er sich freuen. Sein inneres Glück widerspiegelt sich auch aussen. Daher sind unseres

200

Erachtens nicht Haus, Inneneinrichtung, Grundstück oder eine Aussteuer die beste «Mitgift», die Eltern ihren Kindern mitgeben können, sondern Anlagen, die sie vorgelebt haben oder die sie bei jenen aufkeimen und wachsen liessen, die sie gehegt und gepflegt haben (= *lebendige* Mitgift). Solche Eltern haben dann bei ihren Kindern die Voraussetzung für ein qualitatives Leben geschaffen.

Die Ausbildung einer Anlage hat folgende positive Auswirkungen:

1. Frequenzwechsel
Die Ausbildung einer Anlage bewirkt eine Frequenzänderung des betreffenden innerseelischen Persönlichkeitsanteils. Die Energie wird auf eine andere Ebene transformiert. Die Lebenskraft der Anlage wird erhöht. Eine ausgebildete Anlage hat eine andere Ausstrahlung und dadurch einen anderen Empfang.

2. Rücknahme von Projektionen bzw. Erwartungshaltungen
Ein Defizit in bezug auf eine Anlage treibt zur Projektion. Wer hingegen Fähigkeiten erwirbt, braucht Partner und Umwelt nicht mehr mit Projektionen zu belasten.

3. Wegfallen von Feindbildern
Da man erkannt hat, dass die Umwelt nur als Spiegel fungiert, werden die Feinde zu Freunden, da sie durch ihr Verhalten Hinweise geben, welche Teile einer Anlage man noch nicht real und wirklichkeitsadäquat auslebt.

4. Heilende Wirkung
Wird eine Energie gehemmt und abgeblockt, reagiert die menschliche Natur mit Krankheiten. Die gestaute Energie wird über die Somatisierung abgeleitet. Gelingt es die Energie frei fliessen zu lassen, so nehmen proportional zu diesem Wachstumsprozess die Krankheiten ab. Je mehr Inhalt, Substanz und Sicherheit die Anlage bekommt, umso resistenter ist sie gegen physisch und psychisch pathogene Keime.

ANHANG

Astrostrategie

Um eine Anlage beeinflussen zu können, ist es oft erforderlich, an einer ganz anderen Stelle im Horoskop anzusetzen. Die Art und Weise, wie man dabei vorgeht, wird in der psychologischen Astrologie als «Astrostrategie» bezeichnet.

Die Astrostrategie geht davon aus, dass kein kosmisches Prinzip im Widerspruch zu einem anderen steht, wenn es real d.h. neurosenfrei bzw. nicht patriarchal ausgelebt wird.

Verstärken sich innerhalb eines neurotischen Persönlichkeitssystems die unerlösten Anlagen gegenseitig und bilden einen negativen Regelkreis oder stehen im Widerspruch zueinander, so sind reale ausgebildete Anlagen dazu angetan, andere Anlagen positiv zu beeinflussen und sie in ihrer Frequenz zu verbessern.

Sagen wir es direkter: Ein Quadrat, eine Opposition oder eine dissonante Konjunktion in einem Horoskop ist nur solange ein Widerspruch oder ein Konflikt, solange die Planeten, die den dissonanten Aspekt bilden, nicht in eine reale Form transformiert wurden, nicht auf einer «erwachsenen» Ebene ausgelebt werden können.

So wird etwa manchmal gelehrt, es bestünde z.B. ein Widerspruch zwischen Haus 2 und Haus 11, also zwischen Sicherheit und Besitz (Haus 2) und Freiheit und Unabhängigkeit (Haus 11).

Doch echt frei und unabhängig (11. Entwicklungsstufe) kann erst jemand sein, der aus einer Position der Sicherheit heraus operieren kann. Wenn das Haben einer Person nicht gesichert ist, besteht die Gefahr, unterdrückt und ausgebeutet zu werden, besteht die Gefahr, sich verkaufen und damit verleugnen zu müssen.

Oder: Es wird verschiedentlich behauptet, es wäre Haus 8 mit Haus 11 nicht vereinbar. Doch auch hier ist das Gegenteil der Fall: Nur wer in einer festen Beziehung ist, quasi partnerschaftlich gesichert ist, kann frei und unabhängig (ohne Projektionen) anderen begegnen. Nur die *patriarchale* Form der Bindung an einen einzigen Partner, schliesst uranische Anlagen aus.

Oder: Der Widerspruch zwischen Haus 5, das den Lebenstrieb beinhaltet und der Leitbildhaftigkeit des Haus 8 entspricht nur der Imago des patriarchalen Bewusstseins.

Ein Lebenstrieb, dessen Energie sich nach keinem Leitbild oder Programm ausrichten kann, verausgabt sich, ohne Effizienz oder Ziele zu erreichen. Nur patriarchale Ideologien und Leitbilder haben im Gegensatz zu natürlichen Programmen die Unart, Emotionen und Lebendigkeit zu unterdrücken.

Ein anderes Beispiel:
Haus 5 und Haus 11 stehen in Opposition zueinander. Doch Selbständigkeit und Managementfähigkeiten fördern eher die Fähigkeit zu Freiheit und Unabhängigkeit.

Wer selbständig ist und sein Leben richtig zu managen versteht, kann mehr Freiheit erreichen.

Manche werden nun entgegnen, dass eine andere Ebene von Haus 5, nämlich die emotionalen Fähigkeiten mit Haus 11 inkompatibel wären.

Doch auch hier gilt, nur neurotische Emotionen beeinträchtigen Freiheit und Unabhängigkeit.

Oder anders ausgedrückt:
Ein freier und unabhängiger Mensch kann sich mehr natürliche Emotionen erlauben als einer, der sich in Abhängigkeit befindet bzw. einer, der in der steten Reproduktion von alten Gefühlen (Ersatzgefühlen) steckengeblieben ist.

Diese Beispiele zeigen, dass tatsächlich — wie anfangs behauptet wurde — jedes Quadrat, jede Opposition und jede dissonante Konjunktion erlöst werden kann, indem die Anlagen auf eine andere Frequenz transformiert werden. Hierzu ist es jedoch erforderlich — und damit sind wir wieder beim Thema — astrostrategisch vorzugehen.

Will jemand z.B. sein Skorpionprinzip stärken, kann er auf verschiedene Art und Weise ansetzen.

Er kann z.B. das gegenüberliegende Stierprinzip stärken, indem er sich finanziell absichert oder lernt, sich abzugrenzen. Durch die Sicherheit, die er im Stierprinzip erlangt, verändert er die Frequenz von Haus 8. Je mehr er das Stierprinzip in Griff bekommt, desto mehr verliert das Skorpionprinzip an destruktiver Kraft: Er dezimiert durch die Absicherung die Macht der anderen und gewinnt proportional dazu mehr Macht über sich selbst. Er kann besser seine Vorstellungen (Skorpion) verwirklichen, kann besser seinen eigenen Weg (Skorpion) gehen.

Oder: Wer sein Steinbockprinzip in Ordnung bringen möchte, kann im gegenüberliegenden Krebsprinzip Entwicklungsschritte machen. Indem er seine eigene Identität entdeckt, wird er sich mehr und mehr seiner wahren Ziele (Steinbock) und der Lebensgesetze (Steinbock) bewusst.

Vorher hat er vielleicht mit seinem neurotischen Streben nach Anerkennung, Ruhm und Ehre gerade die Entdeckung seiner wirklichen Natur immer wieder auf's neu blockiert.

Insofern ist also selbst eine Mond-Saturn-Opposition, die bei vielen Menschen so viele unangenehme Erscheinungsformen in sich birgt, lösbar.

Man kann aber auch astrostrategisch so vorgehen; dass man z.B. die Anlagen des Krebsprinzips ausbildet, um das Skorpion und Fischeprinzip günstig zu beeinflussen (jedes Wasserzeichen steht mit dem anderen in Verbindung).

Wer seine Identität entdeckt hat (Krebs), kann eher seinen eigenen Weg (Skorpion) finden und sein Bewusstsein erweitern (Fisch). Oder um in diesem Zusammenhang noch einmal auf das Stierprinzip zu sprechen zu kommen, wer finanziell gesichert ist (Stier), ist weniger abhängig und braucht sich weniger anpassen und unterordnen (Jungfrau) und ist nicht so sehr gezwungen, i.S. von fremden Zielen (Steinbock) zu funktionieren.

Er kann die Umwelt realistischer wahrnehmen, kann sein eigenes Wesen mehr zeigen (Jungfrau) und hat mehr Möglichkeiten, nach den eigenen Zielen (Steinbock) zu leben.

Eine andere Möglichkeit der Astrostrategie ist, das vorhergehende Haus anzugehen, um im nächst folgenden dann Wirkungen zu erzielen.

Wer z.B. seine Weltanschauung (Haus 9) verändert, verändert damit auch sein inneres Rechtssystem bzw. seine Massstäbe, Normen und Ideale (Haus 10).

Man kann aber auch das nachfolgende Haus beeinflussen: will jemand z.B. andere Begegnungen (Haus 7) haben, kann er in Haus 8 seine bisherige Vorstellung und Einstellung ändern.

So gibt es folgende Möglichkeiten, astrostrategisch vorzugehen:

1. Strategie *innerhalb* eines Prinzips (siehe Kapitel: Ausgewogenheit innerhalb eines Prinzips)

2. Strategie, indem man das im *Quadrat* stehende Prinzip stärkt

3. Strategie, indem man das *gegenüberliegende* Prinzip stärkt

4. Strategie, indem das *vorhergehende* Prinzip angegangen wird

5. Strategie, indem das *nachfolgende* Prinzip verändert wird

6. Strategie, innerhalb der Elemente (z.B. ein Luftzeichen beeinflussen, um in einem anderen Luftzeichen Wirkungen zu erzielen)

Diese verschiedenen Möglichkeiten machen deutlich, dass die Frage, wo *) man ansetzt, sekundär ist. Viel wichtiger ist es, dass man überhaupt einmal wagt, einen Schritt vorwärts zu gehen, um damit das ganze Persönlichkeitssystem, das ein Ökosystem ist, positiv zu beeinflussen. Wer den Mut hat, eine Anlage auszubilden, setzt eine positive Kettenreaktion in Gang. Endlich kann er sich auf seine Zukunft freuen.

---

*) Zu beachten ist freilich in diesem Zusammenhang die jeweilige Entwicklungsphase des Horoskopeigners. Selbstverständlich ist es günstiger den Planeten zu verwirklichen, der ohnehin gerade zur «Auslösung» drängt.

Bibliographie

Christoph Kraiker u. Psychotherapieführer
Burkhard Peter: Verlag Ch. H. Beck, München 1983
Abraham Maslow: Psychologie des Seins,
Fischer TB, Frankfurt 1985
Hermann Meyer: Astrologie und Psychologie — eine
neue Synthese,
Hugendubel Verlag, München 1981
Partnerschaft, Gesundheit und Glück
Hugendubel Verlag, München 1982
Die neue Sinnlichkeit,
Causa Verlag, München 1984
Erich Fromm: Das Christusdogma,
DTV, München 1984
Karen Horney: Selbstanalyse,
Kindler TB, München 1974
Walter Böckmann: Das Sinn-System,
Econ Verlag, Düsseldorf 1981
Erich Neumann: Zur Psychologie des Weiblichen,
Kindler Verlag, München 1975
Peter Stiegnitz: Frei von Angst,
Wilhelm Heyne Verlag, München
1981
Iring Fetscher: Vortrag in Darmstadt (1984):
«Unfähigkeit zum Dialog»